NEU in der SGO Reihe

Inhalt:

Die drei neuen Ideen des Business Reengineering

Was können Sie von bewährten Konzepten übernehmen?

Vom Business Reengineering zum Prozeßmanagement

Organisation als dynamische Kernkompetenz

Wie wird Prozeßmanagement eine dynamische Kernkompetenz?

Change Management

Stolpersteine bei der Umsetzung

Margit Osterloh / Jetta Frost
Prozeßmanagement als Kernkompetenz
3., akt. Aufl. 2000. 280 S.
Geb. DM 78,00
ISBN 3-409-33788-1

Das Buch zeigt, wie Sie die Organisation Ihres Unternehmens als Kernkompetenz ausgestalten können. Zahlreiche detaillierte Unternehmensbeispiele demonstrieren die erfolgreiche Umsetzung. Zugleich werden Kriterien diskutiert, welche Unternehmensaktivitäten im Wege des Outsourcing ausgelagert werden können.

Autoren:

Prof. Dr. Margit Osterloh ist Inhaberin des Lehrstuhls für Organisation an der Universität Zürich.

Dr. oec. publ. Jetta Frost ist Oberassistentin und Habilitandin am Lehrstuhl von Prof. Dr. Margit Osterloh.

Bestellung   Fax: 06 11.78 78-420   321 01 00

Ja, ich bestelle: Vorname und Name

Margit Osterloh
Jetta Frost   Straße (bitte kein Postfach)
Expl. **Prozeßmanagement**
                         PLZ - Ort

schrift

Lincoln-Str. 46, 65189 Wiesbaden, Tel.: 06 11.78 78-124, www.gabler.de

Zeitschrift für Betriebswirtschaft

Ergänzungsheft 1/2001

Personalmanagement 2001

ZfB-Ergänzungshefte

2/96 Betriebliches Umweltmanagement 1996
Schriftleitung: Horst Albach/Harald Dyckhoff
182 Seiten. ISBN 3 409 13790 4

3/96 Governance Structures
Schriftleitung: Horst Albach
166 Seiten. ISBN 3 409 13794 7

1/97 Marketing
Schriftleitung: Horst Albach
188 Seiten. ISBN 3 409 13952 4

2/97 Finanzierung
Schriftleitung: Horst Albach
124 Seiten. ISBN 3 409 13953 2

3/97 Personal
Schriftleitung: Horst Albach
192 Seiten. ISBN 3 409 13954 0

4/97 Betriebswirtschaftslehre und Rechtsentwicklung
Schriftleitung: Horst Albach/Klaus Brockhoff
136 Seiten. ISBN 3 409 13955 9

1/98 Betriebliches Umweltmanagement 1998
Schriftleitung: Horst Albach/Marion Steven
186 Seiten. ISBN 3 409 13956 7

2/98 Finanzierungen
Schriftleitung: Horst Albach
200 Seiten. ISBN 3 409 13957 5

1/99 Innovation und Investition
Schriftleitung: Horst Albach
142 Seiten. ISBN 3 409 13958 3

2/99 Innovation und Absatz
Schriftleitung: Horst Albach
176 Seiten. ISBN 3 409 11455 6

3/99 Finanzmanagement 1999
Schriftleitung: Horst Albach
212 Seiten. ISBN 3 409 11509 9

4/99 Planung und Steuerung von Input-Output-Systemen
Schriftleitung: Horst Albach/Otto Rosenberg
178 Seiten. ISBN 3 409 11493 9

5/99 Krankenhausmanagement
Schriftleitung: Horst Albach/Uschi Backes-Gellner
209 Seiten. ISBN 3 409 13959 1

1/2000 Corporate Governance
Schriftleitung: Horst Albach
152 Seiten. ISBN 3 409 11600 1

2/2000 Virtuelle Unternehmen
Schriftleitung: Horst Albach/Dieter Specht/Horst Wildemann
260 Seiten. ISBN 3 409 11628 1

3/2000 Hochschulorganisation und Hochschuldidaktik
Schriftleitung: Horst Albach/Peter Mertens
223 Seiten. ISBN 3 409 13960 5

4/2000 Krankenhausmanagement 2000
Schriftleitung: Horst Albach/Uschi Backes-Gellner
160 Seiten. ISBN 3 409 11764 4

Personalmanagement 2001

Schriftleitung

Prof. Dr. Dr. h.c. mult. Horst Albach

GABLER

Die Deutsche Bibliothek – CIP-Einheitsaufnahme

Zeitschrift für Betriebswirtschaft : ZfB. – Wiesbaden :
Betriebswirtschaftlicher Verl. Gabler
  Erscheint monatl. – Aufnahme nach Jg. 67, H. 3 (1997)
  Reihe Ergänzungsheft: Zeitschrift für Betriebswirtschaft /
  Ergänzungsheft. – Fortlaufende Beil.: Betriebswirtschaftliches
  Repetitorium. – Danach bis 1979: ZfB-Repetitorium
  ISSN 0044-2372
  2001, Erg.-H. 1. Personalmanagement 2001. – 2001
Personalmanagement 2001 / Schriftl.: Horst Albach, – Wiesbaden :
Gabler, 2001
  (Zeitschrift für Betriebswirtschaft ; 2001, Erg.-H. 1)
  ISBN-13: 978-3-409-11801-9   e-ISBN-13: 978-3-322-86553-3
  DOI: 10.1007/978-3-322-86553-3

Alle Rechte vorbehalten

© Betriebswirtschaftlicher Verlag Dr. Th. Gabler GmbH, Wiesbaden 2001
Lektorat: Ralf Wettlaufer

Der Gabler Verlag ist ein Unternehmen der Fachverlagsgruppe BertelsmannSpringer

Das Werk einschließlich aller seiner Teile ist urheberrechtlich geschützt. Jede Verwertung außerhalb der engen Grenzen des Urheberrechtsgesetzes ist ohne Zustimmung des Verlags unzulässig und strafbar. Das gilt insbesondere für Vervielfältigungen, Übersetzungen, Mikroverfilmungen und die Einspeicherung und Verarbeitung in elektronischen Systemen.

http://www.gabler.de
http://www.zfb-online.de

Höchste inhaltliche und technische Qualität unserer Produkte ist unser Ziel. Bei der Produktion und Verbreitung unserer Bücher wollen wir die Umwelt schonen: Dieses Buch ist auf säurefreiem und chlorfrei gebleichtem Papier gedruckt. Die Einschweißfolie besteht aus Polyäthylen und damit aus organischen Grundstoffen, die weder bei der Herstellung noch bei der Verbrennung Schadstoffe freisetzen.

Die Wiedergabe von Gebrauchsnamen, Handelsnamen, Warenbezeichnungen usw. in diesem Werk berechtigt auch ohne besondere Kennzeichnung nicht zur der Annahme, daß solche Namen im Sinne der Warenzeichen- und Markenschutz-Gesetzgebung als frei zu betrachten wären und daher von jedermann benutzt werden dürften.

Gesamtherstellung: Konrad Triltsch, Print und digitale Medien GmbH, D-97199 Ochsenfurt-Hohestadt

ISBN-13: 978-3-409-11801-9

Inhalt

Zeitschrift für Betriebswirtschaft, Erg.-Heft 1/2001

Editorial VII

**Interne Arbeitsmärkte und betriebliche Entgeltstrukturen
– eine empirische Untersuchung**
Dipl.-Ök. Christian Grund und Professor Dr. Matthias Kräkel, Bonn 1

**Beförderungs- und Austrittsregeln in Partnerschaften:
Theoretische Überlegungen und empirische Befunde**
Dr. Gunter Steiner, Bonn 27

**Shukko und andere japanische Personalmanagementstrategien
zur Verwirklichung schlanker, wettbewerbsfähiger Unternehmen**
Professor Dr. Hideo Kubota, Fukuoka, und Professor Dr. Hermann Witte, Lingen 51

Erfolgsfaktoren von Post Merger Integrationen:
Ergebnisse einer pfadanalytischen Untersuchung
Professor Dr. Gerhard Schewe, Münster, und Dr. Johannes Gerds, Düsseldorf 75

**Ursachen und Abbau von Fehlzeiten:
Analysen auf Basis einer mehrjährigen Betriebsfallstudie**
Professor Dr. Uschi Backes-Gellner, Köln, Dr. Achim Krings, München,
und Dipl.-Vw. Regine Schorn, Düsseldorf 105

Die Rolle der Zeit im Prozeß organisationalen Lernens
Dr. Christiana Weber, Hamburg 119

**Hebeleffekte in der Wissensgenerierung:
Die Rolle von technischen Dienstleistern als externe Wissensquelle**
Dr. Oliver Gassmann, CH-Ebikon, und Dr. Christiane Hipp, Hamburg-Harburg 141

**Ein Ranking deutschsprachiger Fachzeitschriften
der Allgemeinen Betriebswirtschaftslehre**
Dr. Kurt Matzler, Dr. Harald Pechlaner, Professor Dipl.-Ing. Dr. Hans H. Hinterhuber
und Mag. Jürgen Geier, Innsbruck 161

Inhalt

Anmerkungen und offene Fragen zur geplanten Dienstrechtsreform an Deutschen Universitäten
Dr. Kathrin Fischer, Dr. Wolfgang Brüggemann und Dr. Jan Dethloff, Hamburg 177

ZfB · Grundsätze und Ziele XII
ZfB · Herausgeber / Internationaler Herausgeberbeirat XIII
ZfB · Impressum / Hinweise für Autoren XIV

Personalmanagement

Die Anzahl der zum Thema Personalmanagement eingereichten und von den Gutachtern akzeptieren Manuskripte hat der Schriftleitung die Möglichkeit eröffnet, sie in einem Ergänzungsheft zusammenzufassen. Wir hoffen, damit unseren Lesern einen zusammenfassenden Überblick über die Probleme, die gegenwärtig im Bereich der Personalwirtschaftslehre erforscht werden, geben zu können.

Die Arbeiten lassen sich zu zwei Schwerpunktthemen zusammenfassen:
1. Interne Arbeitsmärkte, und
2. Wissensmanagement

Interne Arbeitsmärkte

Als vor vielen Jahre die Theorie dualer Arbeitsmärkte entwickelt wurde, empfand man das mit Recht als einen bedeutenden Fortschritt. Nun gelang es, die in Deutschland schwache Verbindung zwischen internem und externem Arbeitsmark zu erklären. Auch die Unterscheidung von Stammbelegschaft und Randgruppen in der Belegschaft erwies sich nun als sinnvoll (wenn auch nicht besonders erfreulich für die Randgruppen). Der Übergang zwischen internem und externem Arbeitsmarkt vollzieht sich vor allem bei den Randgruppen. Für die Stammbelegschaft gibt es dagegen Einstiegsstufen (unterschiedlich je nach Ausbildungsniveau) und den Ausstieg bei Pensionierung. Angesichts geringer Fluktuation aus dem internen Arbeitsmarkt lohnt sich dann auch Aufstiegsfortbildung auf Kosten des Unternehmens usw. Hier ist nicht der Ort, Dekaden in der Entwicklung der Theorie dualer Arbeitsmärkte nachzuzeichnen.

Die Zeiten haben sich dramatisch verändert. Unternehmen werden heute nicht mehr als „soziale Gebilde, in denen sich Menschen zu Hause fühlen" gesehen. Sie werden als „Portfolios von Produkten mit Weltmarktrangplätzen 1 bis höchstens 3" gesehen. Aufgabe der Unternehmensleitung ist es, diese Portfolios zu jedem Zeitpunkt besser zu mischen, als es die internationalen Fonds könnten.

Für die Mitarbeiter bedeutet das: der Eigentümer des „Produkts", das sie erstellen, wird beliebig. Eine Identifikation mit der „Unternehmung" gibt es nicht mehr. Da auch ein neuer Eigentümer des „Produkts" keine Loyalität gegenüber seinen Mitarbeitern mehr empfindet und die Arbeitsplätze in den Portefeuille-Einheiten nach Rendite-Gesichtspunkten jeweils neu mischt, gibt es auch keine Arbeitsplatzsicherheit mehr. Jeder Mitarbeiter wird sein eigener „Free Agent", er wird gezwungenermaßen oder freiwillig sehr mobil.

Diese neue Realität der Unternehmen wirft die Theorie dualer Arbeitsmärkte über den Haufen. Nun gewinnt der externe Arbeitsmarkt eine Bedeutung, die er in Deutschland nie hatte. Der amerikanische Arbeitsmarkt wird zum „Vorbild", jedenfalls zur Referenzinstitution. Solange der Arbeitsmarkt in Deutschland nicht so effizient ist wie in den USA, wird es zu höherer Friktionsarbeitslosigkeit kommen. Darauf ist unser System der Arbeitslosenversicherung nicht vorbereitet. Die Belastung unseres Sozialsystems kann nur verringert werden, wenn jeder Mitarbeiter flexibler einsetzbar und die Einarbeitungszeiten ent-

Editorial

sprechend verkürzt werden können. Das erfordert neue Produktionsweisen. Hier können diese Strukturveränderungen, die von dem veränderten Selbstverständnis der Unternehmen (dies natürlich Folge des Drucks, der von den internationalen Kapitalmärkten ausgeht) nur ganz knapp skizziert werden.

In diesem Heft setzen sich *Christian Grund* und *Matthias Kräkel* mit internen Arbeitsmärkten im Vergleich zwischen Deutschland und den USA auseinander. Man würde nach den oben skizzierten Entwicklungen einen effizienteren internen Arbeitsmarkt im deutschen Betrieb mit der Folge geringerer Wettbewerbsintensität (als Folge hochspezialisierter Produktionsweisen) und höhere Wettbewerbsintensität intern als Folge des viel direkteren Einflusses des externen Arbeitsmarktes erwarten. Diese Vermutungen finden sich z. T. bestätigt. Daß auch in dem deutschen Betrieb kein Quereinstiegsverbot festzustellen ist, mag man schon mit Auflösungstendenzen des deutschen Systems erklären.

Beförderungen sind typische Erscheinungsformen des internen Arbeitsmarkts. Austrittsregeln sind dagegen charakteristisch für die Verbindung von internem und externem Arbeitsmarkt. Die Partnerschaft stellt eine interessante Übergangsform zwischen internem und externem Arbeitsmarkt dar. *Gunter Steiner* untersucht derartige Regeln bei Unternehmen, die sich durch eine Reihe von Elementen der „New Economy" auszeichnen: Projektorientierung, Flexibilität, hohen Wissensanteil (software-Anteil), und auch durch das Selbstverständnis der Mitarbeiter als „Free Agents". Es handelt sich um Partnerschaften von Freiberuflern. Es wundert nicht, daß Steiner hier schon eine weitgehende Konvergenz der Systeme feststellt. Die großen Partnerschaften sind heute praktisch alle international besetzt und zumeist nach amerikanischem Vorbild organisiert.

Eine besondere Form interner Arbeitsmärkte weisen japanische Unternehmen auf: Shukko. Dabei handelt es sich um die Entsendung von Mitarbeitern von der Muttergesellschaft auf Tochtergesellschaften und/oder Zulieferer. Die Muttergesellschaft trägt aber weiterhin einen Teil der Personalkosten. Shukko ist deshalb auch eine Zwischenform von internem und externem Arbeitsmarkt. Die Vermutung, daß derartige Entsendungen eine Form des Wissensmanagement in der Strategischen Familie japanischer Unternehmen sind, ist Rita Zobel nachgegangen. Die Vermutung hat sich als nicht haltbar erwiesen. Shukko ist eine Form der internen Bekämpfung von Arbeitslosigkeit. *Hideo Kubota* und *Hermann Witte* weisen in ihrem Beitrag nach, daß Shukko der Aufrechterhaltung der Wettbewerbsfähigkeit durch Abbau von Mitarbeitern dient. Damit wird das japanische Prinzip der lebenslangen Beschäftigung durchbrochen. Auch in Japan lösen sich Loyalitätsstrukturen auf.

Komplizierte interne Arbeitsmärkte werden durch Fusionen geschaffen. Dabei geht es weniger um die Opfer derartiger Vorgänge, die als Folge der Ausschöpfung von Synergiepotentialen freigesetzten (in Freiheit gesetzten?) Mitarbeiter als um diejenigen, die sich in dem neuen Unternehmensgebilde zurechtfinden müssen. Die Diskussion ist vielfach noch in den alten Strukturen (und Denkmustern) verhaftet: Die Mitarbeiter von „Hörde" haben eine andere Unternehmenskultur als die vom „Phoenix", die Mitarbeiter von Krupp haben eine andere Unternehmenskultur als die von Thyssen, die Fusion von Daimler und Chrysler scheitern an unvereinbaren Unternehmenskulturen. Als Thyssen im Jahre 1986 in Huckingen 5000 Mitarbeiter entließ, sagte der Personalchef, es werden Millionen und Abermillionen DM kosten, das dadurch verloren gegangene Vertrauenskapital wieder aufzubauen. Alte Denkstrukturen. Heute würde keiner mehr willens sein, solches Vertrauenskapital wieder aufzubauen. Im Gegenteil. Es erweist sich als hinderlich beim „Portfoliomanagement". Die Planer von Fusionen rechnen die „Fluktuationsrückstellung" gegen das Synergiepotential. Der Saldo macht die Shareholder glücklich. Die Integrationsbarrieren im Unternehmen werden kleiner, der interne Arbeitsmarkt effizienter, und ein effizienter externer Arbeitsmarkt erleichtert dem fusionierenden Unternehmen das „Outplacement" und dem Free Agent die Such nach einem neuen Arbeitsplatz. *Gerhard Schewe* und *Johannes Gerds* untersuchen rund 120 Fusionen in den USA, Europa und Asien. Sie zeigen, daß die „Ausrichtung von Verhalten" die einzige direkte Erfolgsdeterminante ist. Wer sich nicht ausrichten läßt, geht (Jack Welch).

Wissensmanagement

Man mag fragen, was Fehlzeiten mit Wissensmanagement zu tun haben. Wenn Fehlzeiten darauf zurückzuführen sind, daß die Arbeitsinhalte als uninteressant, wenig fordernd, routinehaft empfunden werden, dann besteht die Aufgabe des Personalmanagement offenbar darin, Arbeitsplätze zu schaffen (oder es den Mitarbeitern in Grenzen zu überlassen, sich ihre eigenen Arbeitsinhalte zu schaffen), auf denen das Wissen der Mitarbeiter gefordert wird und zu deren Aufgaben es gehört, das eigene Wissen ständig zu verbessern. In ihrer Betriebsfallstudie zeigen *Uschi Backes-Gellner*, *Regine Schorn* und *Achim Krings*, daß die Ursachen von Fehlzeiten tatsächlich auch in fehlender Motivation durch die Arbeitsinhalte liegen. Daneben sind es arbeitsmedizinische Gründe, die zu Fehlzeiten führen.

Lernen, Aneignung von Wissen, ist nicht auf den einzelnen Arbeitsplatz beschränkt. Die Vernetzung der Prozesse im Unternehmen erfordert koordiniertes Lernen auf allen Ebenen und in allen Bereichen des Unternehmens. Das ist der Grund dafür, daß in den letzten Jahren „organisationales Lernen" so viel Aufmerksamkeit in der Literatur gefunden hat. Daß die Geschwindigkeit, mit der ein Unternehmen lernt, eine ganz entscheidende Größe im Kampf ums Überleben ist, haben die Transformationsprozesse in den Unternehmen der ehemals sozialistischen Wirtschaft gezeigt. *Christiana Weber* untersucht die Rolle der Zeit im Organisationslernen sowie die Möglichkeit des Management, die Geschwindigkeit von Lernprozessen zu steuern.

Ganz entscheidend ist die Zahl in Innovationsprozessen. Hier gilt ganz besonders: Wer zu spät kommt, den bestraft der Markt. *Oliver Gassmann* und *Christiane Hipp* untersuchten, wie externe technische Dienstleister dazu beitragen können, daß Innovationsprozesse effizienter, und das heißt eben auch: schneller, ablaufen können.

Das Heft wird durch einen Beitrag von *Kurt Matzler*, *Hans H. Hinterhuber*, *Harald Pechlaner* und *Jürgen Geier* beschlossen. Hier geht es um die Qualität von Instrumenten des Wissensmanagement, nämlich von wissenschaftlichen Zeitschriften. Offenbar spornt Wettbewerb Herausgeber und Schriftleitungen dazu an, ihre Leser immer besser mit neuem Wissen zu versorgen. Daß die ZfB in diesem Wettbewerb nicht schlecht abschneidet, ist für alle Beteiligten natürlich besonders erfreulich.

Jüngst haben 3759 Wissenschaftlerinnen und Wissenschaftler die Bundesregierung in einer mehrseitigen Anzeige in der Frankfurter Allgemeinen Zeitung (28. März 2001) aufgefordert, die geplante Dienstrechtsreform zurückzuziehen. „Alte Hasen" wie ich wissen,

Editorial

daß eine solche Unterschriftenaktion ohne politisches Gewicht ist. Die Wissenschaftsminister sind schon lange nicht mehr die Anwälte „ihrer" Universitäten und Professoren. Sie haben sich unter dem schönen Stichwort „Autonomie der Hochschulen" aus der Verantwortung für leistungsfähige und international wettbewerbsfähige Universitäten gestohlen. Vor kurzem ist eine Berufung eines deutschen, an der Harvard University tätigen assistant professors zum C4-Professor an einer bekannten deutschen Universität daran gescheitert, daß der Kanzler in das Gehalt dieses jungen Mannes nicht einsteigen konnte. Kurz vor dem Abbruch der Verhandlungen rief der Dekan aus Harvard an, um dem jungen Mann mitzuteilen, daß er sein Gehalt wegen hervorragender Lehr- und Forschungsleistungen um 15% erhöht habe. Wer wirklich gut ist, nimmt schon jetzt keinen Ruf zurück nach Deutschland an. Wem von Unternehmensberatern direkt nach der Promotion das Doppelte oder auch das Dreifache dessen an Gehalt geboten wird, was er als C3-Professor verdienen würde, ist für die Hochschule verloren. Als es vor der Besoldungsreform der sechziger Jahre noch Hörergelder gab, hat sich kaum einer über schlechte Lehre beklagt. Damals verdiente ein hervorragender Lehrer an einer großen Technischen Hochschule auch, auf heute umgerechnet, eine gute dreiviertel Million DM im Jahr.

Ob die Politiker noch mit Sachargumenten überzeugt werden können, die Dienstrechtsreform zurückzunehmen, erscheint mehr als fraglich. Hier fällt sicher die „Basta-Politik" noch leichter als in anderen Bereichen der Politik. Gleichwohl haben wir uns entschlossen, die Anmerkungen zur geplanten Dienstrechtsreform von *Kathrin Fischer*, *Wolfgang Brüggemann* und *Jan Dethloff* in dieses Heft aufzunehmen, weil sie wichtige Sachargumente enthalten und von zentraler Bedeutung für das künftige Personalmanagement an den Hochschulen sind. Es ist wichtig, daß sie Gehör finden bei allen denen, die „stolz" auf die deutschen Universitäten sind und den „brain drain" aus Deutschland stoppen und die besten „Inder" an attraktive deutsche Universitäten holen wollen.

HORST ALBACH

IT-Karriere zielorientiert planen

Abdelhamid, Michaela / Buschmann, Dirk /
Kramer, Regine / Reulein, Dunja /
Wettlaufer, Ralf / Zwick, Volker

**Gabler Berufs- und Karriere-Planer
IT und e-business 2000/2001**

Informatik, Wirtschaftsinformatik und New
Economy. Mit mehr als 150 Stellenanzeigen
und Firmenprofilen.
2000. 424 S. Br. DM 24,80
ISBN 3-409-13641-X

Wie und wo studiere ich effizient und berufsorientiert? Wie und wo finde ich die besten Ein- und Aufstiegschancen? Wie bereite ich mich gezielt auf Bewerbung und Assessment Center vor? Wie komme ich an wichtige Kontakte? Der Gabler/MLP Berufs- und Karriere-Planer 2001/2001: IT und e-business ist das umfassende Handbuch und Nachschlagewerk zu Studium, Beruf und Karriere:

- Studienorganisation und Examensvorbereitung
- Bewerbungsratgeber: „Program yourself for success"
- Branchen, Jobs und Gehälter: aktuell und übersichtlich
- Insider-Kontakte und die besten Internet-Adressen.

Der besonders umfangreiche Adressenteil und über 150 Firmenprofile mit allen wichtigen Anschriften und Ansprechpartnern in Unternehmen sichern Ihnen den entscheidenden Vorsprung beim Start in die Karriere.

EXTRA: Sie erhalten mit diesem Buch eine ID-Karte mit persönlicher ID-Nummer für den Zugang zum Internet-Stellenmarkt und exklusiven Datenbanken von **CAREERBASE**.

Bestellung Fax: 06 11.78 78-420

Ja, ich bestelle:

Expl. Abdelhamid/ Buschmann/ Kramer/ Reulein/ Wettlaufer/ Zwick

**Gabler Berufs- und
Karriere-Planer IT und
e-business 2000/2001**
2000. 424 S. Br. DM 24,80
ISBN 3-409-13641-X

Vorname und Name

Straße (bitte kein Postfach)

PLZ, Ort

Unterschrift

Änderungen vorbehalten.
Erhältlich beim Buchhandel oder beim Verlag.

Abraham-Lincoln-Str. 46, 65189 Wiesbaden, Tel.: 06 11.78 78-124, www.gabler.de

GABLER

Grundsätze und Ziele

Die **Zeitschrift für Betriebswirtschaft** ist eine der ältesten deutschen Fachzeitschriften der Betriebswirtschaftslehre. Sie wurde im Jahre 1924 von Fritz Schmidt begründet und von Wilhelm Kalveram und Erich Gutenberg fortgeführt. Sie wird heute von zehn Persönlichkeiten aus dem Bereich der Universität und der Wirtschaftspraxis herausgegeben.

Die Zeitschrift für Betriebswirtschaft verfolgt das Ziel, die **Forschung auf dem Gebiet der Betriebswirtschaftslehre** anzuregen sowie zur Verbreitung und Anwendung ihrer Ergebnisse beizutragen. Sie betont die Einheit des Faches; enger und einseitiger Spezialisierung in der Betriebswirtschaftslehre will sie entgegenwirken. Die Zeitschrift dient dem **Gedankenaustausch zwischen Wissenschaft und Unternehmenspraxis.** Sie will die betriebswirtschaftliche Forschung auf wichtige betriebswirtschaftliche Probleme in der Praxis aufmerksam machen und sie durch Anregungen aus der Unternehmenspraxis befruchten.

Die Qualität der Aufsätze in der Zeitschrift für Betriebswirtschaft wird nicht nur durch die Herausgeber und die Schriftleitung, sondern auch durch einen Kreis von Gutachtern gewährleistet. Das **Begutachtungsverfahren** ist doppelt verdeckt und wahrt damit die Anonymität von Autoren wie Gutachtern gemäß den international üblichen Standards.

Die Zeitschrift für Betriebswirtschaft veröffentlicht im Einklang mit diesen Grundsätzen und Zielen:

- **Aufsätze** zu theoretischen und praktischen Fragen der Betriebswirtschaftslehre einschließlich von Arbeiten junger Wissenschaftler, denen sie ein Forum für die Diskussion und die Verbreitung ihrer Forschungsergebnisse eröffnet,
- **Ergebnisse der Diskussion** aktueller betriebswirtschaftlicher Themen zwischen Wissenschaftlern und Praktikern,
- **Berichte** über den Einsatz wissenschaftlicher Instrumente und Konzepte bei der Lösung von betriebswirtschaftlichen Problemen in der Praxis,
- **Schilderungen von Problemen** aus der Praxis zur Anregung der betriebswirtschaftlichen Forschung,
- **„State of the Art"-Artikel,** in denen Entwicklung und Stand der Betriebswirtschaftslehre eines Teilgebietes dargelegt werden.

Die Zeitschrift für Betriebswirtschaft orientiert ihre Leser über **Neuerscheinungen** in der Betriebswirtschaftslehre und der Management-Literatur durch ausführliche Rezensionen und Kurzbesprechungen und berichtet in ihrem **Nachrichtenteil** regelmäßig über betriebswirtschaftliche Tagungen, Seminare und Konferenzen sowie über persönliche Veränderungen vorwiegend an den Hochschulen. Darüber hinaus werden auch Nachrichten für Studenten und Wirtschaftspraktiker veröffentlicht, die Bezug zur Hochschule haben. Die ZfB veröffentlicht keine Aufsätze, die wesentliche Inhalte von **Dissertationen** wiedergeben. Sie rezensiert aber publizierte Dissertationen.

Dem **Internationalen Herausgeber-Beirat** gehören namhafte Fachvertreter aus den USA, Japan und Europa an. In der ZfB können auch – wenn auch in begrenztem Umfang – englischsprachige Aufsätze veröffentlicht werden. Durch die Zusammenfassungen in englischer Sprache sind die deutschsprachigen Aufsätze der ZfB auch internationalen Referatenorganen zugänglich. Im Journal of Economic Literature werden die Aufsätze der ZfB zum Beispiel laufend referiert.

Herausgeber

Prof. Dr. Uschi Backes-Gellner
Universitätsprofessorin und Leiterin des Seminars für Allgemeine Betriebswirtschaftslehre und Personalwirtschaftslehre an der Universität zu Köln.

Prof. Dr. Hans E. Büschgen
(em.) Universitätsprofessor und Direktor des Seminars für Allgemeine Betriebswirtschaftslehre und Bankbetriebslehre an der Universität zu Köln.

Prof. Dr. Günter Fandel
ist o.Professor der Betriebswirtschaftslehre an der FernUniversität Hagen. Seine Hauptarbeitsgebiete sind Industriebetriebswirtschaftslehre, Produktions- und Kostentheorie und Hochschulmanagement.

Dr. Dieter Heuskel
Senior Vice President, The Boston Consulting Group. Leiter des Management Teams der BCG Deutschland und Mitglied des weltweiten Executive Committees von BCG.

Dr. rer. pol. Detlef Hunsdiek
Gesamtleiter Personal der Bertelsmann AG. Er ist Vorsitzender des Beirats des Reinhard Mohn Stiftungslehrstuhls an der Universität Witten/Herdecke und Mitglied des geschäftsleitenden Ausschusses des mcm Instituts St. Gallen.

Prof. Dr. Wolfgang Kürsten
ist Inhaber des Lehrstuhls für Allgemeine Betriebswirtschaftslehre, insbesondere Finanzierung und Banken an der Universität Jena. Seine Hauptarbeitsgebiete sind Finanzkontrakte, Bankbetriebswirtschaftslehre und Risikomanagement.

Dr. Bernd-Albrecht v. Maltzan
Deutsche Bank AG, Frankfurt, Bereichsvorstand Private Banking.

Hans Botho von Portatius
Geschäftsführender Gesellschafter von Kappa IT Ventures Beteiligungs GmbH.

Prof. Dr. Hermann Sabel
Professor der Betriebswirtschaftslehre, insbesondere Marketing, der Universität Bonn und Mitglied im Wissenschaftlichen Beirat des Universitätsseminars der Wirtschaft (USW) in Erftstadt-Liblar.

Prof. Dr. Dieter K. Schneidewind
Mitglied des Aufsichtsrates der WELLA AG und Honorarprofessor an der Justus-Liebig-Universität Gießen sowie an der Ruhr-Universität Bochum.

Prof. Dr. Joachim Schwalbach
Direktor des Instituts für Internationales Management, Humboldt-Universität zu Berlin.

Internationaler Herausgeberbeirat

Professor Alain Burlaud
Professor für Betriebswirtschaftslehre, insbesondere Rechnungswesen und Management Control, am Conservatoire National des Art et Métiers in Paris. Er ist Expert Comptable und Mitherausgeber zahlreicher bedeutender französischer Fachzeitschriften.

Prof. Dr. Santiago Garcia Echevarria
Professor für Betriebswirtschaftslehre, insbesondere Unternehmenspolitik, und Direktor des Departamento de Ciencias Empresariales der Universität Alcalá de Henares.

Prof. Dr. Lars Engwall
Professor für Betriebswirtschaftslehre an der Universität Uppsala.

Prof. Dr. Robert T. Green
Professor für Marketing und Internationale Betriebswirtschaftslehre an der University of Texas in Austin, Texas, und Director des Center for International Business Education and Research.

Prof. Hiroyuki Itami
Professor für Management an der Faculty of Commerce der Hitotsubashi Universität, Tokyo.

Prof. Dr. Don Jacobs
Gaylord Freeman Distinguished Professor of Banking und Dean der J.L. Kellogg Graduate School of Management der Northwestern University in Evanston bei Chicago.

Prof. Dr. Koji Okubayashi
Professor für Betriebswirtschaftslehre, insbesondere Human Resources Management in der School of Business Administration der Kobe University.

Prof. Dr. Adolf Stepan
Professor für Betriebswirtschaftslehre, insbesondere Industriebetriebslehre, und Direktor des Instituts für Betriebswissenschaften, Arbeitswissenschaften und Betriebswirtschaftslehre an der Technischen Universität Wien.

Prof. Dr. Kalervo Virtanen
Professor für Betriebswirtschaftslehre, insbesondere Management Accounting, an der Helsingin Kauppakorkeakoulu, der Helsinki School of Economics and Business Administration.

Schriftführender Herausgeber

em. Prof. Dr. Dr. h.c. mult. Horst Albach
Professor der Betriebswirtschaftslehre an der Humboldt-Universität zu Berlin und Direktor des Schwerpunkts IV, Wissenschaftszentrum Berlin, Honorarprofessor an der Wissenschaftlichen Hochschule für Unternehmensführung Koblenz (WHU).

Impressum / Hinweise für Autoren

Verlag

Betriebswirtschaftlicher Verlag Dr. Th. Gabler GmbH,
Abraham-Lincoln-Straße 46, 65189 Wiesbaden,
Postfach 15 46, 65173 Wiesbaden,
http://www.gabler-online.de
http://www.zfb-online.de
Geschäftsführer: Dr. Hans-Dieter Haenel
Verlagsleitung: Dr. Heinz Weinheimer
Programmleitung Wissenschaft: Claudia Splittgerber
Gesamtleitung Produktion: Reinhard van den Hövel
Gesamtleitung Vertrieb: Heinz Detering

SCHRIFTLEITUNG (ab 01.07.2001):
Professor Dr. Günter Fandel
FernUniversität Hagen
Fachbereich Wirtschaftswissenschaft
58084 Hagen
E-Mail: ZfB@FernUni-Hagen.de

Anfragen an die Schriftleitung: Briefe an die Schriftleitung mit der Bitte um Auskünfte etc. können nur beantwortet werden, wenn ihnen Rückporto beigefügt ist. Von Anfragen, die durch Einsicht in die Jahresinhaltsverzeichnisse beantwortet werden können, bitten wir abzusehen.

Redaktion: Ralf Wettlaufer, Tel.: 06 11/78 78-2 34,
E-Mail: Ralf.Wettlaufer@bertelsmann.de
Annelie Meisenheimer, Tel.: 06 11/78 78-2 32, Fax: 06 11/78 78-4 11, E-Mail: Annelie.Meisenheimer@bertelsmann.de

Kundenservice: Britta Christmann,
Tel.: 06 11/78 78-1 29/1 32, Fax: 06 11/78 78-4 23,
E-Mail: Britta.Christmann@bertelsmann.de

Abonnentenbetreuung: Doris Schöne, Tel.: 0 52 41/80 19 68,
Fax: 0 52 41/80 96 20

Produktmanagement: Kristiane Alesch, Tel.: 06 11/78 78-3 59,
Fax: 06 11/78 78-4 39, E-Mail: Kristiane.Alesch@bertelsmann.de

Anzeigenleitung: Thomas Werner, Tel.: 06 11/78 78-1 38,
Fax: 06 11/78 78-4 30, E-Mail: Thomas.Werner@bertelsmann.de

Anzeigendisposition: Susanne Bretschneider,
Tel.: 06 11/78 78-1 53, Fax: 06 11/78 78-4 30,
E-Mail: Susanne.Bretschneider@bertelsmann.de.
Es gilt die Anzeigenpreisliste Nr. 25 vom 1.10.1995.

Produktion/Layout: Gabriele McLemore

Bezugsmöglichkeiten: Die Zeitschrift erscheint monatlich. Einzelverkaufspreis 35,– DM, 32,50 SFr; preisgebundener Jahresabonnementpreis **Inland** 348,– DM, 309 SFr; für Studenten 198,– DM, 176,– SFr (die aktuelle Immatrikulationsbescheinigung ist jeweils unaufgefordert nachzureichen); preisgebundener Jahresabonnementpreis **Ausland** 372,– DM, 331,– SFr.; Studentenpreis Ausland 264,– DM, 234,– SFr. inkl. Porto und ges. MwSt. Preis für besondere Versandformen auf Anfrage. Zahlung erst nach Erhalt der Abo-Rechnung. Persönliche Mitglieder des Verbandes der Hochschullehrer für Betriebswirtschaft e.V. erhalten einen Nachlaß von 20% auf den Abonnementpreis. Sie können das Abonnement – spätestens 6 Wochen vor Ablauf – zum Ende des Bezugsjahres kündigen (siehe letzte Abonnementrechnung). Geben Sie bitte unbedingt ihre Kundennummer an. Eine schriftliche Bestätigung erfolgt nicht. – Jährlich können 1 bis 6 Ergänzungshefte hinzukommen. Jedes Ergänzungsheft wird den Jahresabonnenten mit einem Nachlaß von 25% des jeweiligen Ladenpreises gegen Rechnung geliefert. Bei Nichtgefallen kann das Ergänzungsheft innerhalb einer Frist von drei Wochen an die Vertriebsfirma zurückgesandt werden.

© 2000 Betriebswirtschaftlicher Verlag Dr. Th. Gabler GmbH, Wiesbaden.

Der Gabler Verlag ist ein Unternehmen der Fachverlagsgruppe BertelsmannSpringer.

Alle Rechte vorbehalten. Kein Teil dieser Zeitschrift darf ohne schriftliche Genehmigung des Verlages vervielfältigt oder verbreitet werden. Unter dieses Verbot fällt insbesondere die gewerbliche Vervielfältigung per Kopie, die Aufnahme in elektronische Datenbanken und die Vervielfältigung auf CD-ROM und allen anderen elektronischen Datenträgern.

Gesamtherstellung: Konrad Triltsch, Print und digitale Medien GmbH, 97199 Ochsenfurt-Hohestadt.

Gedruckt auf säurefreiem und chlorfrei gebleichtem Papier.
Printed in Germany
ISSN: 0044-2372

Hinweise für Autoren

Wenn Sie einen Beitrag geschrieben haben, der in der Zeitschrift für Betriebswirtschaft erscheinen soll, beachten Sie bitte unbedingt folgende Punkte.

1. Bitte beachten Sie die „Grundsätze und Ziele" der ZfB.

2. Manuskripte sind in zweifacher Ausfertigung an die Schriftleitung zu senden. Für das Begutachtungsverfahren müssen die Beiträge anonymisiert werden. Daher darf der Name des Autors nur auf der Titelseite des Manuskripts stehen. Der Autor verpflichtet sich mit der Einsendung des Manuskripts unwiderruflich, das Manuskript bis zur Entscheidung über die Annahme nicht anderweitig zu veröffentlichen oder zur Veröffentlichung anzubieten. Diese Verpflichtung erlischt nicht durch Korrekturvorschläge im Begutachtungsverfahren.

3. Aufsätze, die im wesentlichen Ergebnisse von Dissertationen wiedergeben, werden nicht veröffentlicht. Um die Ergebnisse von Dissertationen breiter bekannt zu machen, hat die ZfB eine Rubrik „Dissertationen" im Besprechungsteil eingeführt. Hier werden vorzugsweise Erstgutachten von Dissertationen – in entsprechend gekürzter Form – abgedruckt.

4. Alle eingereichten Manuskripte werden, wie international üblich, einem doppelt verdeckten Begutachtungsverfahren unterzogen, d.h. Autoren und Gutachter erfahren ihre Identität gegenseitig nicht. Durch dieses Verfahren soll die fachliche Qualität der Beiträge gesichert werden.

5. Die Manuskripte sind in Times New Roman, 12 Punkt, 1½zeilig mit 5 cm Rand links zu schreiben. Sie sollten nicht länger als 25 Schreibmaschinenseiten sein. Der Titel des Beitrages und der/die Verfasser mit vollem Titel und ausgeschriebenen Vornamen sowie beruflicher Stellung sind auf der ersten Manuskriptseite aufzuführen. Dem Beitrag ist ein „Überblick" von höchstens 15 Zeilen voranzustellen, in dem das Problem, die angewandte Methodik, das Hauptergebnis in seiner Bedeutung für Wissenschaft und/oder Praxis dargestellt werden. Die Aufsätze sind einheitlich nach dem Schema A., I., 1., a) zu gliedern. Endnoten (Times New Roman, 12pt) sind im Text fortlaufend zu numerieren und am Schluß des Aufsatzes unter „Anmerkungen" zusammenzustellen. Anmerkungen und Literatur sollen getrennt aufgeführt werden. Im Text und in den Anmerkungen soll auf das Literaturverzeichnis nach dem Schema: (Gutenberg, 1982, S. 352) verwiesen werden. Jedem Aufsatz muß eine „Summary" in englischer Sprache von nicht mehr als 15 Zeilen Länge und eine deutsche Zusammenfassung gleicher Länge angefügt werden. Über Abbildungen und Tabellen ist eine Legende vorzusehen (z.B.: Abb. 1: Kostenfunktion, bzw. Tab. 2: Rentabilitätsentwicklung). Abbildungen und Tabellen sind an der betreffenden Stelle des Manuskripts in Kopie einzufügen und im Original (reproduzierfähig) dem Manuskript beizulegen. Mathematische Formeln sind fortlaufend zu numerieren: (1), (2) usw. Sie sind so einfach wie möglich zu halten. Griechische und Fraktur-Buchstaben sind möglichst zu vermeiden, ungewöhnliche mathematische und sonstige Zeichen für den Setzer zu erläutern. Bei mathematischen Ableitungen soll im Text verzichtet werden; sie sind aber für die Begutachtung beizufügen.

Mit dem Manuskript liefert der Autor ein reproduzierfähiges Brustbild (Paßphoto) von sich sowie eine kurze Information (max. 7 Zeilen) zu seiner Person und seinem Arbeitsgebiet.

6. Wenn das Manuskript auch auf einer Diskette vorliegt, sollte diese zur Vermeidung von Satzfehlern beigefügt werden. Papiermanuskripte sind aber in jedem Fall nötig.

7. Der Autor verpflichtet sich, die Korrekturfahnen innerhalb einer Woche zu lesen und die Mehrkosten für Korrekturen, die nicht vom Verlag zu vertreten sind, sowie die Kosten für die Korrektur durch einen Korrektor bei nicht termingerechter Rücksendung der Fahnenkorrektur zu übernehmen.

8. Der Autor ist damit einverstanden, daß sein Beitrag außer in der Zeitschrift auch durch Lizenzvergabe in anderen Zeitschriften (auch übersetzt), durch Nachdruck in Sammelbänden (z.B. zu Jubiläen der Zeitschrift oder des Verlages oder in Themenbänden), durch längere Auszüge in Büchern des Verlages auch zu Werbezwecken, durch Vervielfältigung und Verbreitung auf CD ROM oder anderen Datenträgern, durch Speicherung auf Datenbanken, deren Weitergabe und dem Abruf von solchen Datenbanken während der Dauer des Urheberrechtsschutzes an dem Beitrag im In- und Ausland vom Verlag und seinen Lizenznehmern genutzt wird.

Interne Arbeitsmärkte und betriebliche Entgeltstrukturen – eine empirische Untersuchung

Von Christian Grund und Matthias Kräkel*

Überblick

- In der vorliegenden Studie werden Längsschnitt-Personaldaten eines deutschen und eines U.S.-amerikanischen Betriebs untersucht.

- Hierbei wird zum einen der Frage nachgegangen, ob in den beiden Betrieben ein idealtypischer interner Arbeitsmarkt anzutreffen ist. Es zeigt sich, dass beide Betriebe zwar Merkmale eines internen Arbeitsmarktes aufweisen (z.B. hoher Einfluss von Hierarchiestufen und Seniorität auf die Entlohnung sowie von Beförderungen auf Lohnzuwächse), wichtige Bausteine interner Arbeitsmärkte (insbesondere ein Quereinstiegsverbot sowie eine Vielzahl interner Beförderungen) jedoch fehlen.

- Zum anderen wird untersucht, ob zwischen dem deutschen und dem U.S.-amerikanischen Betrieb charakteristische Unterschiede in der Personalpolitik zu erkennen sind. Deutliche Unterschiede lassen sich zum Teil erkennen, obwohl beide Betriebe dieselben Eigentümer haben. Vor allem scheint im U.S.-amerikanischen Betrieb eine höhere Leistungs- bzw. Wettbewerbsintensität zu herrschen als im deutschen Betrieb.

Eingegangen: 22. August 2000

Dipl.-Ök. Christian Grund und Professor Dr. Matthias Kräkel, Betriebswirtschaftliche Abteilung II, Universität Bonn, Adenauerallee 24–42, 53113 Bonn.

A. Einleitung

Mittlere und große Unternehmen weisen für ihre Kernbelegschaft oftmals eine Art internen Arbeitsmarkt auf, der sich durch spezielle Eintrittspositionen auf unteren Hierarchieebenen, festgelegte Karrieremuster und hierarchische Entgeltdifferentiale charakterisieren lässt. Leider zählen Personaldaten jedoch zu den sensibelsten Firmendaten, die größter Geheimhaltung unterliegen. Empirisch interessierte Wissenschaftler stehen üblicherweise vor einer unüberwindbaren Hürde, wenn Betriebe um die Preisgabe anonymisierter Personaldaten zu Forschungszwecken gebeten werden, da einem externen Datennutzer in der Regel sowohl von Seiten des Betriebsrats als auch von Seiten der Betriebsleitung mit Misstrauen begegnet wird. Daher verwundert es auch nicht, dass bisher kaum empirische Längsschnittstudien zu internen Arbeitsmärkten existieren.[1] Neben der Geheimhaltungsproblematik kommt hinzu, dass Betriebe oftmals ihre Personaldaten nicht bzw. nicht vollständig über einen längeren Zeitraum von etwa 15 bis 20 Jahren hinweg gespeichert haben. Dieser insgesamt sehr unbefriedigende Zustand wird von Baker/Holmström (1995) durch den Titel ihres Beitrags „Internal Labor Markets: Too Many Theories, Too Few Facts" äußerst treffend beschrieben, der sechs Jahre nach Erscheinen des Beitrags immer noch Gültigkeit besitzt.

Um dem bestehenden Empiriedefizit zu begegnen, sollen im vorliegenden Beitrag die Personalstrukturen eines deutschen und eines U.S.-amerikanischen Betriebs miteinander verglichen werden. Für die Untersuchung wird auf einen neuen, bisher noch nicht genutzten Datensatz zurückgegriffen, der die wichtigsten individuellen Personaldaten der Arbeitnehmer in beiden Betrieben über einen Zeitraum von 21 Jahren dokumentiert. Zum einen soll der Frage nachgegangen werden, ob in den beiden betrachteten Betrieben das idealtypische Konstrukt eines internen Arbeitsmarktes im Sinne von Doeringer/Piore (1971) und Williamson/Wachter/Harris (1975) zu finden ist bzw. wie stark die Abweichungen hiervon sind. Zum anderen soll untersucht werden, inwiefern sich charakteristische Unterschiede zwischen dem deutschen und dem U.S.-amerikanischen Betrieb erkennen lassen, wobei gewisse Unterschiede schon deshalb zu erwarten sind, weil in Deutschland zusätzlich ein berufsfachliches Arbeitsmarktsegment existiert. Da beide Betriebe dieselben Eigentümer haben, können zumindest eigentümerspezifische Einflüsse in der Unternehmens- und daher auch in der Personalpolitik im Rahmen des Vergleichs großenteils ausgeschlossen werden.

In Abschnitt B wird zunächst einmal das idealtypische Konzept des internen Arbeitsmarktes beschrieben. Den Kern der Untersuchung bildet anschließend die empirische Analyse der Personal- und Entgeltstrukturen des deutschen und des U.S.-amerikanischen Betriebs (Abschnitt C). Der Beitrag endet mit einigen Schlussbemerkungen in Abschnitt D.

B. Der interne Arbeitsmarkt

Die idealtypische Konzeption des internen Arbeitsmarktes einer Unternehmung geht insbesondere auf die Arbeiten von Doeringer/Piore (1971) und Williamson/Wachter/Harris (1975) zurück, die hierbei dreierlei Bausteine unterscheiden:[2] Zum einen können Arbeitnehmer nur auf bestimmten Stellen am unteren Ende der betrieblichen Hierarchie in den internen Arbeitsmarkt einsteigen. Diese *Einstiegspositionen* dienen u.a. als Screening-Plätze – Arbeitnehmern, die in der Probezeit positiv bewertet werden, wird die Möglichkeit einer internen Karriere geboten, während den anderen dieser Weg verwehrt bleibt. Für sämtliche höheren Hierarchieebenen besteht hingegen ein striktes Quereinstiegsverbot für externe Arbeitnehmer. Auf diese Weise werden die Arbeitnehmer des internen Arbeitsmarktes gegen den auf dem externen Arbeitsmarkt herrschenden Wettbewerb abgeschottet. Vor allem werden die Arbeitnehmer gegen einen Lohnwettbewerb[3] geschützt, indem ausgeschlossen wird, dass die Arbeitnehmer durch externe Arbeitnehmer mit niedrigeren Lohnforderungen ersetzt werden.

Zum anderen sind die Stellen des internen Arbeitsmarktes in sogenannten *Aufstiegsleitern* bzw. *Mobilitätsketten* organisiert. Die hohe Bedeutung solcher internen, genau festgelegten Karrierepfade folgt einerseits direkt aus dem Quereinstiegsverbot, da ohne Aufstiegsleitern höhere Positionen in der Hierarchie gar nicht erreichbar wären. Andererseits haben die Aufstiegsleitern jedoch auch wichtige Zusatzfunktionen: Arbeitnehmer erwerben auf einer Hierarchieebene das notwendige betriebsspezifische Humankapital, das sie für eine Stelle auf der nächst höheren Ebene mit entsprechend höheren Anforderungen befähigt. Durch eine Verknüpfung inhaltlich verwandter Stellen gehen interner Aufstieg und Humankapitalerwerb in internen Arbeitsmärkten direkt miteinander einher. Die Aufstiegsleitern dienen zudem auch der Anreizgestaltung. Arbeitnehmer werden nur dann befördert, wenn sie auf ihrer bisherigen Stelle gute Leistungen erbracht und hinreichend Humankapital akkumuliert haben.

Der dritte Baustein betrifft die Entgeltstrukturen interner Arbeitsmärkte. Für einen internen Arbeitsmarkt besteht ein *stellenbezogenes Lohngerüst mit positiven (und steigenden) hierarchischen Lohndifferentialen*, d.h. die Entlohnung ist fest an Stellen und nicht an Mitarbeiter geknüpft und nimmt hierarchieaufwärts (mit steigenden Zuwächsen) zu. Verschiedene Gründe lassen sich für eine derartige betriebliche Einkommensungleichheit anführen:[4] Einerseits lässt sich anhand der Humankapitaltheorie argumentieren, dass mit zunehmender Hierarchieebene aufgrund schwierigerer Aufgaben die Anforderungen an einen Arbeitnehmer steigen, dadurch auch das erforderliche Humankapital und wegen des entsprechend hohen Wertgrenzprodukts des Arbeitnehmers letztlich auch das zu zahlende Entgelt.[5]

Andererseits ist jedoch selbst dann mit hierarchischen Lohndifferentialen zu rechnen, wenn die Arbeitsplatzanforderungen nicht hierarchieaufwärts steigen. In (betrieblichen) Hierarchien beeinflussen Entscheidungen und Arbeitseinsatz nicht nur das eigene Leistungsergebnis, sondern auch die Ergebnisse der untergeordneten Hierarchieebenen, wodurch es zu einer Art Multiplikatoreffekt kommt.[6] Argumentiert man streng neoklassisch, so steigt mit der Hierarchieebene auch das Arbeitsentgelt, weil ein Arbeitnehmer nicht nur das eigene direkte Wertgrenzprodukt entgolten bekommt, sondern anteilsmäßig auch sämtliche Produktivitätseffekte, für die er hierarchieabwärts verantwortlich ist. Aufgrund des Multiplikatoreffektes ist zudem mit steigenden Entgeltzuwächsen hierarchieaufwärts zu rechnen. Verlässt man den neoklassischen Argumentationsrahmen und lässt die Möglichkeit von Anreizproblemen zu, so ist gerade auf oberen Hierarchieebenen aufgrund des Multiplikatoreffektes Sorge zu tragen, dass es hier zu keiner Leistungszurückhaltung bei den Arbeitnehmern kommt.[7] Dies gelingt über entsprechend hohe Effizienzlöhne auf oberen Hierarchieebenen. Durch den drohenden Verlust der sehr hohen Effizienzlöhne bei aufgedecktem Fehlverhalten werden die Arbeitnehmer von einer Leistungszurückhaltung abgeschreckt. Letztlich lassen sich auch über diesen Ansatz überproportionale Einkommenszuwächse hierarchieaufwärts erklären.[8]

Werden Arbeitnehmer senioritätsabhängig befördert, so lassen sich hierarchische Lohndifferentiale auch mit Hilfe des Lohnpfandmodells von Lazear (1979) begründen. Danach werden Arbeitnehmer zu Karrierebeginn zunächst einmal unterhalb ihres Wertgrenzprodukts entlohnt. Durch die aufgeschobenen Lohnbestandteile wird eine Art Pfand aufgebaut, welches ein Arbeitnehmer bei aufgedeckter Leistungszurückhaltung infolge von Entlassung verliert. Wird der Arbeitnehmer während seiner betrieblichen Laufbahn nicht entlassen, so bekommt er in späteren Karrierephasen – und damit auf höheren Hierarchieebenen – mehr als sein aktuelles Wertgrenzprodukt als Entlohnung ausgezahlt, wodurch er sein anfängliches Lohnpfand zurückerhält.

Schließlich lassen sich hierarchische Lohndifferentiale ebenfalls mit Hilfe der Turnierlohntheorie (Rank-order tournaments) erklären.[9] Dabei stehen sich mehrere Arbeitnehmer einer Hierarchieebene mit vergleichbaren Arbeitsaufgaben in einem relativen Leistungsturnier gegenüber. Der Turniergewinner wird zur Belohnung auf die nächst höhere Hierarchieebene befördert, sobald dort eine Stelle vakant wird. Damit Leistungsanreize zwischen den Turnierteilnehmern induziert werden, muss die Beförderung mit einem entsprechend hohen Lohnzuwachs verbunden sein. Im Falle risikoaverser Arbeitnehmer lässt sich über das dynamische Turniermodell von Rosen (1986) begründen, warum hierarchieaufwärts wiederum mit steigenden Lohndifferentialen zu rechnen ist.

Insgesamt lässt sich festhalten, dass interne Arbeitsmärkte sowohl für die Arbeitnehmer- als auch für die Arbeitgeberseite entscheidende Vorteile besitzen. Auf der einen Seite werden die Arbeitnehmer durch das Quereinstiegsverbot, die festgelegten Aufstiegsregeln und das vorgegebene Lohngerüst gegen den externen Lohnwettbewerb sowie ein mögliches opportunistisches Verhalten des Arbeitgebers geschützt. Dies bewirkt auf der anderen Seite für den Arbeitgeber den Vorteil, dass erfahrene Arbeitnehmer nun bereit sind, ihr betriebsspezifisches Wissen an diejenigen Arbeitnehmer weiterzugeben, die neu in den internen Arbeitsmarkt nachrücken. Zudem wird durch die langfristig ausgerichtete Karriereplanung über die Aufstiegsleitern eine hohe Arbeitnehmerbindung an das Unternehmen erreicht, wodurch für den Arbeitgeber Fluktuationskosten eingespart werden können. Die festgelegte stellenbezogene Entlohnung birgt auch den Vorteil, dass hohe Transaktionskosten für eine Vielzahl individueller Lohnverhandlungen entfallen. Die langen Aufstiegsleitern beginnend am unteren Ende der Hierarchie führen auch dazu, dass der Arbeitgeber infolge Bayesianischer Lernprozesse mit fortlaufender Karrieredauer immer besser das individuelle Talent der einzelnen Arbeitnehmer einzuschätzen vermag. Bei der Besetzung von Schlüsselpositionen auf oberen Hierarchieebenen ist daher sichergestellt, dass der Arbeitgeber seine Auswahlentscheidungen nur noch unter geringer Restunsicherheit zu treffen hat. Die obigen Ausführungen haben zudem gezeigt, dass die einzelnen Bausteine des internen Arbeitsmarktes eng miteinander verflochten sind. So sorgen beispielsweise Beförderungsturniere von einer Hierarchieebene zur nächst höheren dafür, dass für Arbeitnehmer Arbeitsanreize sowie Anreize für einen Humankapitalerwerb entstehen, wobei die hierarchischen Lohndifferentiale direkt auf die Höhe der Anreizintensität wirken. Das Quereinstiegsverbot und das stellenbezogene Lohngerüst sichern schließlich, dass sich Arbeitnehmer im Falle eines Turniergewinns gewiss sein können, den Gewinnerpreis in Form der Beförderung auf die höher dotierte Stelle in Empfang nehmen zu können.

C. Empirische Untersuchung

Die Ausführungen des letzten Abschnitts haben verdeutlicht, dass von einem idealtypischen internen Arbeitsmarkt erhebliche Effizienzvorteile ausgehen. Mit der nun folgenden empirischen Untersuchung soll für einen deutschen und einen U.S.-amerikanischen Betrieb geprüft werden, inwiefern ein solcher interner Arbeitsmarkt in den beiden betrachteten Betrieben vorzufinden ist. Ferner soll der Frage nachgegangen werden, ob sich zwischen dem deutschen und dem U.S.-amerikanischen Betrieb charakteristische Unterschiede belegen lassen. Bei der Betrachtung der Löhne werden grundsätzlich sämtliche Entgeltkomponenten, also auch die Leistungszuschläge, zum Bruttomonatsverdienst zusammengefasst. Um die Darstellung nicht zu verzerren, werden zudem die Gehälter der Eigentümer auf der Hierarchieebene 1 des deutschen Betriebs weitestgehend ausgeklammert. Nach der Beschreibung des Datensatzes in Unterabschnitt C.I sollen in C.II zunächst einmal die Eintrittspositionen der beiden Betriebe betrachtet werden. Unterabschnitt C.III beschäftigt sich mit der Aufstiegsmobilität in den beiden Betrieben. Unterabschnitt C.IV untersucht die hierarchischen Lohnstrukturen der Betriebe. Separate Panelschätzungen über die Entgeltdeterminanten werden abschließend in C.V diskutiert.

I. Der Datensatz

Beide untersuchten Betriebe sind dem Verarbeitenden Gewerbe zuzuordnen.[10] Für den deutschen Betrieb liegen individuelle Personaldaten in anonymisierter Form von 402 Arbeitern und Angestellten für die Jahre 1975 bis 1995 vor. Hierbei handelt es sich um einen Ausschnitt aus der Gesamtbelegschaft des Betriebs, die 1975 rund 1100 und 1995 rund 630 Mitarbeiter betrug. Eine Totalerhebung war für den Betrieb leider nicht möglich, da die Personaldaten zum Teil unvollständig waren. Da dieses Problem die unteren Hierarchieebenen etwas stärker betraf, ist davon auszugehen, dass die oberen Ebenen leicht überrepräsentiert sind, was im Folgenden noch zu beachten sein wird. Erfasst wurden Geschlecht, Geburtsjahr, Eintrittsjahr, Entgelthöhe, Leistungszuschläge, Schulbildung, Ausbildung und Hierarchieebene zum jeweiligen Ende eines Betrachtungsjahres. In die Untersuchung einbezogen wurden nur vollzeitbeschäftigte Arbeitnehmer. Die Entgeltdaten wurden mit Hilfe des Preisindices für die gesamte Lebenshaltung in DM-Werte des Jahres 1991 umgerechnet.

Der Datensatz für den U.S.-amerikanischen Betrieb beinhaltet anonymisierte Daten sämtlicher 241 Mitarbeiter, die im Zeitraum von 1978 bis 1998 im Betrieb vollzeitbeschäftigt waren. Für diesen Betrieb war also eine Totalerhebung möglich. Analog zum deutschen Betrieb wurden Geschlecht, Geburtsjahr, Eintrittsjahr, Entgelthöhe und Hierarchieebene zum jeweiligen Jahresende erfasst.[11] Die verwendeten Geldgrößen wurden über den Konsumentenpreisindex in 1998-Dollars umgerechnet. Da der U.S.-amerikanische Datensatz für die Jahre 1975–1989, der Anfangsphase des Betriebs, nur wenige Arbeitnehmer umfasst, werden teilweise nur die letzten Jahre (1995–1998) betrachtet.

Für beide Betriebe lassen sich anhand des Schwierigkeitsgrades der zu erfüllenden Aufgaben sowie des Verantwortungsbereiches der Stellen verschiedene Hierarchieebenen unterscheiden. Der deutsche Betrieb ist in 13 Ebenen gegliedert.[12] Auf den untersten beiden Hierarchieebenen (12 und 13) sind Arbeitsplätze angesiedelt, deren Aufgaben nur eine geringe Einarbeitungszeit benötigen, wobei diese Zeit für Stellen der Ebene 12 länger ist als die für Stellen der Ebene 13. Die Ebenen 5 bis 11 sind mit Facharbeiterstellen belegt. Auf den Hierarchieebenen 1 bis 4 sind die Management- bzw. Verwaltungsstellen des Betriebs zu finden. Die Eigentümer des Betriebs stellen zugleich die Betriebsleitung dar (Ebene 1). Angestellte sind auf allen Hierarchieebenen anzutreffen, während Arbeiter lediglich Stellen auf den Ebenen 5 bis 13 innehaben. Man sieht anhand der Rohdaten, dass die Facharbeiterebenen 9 bis 11 die höchste Anzahl an Personenjahren[13] aufweisen.

Der U.S.-amerikanische Betrieb verfügt über 10 Hierarchieebenen. Auf der untersten Ebene 10 befinden sich Arbeiter, die lediglich bei der Einstellung eine kurze Einweisung erhalten haben. Ebene 9 umfasst ebenfalls Arbeiter, die jedoch über mehrere Monate eine Ausbildung durchlaufen haben. Die Ebenen 7 und 8 sind mit Facharbeitern besetzt, wobei auf der Ebene 7 schwierigere Aufgaben als auf Ebene 8 zu erfüllen sind. Auf der Ebene 6 sind Stellen angesiedelt, die nicht direkt in den Produktionsprozess eingebunden sind (z.B. Stellen der Küche und des Fuhrparks). Die Ebenen 4 (Vorarbeiterebene) und 5 beinhalten Stellen, die mit der Planung der Arbeitsorganisation betraut sind, woraus sich direkte Vorgaben für die Ebenen 7 und 8 ergeben. Die obersten drei Ebenen stellen Managementebenen dar, wobei Arbeiter maximal auf die Ebene 3 aufsteigen können. Auf Ebene 1 befinden sich ein bzw. zwei Manager, der bzw. die direkt von den Eigentümern eingesetzt wurden, welche auf der Ebene 1 des deutschen Betriebs zu finden sind. Da der Betrieb erst Anfang der 70er Jahre gegründet wurde, ist die Belegschaft 1975 noch sehr klein. Bis 1999 ist der Betrieb jedoch von 8 auf 179 Mitarbeiter angewachsen. Die Rohdaten zeigen, dass die Facharbeiterebenen 7 und 8 die meisten Personenjahre aufweisen.

II. Einstiegspositionen

Tabelle 1 gibt Aufschluss über den prozentualen Anteil der Einstiegspositionen auf den einzelnen Hierarchieebenen im deutschen und U.S.-amerikanischen Betrieb. Während im deutschen Betrieb im Betrachtungszeitraum 186 Arbeitnehmer neu eingestellt wurden, waren dies im U.S.-amerikanischen Betrieb 226 Arbeitnehmer.

Beim deutschen Betrieb fällt zunächst einmal auf, dass fast ein Drittel der Neueingestellten als Auszubildende anfangen, was jedoch in Anbetracht des dualen Ausbildungssystems in Deutschland nicht sehr verwundert. Tendenziell zeigt sich, dass Einstellungen eher auf unteren als auf oberen Hierarchieebenen vorgenommen werden. Allerdings findet sich auf der untersten Ebene mit nur 6,5% der Neueinstellungen bei weitem nicht der höchste Anteil an Einstiegspositionen. Beispielsweise ist der Anteil auf Hierarchieebene 9 – also vier Ebenen höher – mit 17,2% fast drei Mal so groß wie auf der untersten Ebene. Von einem streng abgeschotteten internen Arbeitsmarkt kann beim deutschen Betrieb also nicht gesprochen werden. Beim U.S.-amerikanischen Betrieb liegt der Anteil an Einstiegspositionen auf der untersten Ebene mit 3,1% noch deutlich niedriger als beim deutschen Betrieb. Jedoch befinden sich auf den drei nachfolgenden Hierarchieebenen 7 bis 9 mit insgesamt 76,5% mehr als drei Viertel aller Einstiegspositionen. Auch im U.S.-amerikanischen Betrieb ist die Anzahl der Neueinstellungen auf oberen Hierarchieebenen tendenziell geringer als am unteren Ende der Hierarchie.

Tab. 1: Eintrittspositionen (Summe = 100%)

Ebene	Deutscher Betrieb (1975-1995) (n=186)	Betrieb in den USA (1978-1998) (n=226)
1		0,4 %
2		1,3 %
3		2,2 %
4	0,5 %	1,8 %
5	0,5 %	6,6 %
6	0,5 %	8,0 %
7	4,3 %	26,1 %
8	1,1 %	31,4 %
9	17,2 %	19,0 %
10	9,7 %	3,1 %
11	14,0 %	
12	16,7 %	
13	6,5 %	
Auszubildende	29,0%	

Zusammenfassend kann festgehalten werden, dass zwar in beiden Betrieben unten in der Hierarchie häufiger eingestellt wird als oben, jedoch lässt sich in keinem der beiden Betriebe ein abgeschotteter interner Arbeitsmarkt mit striktem Quereinstiegsverbot erkennen.[14]

III. Beförderungen

Vor dem Hintergrund der theoretischen Ausführungen in Abschnitt B ist davon auszugehen, dass Beförderungen[15] in beiden Betrieben von zentraler Bedeutung sind, falls die Betriebe einen idealtypischen internen Arbeitsmarkt besitzen. Zum einen wäre damit zu rechnen, dass vergleichsweise viele Beförderungen stattfinden. Zum anderen müssten im Falle eines internen Arbeitsmarktes die Lohnzuwächse der Beförderten deutlich höher sein als die Lohnsteigerungen von nicht beförderten Arbeitnehmern. Letzteres wird vor allem anhand der in Abschnitt B erwähnten Turnierlohnmodelle deutlich. Gewinner eines relativen Leistungsturniers (hier: Beförderungsturniers) würden befördert und erhielten als Gewinnerpreis einen hierarchischen Lohnzuwachs, während Turnierverlierer nicht befördert oder sogar degradiert würden, was zu einer Lohnstagnation oder gegebenenfalls zu realen Lohneinbußen im Zeitablauf führen würde. Neben den Turnierlohnmodellen lässt sich auch aus den anderen in Abschnitt B skizzierten Lohntheorien ein realer Lohnzuwachs infolge einer Beförderung ableiten.[16]

Tab. 2: Beförderungen und durchschnittliche Lohnsteigerungen im deutschen und U.S.-amerikanischen Betrieb

	Deutscher Betrieb (1975-1995)	**Betrieb in den USA (1978-1998)**
Anzahl an Beförderungen	64	94
Beförderungen / Belegschaft (pro Jahr)	1,2 %	8,4 %
Lohnsteigerungen nach Beförderungen	+14,8 %	+18,4 %
Lohnsteigerungen nach Verbleib in der Hierarchieebene	+2,6 %	+2,7 %

Tabelle 2 bietet einen direkten Vergleich der Beförderungen in den beiden Betrieben. Während es im deutschen Betrieb im Zeitraum von 1975 bis 1995 über alle Hierarchieebenen hinweg nur zu 64 Beförderungen kommt, sind im U.S.-amerikanischen Betrieb von 1978 bis 1998 insgesamt 94 Beförderungen zu verzeichnen. Zwar mag man einwenden, dass nicht der gesamte deutsche Betrieb, sondern nur eine Stichprobe betrachtet wird. Da jedoch die Stichprobe aus dem deutschen Betrieb erheblich größer als die Gesamtbelegschaft des U.S.-amerikanischen Betriebs ist, lässt sich insgesamt eine deutlich höhere Bedeutung von Beförderungen für den U.S.-amerikanischen Betrieb festhalten. Pro Jahr werden im deutschen Betrieb lediglich durchschnittlich 1,2% der Beschäftigten befördert, während dieser Anteil im amerikanischen Betrieb immerhin bei 8,4% liegt. Allerdings ist diese Aussage dahingehend etwas zu relativieren als beim deutschen Betrieb die Auszubildenden aus der Betrachtung ausgeblendet wurden. Auffällig bei Betrachtung der Rohdaten ist, dass im deutschen Betrieb häufiger ganze Arbeitnehmerkohorten kollektiv auf höhere Hierarchieebenen befördert werden, während im U.S.-amerikanischen Betrieb eine stärkere individuelle Differenzierung zu erkennen ist. Der Einfluss einer Beförderung auf den Arbeitnehmerlohn ist jedoch in beiden Betrieben sehr hoch: Für den Betrachtungszeitraum von 1975-1995 (1978-1998) realisiert ein Arbeitnehmer im deutschen (U.S.-amerikanischen) Betrieb durch eine Beförderung durchschnittlich eine Lohnsteigerung von 14,8% (18,4%) im Jahre der Beförderung, während der Lohn nicht beförderter Arbeitnehmer pro Jahr im Durchschnitt lediglich um 2,6% (2,7%) steigt.

Zusammenfassend lässt sich festhalten, dass in beiden Betrieben – vor allem aber im deutschen Betrieb – nicht sehr viele Beförderungen vorgenommen werden, was gegen die Existenz eines idealtypischen internen Arbeitsmarktes spricht. Dieser Befund korrespondiert unmittelbar zu den Beobachtungen aus Unterabschnitt C.II über das Fehlen eines Quereinstiegsverbots in beiden Betrieben. Auf der anderen Seite zeigt sich jedoch sowohl für den deutschen als auch für den U.S.-amerikanischen Betrieb, dass Beförderungen erhebliche Konsequenzen für die Entlohnung eines Arbeitnehmers haben[17], was wiederum im Einklang mit dem Konzept des internen Arbeitsmarktes steht. Hinsichtlich der Existenz eines internen Arbeitsmarktes fallen die Befunde daher insgesamt gemischt aus. Deutlich werden jedoch charakteristische Unterschiede zwischen dem deutschen und dem U.S.-amerikanischen Betrieb. Beförderungsturniere dürften aufgrund der geringen Anzahl an Beförderungen für den deutschen Betrieb im betrachteten Zeitraum nur von sehr begrenzter

Bedeutung sein. Hierfür sprechen auch die Beobachtungen über den kollektiven Aufstieg ganzer Arbeitnehmerkohorten. Im U.S.-amerikanischen Betrieb dagegen fallen Beförderungen mengenmäßig stärker ins Gewicht und sind zudem noch mit höheren Lohnkonsequenzen verbunden. Insgesamt belegen die Ergebnisse, dass der betrieblichen Karrierepolitik im U.S.-amerikanischen Betrieb tendenziell eine größere Bedeutung zukommt als im deutschen Betrieb.[18]

IV. Hierarchische Entlohnung und betriebliche Einkommensungleichheit

Folgt man den Ausführungen von Abschnitt B, so sind deutlich positive hierarchische Lohndifferentiale[19] in beiden Betrieben zu erwarten, wobei einige der Lohntheorien sogar hierarchieaufwärts steigende Lohndifferentiale und damit eine konvexe hierarchische Lohnfunktion prognostizieren. Zudem ist mit einer nicht unerheblichen Einkommensungleichheit in den beiden Betrieben zu rechnen, die insbesondere durch Lohnunterschiede zwischen und nicht innerhalb von Hierarchieebenen verursacht wird. Zunächst einmal seien im Folgenden die hierarchischen Lohndifferentiale für beide Betriebe betrachtet und daran anschließend die betriebliche Einkommensungleichheit in den Betrieben, um weiterhin einen direkten deutsch-amerikanischen Vergleich zu ermöglichen.

Um nicht den Rahmen des Beitrags zu sprengen, werden lediglich die *Lohndifferentiale* dreier Jahre betrachtet. Für den deutschen Betrieb wurden dazu die Jahre 1975, 1985 und 1995 herausgegriffen. Die entsprechenden Ergebnisse finden sich in der Abbildung 1 sowie der Tabelle im Anhang.

Abb. 1: Spannweite und Mittelwerte der Bruttomonatsverdienste nach Hierarchieebenen im deutschen Betrieb

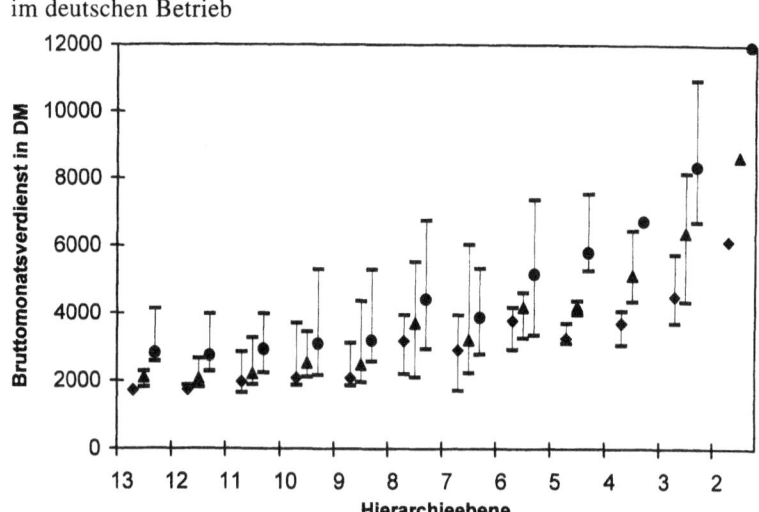

Anmerkungen: Mittelwerte: ♦ 1975 (n = 188), ▲ 1985 (n = 284), ● 1995 (n = 384). Hierarchieebene 1 wurde aus Gründen der Übersichtlichkeit nicht in diese Abbildung aufgenommen.

Abb. 2: Spannweite und Mittelwerte der Bruttomonatsverdienste nach Hierarchieebenen im U.S.-amerikanischen Betrieb

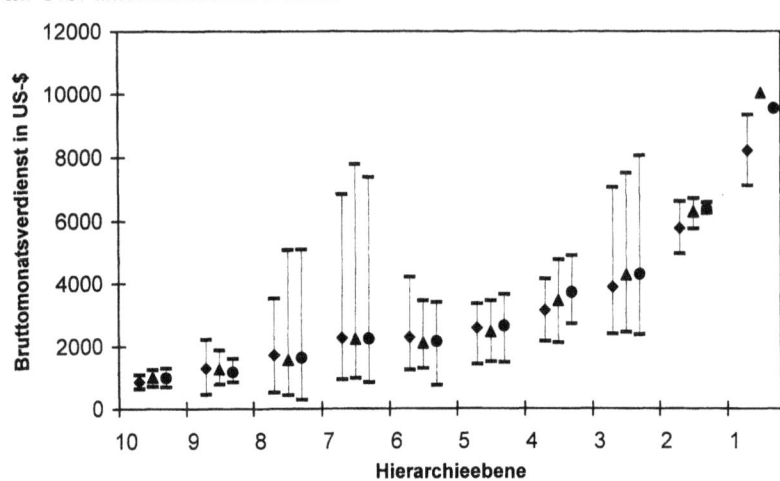

Anmerkungen: Mittelwerte: ◆ 1996 (n = 142), ▲ 1997 (n = 197), ● 1998 (n = 190)

Die Mittelwerte der Tabelle zeigen, dass es 1975 insgesamt 10 positive und 2 negative hierarchische Lohndifferentiale gibt, 1985 insgesamt 9 positive und 3 negative Differentiale und 1995 wiederum 10 positive und 2 negative Differentiale. Die von einigen Lohntheorien vermuteten steigenden Differentiale finden sich zumindest auf den höheren Hierarchieebenen bestätigt. Abbildung 1 und die Tabelle im Anhang verdeutlichen eine konvexe hierarchische Lohnfunktion bezüglich der Mittelwerte für das Jahr 1975 zwischen den Ebenen 1 bis 5 sowie für die Jahre 1985 und 1995 zwischen den Ebenen 1 bis 6. Für die unteren hierarchischen Ränge hingegen ergibt sich kein eindeutiges Bild: Zum Teil findet man negative oder abnehmende Differentiale, zum Teil aber auch steigende Differentiale.

Beim U.S.-amerikanischen Betrieb wurden die Jahre 1996 bis 1998 betrachtet, um möglichst hohe Fallzahlen zu erreichen. Die Ergebnisse hierzu sind in Abbildung 2 und der Tabelle im Anhang dokumentiert. Für das Jahr 1996 zeigen sich ausschließlich positive hierarchische Lohndifferentiale bei den Mittelwerten, für 1997 und 1998 jeweils lediglich ein negatives Differential und ansonsten nur positive Werte. Bei einem Vergleich der Mediane hätten sich auch für die Jahre 1997 und 1998 nur positive Differentiale ergeben. Die beiden negativen Differentiale sind zudem auch deshalb nicht zu hoch zu gewichten, weil sie jeweils die Ebene 6 betreffen, die Stellen umfasst, welche nicht unmittelbar in die Wertschöpfungskette des Betriebs eingebunden sind. Überprüft man die Daten auf steigende Lohndifferentiale, so zeigt sich, dass 1996 zwischen den Ebenen 1 bis 7 und 7 bis 9, 1997 zwischen den Ebenen 1 bis 4, 4 bis 6 und 7 bis 10 sowie 1998 ebenso zwischen den Ebenen 1 bis 4, 4 bis 6 und 7 bis 10 steigende hierarchische Lohndifferentiale zu verzeichnen sind. Insgesamt kann daher festgehalten werden, dass die zentralen Aussagen der obigen

Lohntheorien zum internen Arbeitsmarkt – positive hierarchische Lohndifferentiale und steigende Differentiale – tendenziell bestätigt werden können, wobei die Ergebnisse beim U.S.-amerikanischen Betrieb noch deutlicher ausfallen als beim deutschen Betrieb. Es lassen sich noch zwei weitere Ergebnisse bei Betrachtung der Abbildungen 1 und 2 feststellen. Zum einen zeigt sich, dass die hierarchischen Löhne im Zeitablauf steigen. Besonders deutlich wird dies anhand der Mittelwerte im deutschen Betrieb, da hier Löhne im 10-Jahres-Abstand ermittelt wurden. Zum anderen verdeutlichen die Abbildungen, dass in den zwei Betrieben nicht unbeträchtliche Spannweiten auf den einzelnen Hierarchieebenen bestehen. Es findet also auf den Ebenen eine individuelle Lohndifferenzierung statt.[20] Hierdurch ist es möglich, dass einzelne Arbeitnehmer auf niedrigeren Hierarchieebenen deutlich mehr verdienen als Arbeitnehmer auf höheren Hierarchierängen.[21]

Im zweiten Teil dieses Unterabschnitts sollen nun verschiedene Maße für die *Einkommensungleichheit* in den beiden Betrieben miteinander verglichen werden. Es soll untersucht werden, ob die Lohnzahlungen in den beiden Betrieben unterschiedlich ungleich verteilt sind, ob sich diese Einkommensungleichheit im Zeitablauf verändert hat und ob sie hauptsächlich durch eine Lohndifferenzierung zwischen oder innerhalb der Hierarchieebenen hervorgerufen wird. Die Frage nach der Einkommensungleichheit ist aus personalökonomischer Sicht von entscheidender Bedeutung, da die Leistungsanreize der Arbeitnehmer durch die betriebliche Lohndifferenzierung in erheblichem Maße geprägt werden. Beispielsweise sind in einem Betrieb mit völliger Einkommensgleichheit ökonomisch betrachtet keine (extrinsischen) Leistungsanreize zu erwarten, da jeder Mitarbeiter unabhängig von seinem individuellen Leistungsbeitrag den gleichen Lohn erhält. Eine hohe Einkommensungleichheit kann umgekehrt als Indikator für eine hohe Leistungs- bzw. Wettbewerbsintensität innerhalb des Betriebes gewertet werden, da jeder Arbeitnehmer daran interessiert ist, zu den Spitzenverdienern im Betrieb zu gehören.

Tabelle 3 beschreibt das Ausmaß und die Entwicklung der Einkommensungleichheit in den beiden untersuchten Betrieben. Wiederum wurden exemplarisch mehrere Jahre her-

Tab. 3: Einkommensungleichheit im deutschen und U.S.-amerikanischen Betrieb

	Gini-Maß	$Q_{90/10}$	$Q_{90/50}$	$Q_{50/10}$	Theil-Index	Inter-T	Intra-T	n
Deutscher Betrieb								
1975	0,191	2,29	1,95	1,17	0,075	0,066	0,009	181
1980	0,219	2,22	1,93	1,15	0,097	0,083	0,014	241
1985	0,212	2,22	1,88	1,18	0,095	0,080	0,015	278
1990	0,191	1,98	1,76	1,12	0,087	0,074	0,013	323
1995	0,189	2,06	1,77	1,16	0,100	0,084	0,016	378
Betrieb in den USA								
1995	0,252	3,00	1,77	1,69	0,112	0,069	0,044	111
1996	0,268	2,94	1,63	1,80	0,126	0,074	0,052	142
1997	0,293	3,54	2,02	1,76	0,149	0,090	0,059	197
1998	0,288	3,24	1,88	1,73	0,142	0,084	0,058	190

Anmerkungen: $Q_{90/10}$: Quotient aus dem 90%-Punkt der Einkommensverteilung und dem 10%-Punkt; Theil-Index = Inter-T + Intra-T.

ausgegriffen, um nicht den Rahmen der Untersuchung zu sprengen. Beim U.S.-amerikanischen Betrieb wurde dabei auf Daten aus den 90er Jahren zurückgegriffen, in denen die Belegschaft auf über 100 Arbeitnehmer angestiegen war. Insgesamt werden drei Maße zur Beschreibung der Einkommensungleichheit herangezogen – das Gini-Maß, der Theil-Index sowie Perzentil-Quotienten. Die drei Maße belegen keine eindeutige Tendenz bei der Entwicklung der Einkommensungleichheit im deutschen Betrieb von 1975 bis 1995: Das Gini-Maß ist von 0,191 auf 0,189 leicht gesunken, der Theil-Index von 0,075 auf 0,100 gestiegen und der Perzentil-Quotient $Q_{90/10}$ aus dem 90%-Punkt und dem 10%-Punkt der betrieblichen Einkommensverteilung von 2,29 auf 2,06 gefallen. Letzteres Ergebnis besagt, dass die Arbeitnehmer am 90%-Punkt der Einkommensverteilung 1995 nicht mehr 2,29 mal so viel verdienen wie die Arbeitnehmer am 10%-Punkt, sondern nur noch 2,06 mal so viel. Vergleicht man die Perzentil-Quotienten $Q_{90/50}$ bzw. $Q_{50/10}$ für die Jahre 1975 bis 1995 miteinander, so sieht man, dass eine Angleichung der Einkommen im oberen Einkommensbereich (Veränderung von 1,95 auf 1,77) stattgefunden hat, in dem ohnehin eine höhere Einkommensdisparität herrscht als im unteren Einkommensbereich. Dort ist die Einkommensungleichheit im Zeitablauf nahezu konstant geblieben (Veränderung von 1,17 auf 1,16).

Für den U.S.-amerikanischen Betrieb lässt sich tendenziell eine Zunahme der Einkommensungleichheit im Zeitablauf belegen: Das Gini-Maß (der Theil-Index) beträgt 1995 noch 0,252 (0,112), im Jahr 1998 jedoch 0,288 (0,142). Allerdings waren die Werte für 1997 jeweils noch höher. Vergleichbare Ergebnisse liefert der Perzentil-Quotient $Q_{90/10}$. Interessant sind hierbei auch die Werte für 1991, wenngleich diese nicht in Tabelle 3 mitaufgenommen wurden. Während 1991 die Arbeitnehmer am 90%-Punkt noch 2,18 mal so viel verdienten wie die Arbeitnehmer am 10%-Punkt, betrug dieser Wert 1998 bereits 3,24. Lediglich 1997 war er mit 3,54 noch größer. Damit lässt sich für den betrachteten U.S.-amerikanischen Betrieb im Prinzip der gleiche Trend belegen wie für die gesamte USA: Dort hat die allgemeine Einkommensdisparität in den 80er und 90er Jahren weiter zugenommen.[22] Betrachtet man die Werte für $Q_{90/50}$ und $Q_{50/10}$, so sieht man, dass die gesamte Einkommensskala im Betrieb für den Trend verantwortlich ist. Die Einkommensungleichheit nimmt bei den oberen Einkommen von $Q_{90/50} = 1,67$ im Jahr 1991 auf $Q_{90/50} = 1,88$ im Jahr 1998 zu und bei den unteren Einkommen von $Q_{50/10} = 1,31$ im Jahr 1991 auf $Q_{50/10} = 1,73$ im Jahr 1998.

Bei einem Vergleich der Einkommensdisparitäten zwischen dem deutschen und dem U.S.-amerikanischen Betrieb ist zu beachten, dass sich die ermittelten Konzentrationsmaße auf unterschiedliche Zeiträume beziehen. Beispielhaft lassen sich jedoch die Werte für 1995 miteinander vergleichen. Alle drei Maße – das Gini-Maß, der Theil-Index sowie der Perzentil-Quotient $Q_{90/10}$ – belegen eine deutlich höhere Einkommensungleichheit im U.S.-amerikanischen Betrieb. Besonders deutlich wird dies an den Werten für $Q_{90/10}$: Die Arbeitnehmer am 90%-Punkt verdienen im deutschen Betrieb etwa doppelt so viel wie die Arbeitnehmer am 10%-Punkt, im U.S.-amerikanischen Betrieb jedoch das Dreifache.

Ein weiteres interessantes Ergebnis liefert der Vergleich der Werte für den Inter- und den Intra-Theil-Index zwischen den beiden Betrieben.[23] Während der Inter-Theil-Index hier die Einkommensdisparität *zwischen* den Hierarchieebenen misst, gibt der Intra-Theil-Index die Einkommensungleichheit *innerhalb* der einzelnen Ebenen an. Allgemein zeigt sich beim Vergleich von Inter-T mit Intra-T sowohl für den deutschen als auch für den

U.S.-amerikanischen Betrieb, dass die innerbetriebliche Einkommensdisparität vor allem durch Lohnunterschiede zwischen den Hierarchieebenen verursacht wird (vgl. Tabelle 3), was im Einklang mit dem Konzept des internen Arbeitsmarktes steht. Es lassen sich allerdings charakteristische Unterschiede zwischen den Werten für den deutschen und den U.S.-amerikanischen Betrieb belegen: Dividiert man die Werte für den Intra-Theil-Index durch die entsprechenden Werte für den gesamten Theil-Index, so zeigt sich für den deutschen Betrieb, dass die bestehende Einkommensungleichheit nur in geringem Ausmaß durch Lohnunterschiede innerhalb der Hierarchieebenen erklärt werden kann. 1975 lassen sich lediglich etwa 12% der gesamten Einkommensdisparität durch die Streuung der Löhne innerhalb der einzelnen Ebenen erklären, 1985 und 1995 sind es 16%. Im U.S.-amerikanischen Betrieb ergeben die Quotienten ein deutlich anderes Bild. Hier können Lohnunterschiede innerhalb der Hierarchieebenen ca. 40% der gesamten Einkommensdisparität erklären. Die individuelle Lohndifferenzierung zwischen den Arbeitnehmern auf den einzelnen Hierarchieebenen fällt für den U.S.-amerikanischen Betrieb also sehr viel höher aus als für den deutschen Betrieb.

Insgesamt lässt sich festhalten, dass die Befunde zu den hierarchischen Lohndifferentialen und der betrieblichen Einkommensungleichheit in beiden Betrieben im Einklang mit dem Konzept des internen Arbeitsmarktes stehen. Allerdings deuten die ermittelten Konzentrationsmaße eine höhere Leistungs- bzw. Wettbewerbsintensität für den U.S.-amerikanischen Betrieb im Vergleich zum deutschen Betrieb an. Hierfür sprechen nicht nur die Gini-, Theil- und $Q_{90/10}$-Werte für das direkte Vergleichsjahr 1995, sondern auch die deutlich unterschiedliche Ausprägung der relativen Intra-Theil-Werte. Zwar geben dafür die relativen Inter-Theil-Werte im deutschen Betrieb eine vergleichsweise starke vertikale Lohndifferenzierung an, Unterabschnitt C.III hat jedoch gezeigt, dass Beförderungen im deutschen Betrieb nur sehr selten vorkommen und daher auch nur begrenzt individuelle Leistungsanreize induzieren können. Über die Gründe für die unterschiedliche Einkommensungleichheit in den beiden Betrieben lassen sich lediglich Vermutungen anstellen, da von Seiten der Eigentümer der beiden Betriebe hierzu keine Stellungnahme vorliegt. Möglich ist, dass die Gefahr kontraproduktiven Arbeitnehmerverhaltens (z.B. Mobbing/Sabotage) infolge von Einkommensdisparität im deutschen Betrieb von den Eigentümern höher eingeschätzt wird als im U.S.-amerikanischen Betrieb. Denkbar ist aber auch, dass eine leistungsabhängige Entlohnung zur Erzeugung extrinsischer Anreize im U.S.-amerikanischen Betrieb einen sehr viel höheren Stellenwert besitzt als im deutschen Betrieb, wo möglicherweise intrinsischen Anreizen eine stärkere Bedeutung zukommt.[24] Spekulativ ließe sich diese Überlegung sogar dahingehend verallgemeinern, dass wirtschaftliches Handeln in den USA stärker leistungsbezogen ist als in Deutschland und damit einhergehend extrinsische Anreize in den USA intrinsische Anreize sehr viel stärker in den Hintergrund gedrängt haben als in Deutschland. Hierfür spricht zumindest die allgemeine Zunahme der Einkommensdisparität in den gesamten USA für die letzten Jahrzehnte, während dieser allgemeine Trend für Deutschland nicht gilt.[25] Nicht auszuschließen sind jedoch auch Effekte, die aus der zugrunde liegenden Datenbasis resultieren, da für den deutschen Betrieb lediglich ein Ausschnitt aus der gesamten Belegschaft untersucht wird. Auf der einen Seite wurden im deutschen Betrieb die Auszubildenden sowie die Eigentümer als Betriebsleitung auf Ebene 1 nicht weiter betrachtet. Durch ihre Miteinbeziehung würde jedoch die Einkommensdisparität im deutschen Betrieb steigen. Auf der anderen Seite wurde jedoch in Unterabschnitt C.I geschildert, dass die oberen Hierarchieränge im deutschen Betrieb leicht überrepräsentiert sind, was für eine Überschätzung der Einkommensungleichheit im deutschen Betrieb spricht.

V. Panelschätzungen zu den Determinanten der betrieblichen Entgeltstrukturen

In den bisherigen Unterabschnitten wurde den einzelnen Fragestellungen mit Hilfe von Querschnittsuntersuchungen nachgegangen, indem exemplarisch die Situation in einzelnen Jahren herausgegriffen wurde. Im Folgenden wird der vorliegende Längsschnittdatensatz genutzt, um die Determinanten der Lohnsetzung innerhalb der beiden Betriebe mit Hilfe von Regressionsschätzungen zu analysieren. Im Vordergrund steht dabei vor allem die Frage nach charakteristischen Unterschieden zwischen dem deutschen und dem U.S.-amerikanischen Betrieb und weniger die Frage nach der Existenz eines idealtypischen internen Arbeitsmarktes. Hierzu wird auf die Methode der Random-effects Panelschätzung zurückgegriffen.[26] Der große Vorteil gegenüber gewöhnlichen Querschnitts-OLS-Schätzungen besteht darin, dass auf diese Art und Weise für zeitinvariante unbeobachtete Eigenschaften der Personen kontrolliert werden kann, da für jeden Arbeitnehmer Informationen zu mehreren Jahren vorliegen.

Als abhängige Variable dient der logarithmierte Bruttomonatsverdienst. Damit können die Koeffizienten der kontinuierlichen unabhängigen Variablen direkt als Renditen interpretiert werden. Zudem können die Koeffizienten der dichotomen Variablen nach einer einfachen Transformation als relative Verdienstunterschiede zur jeweiligen Basisgruppe ausgelegt werden.[27] Als unabhängige Variablen werden zunächst einmal die Hierarchieebenen herangezogen, wobei je Betrieb die jeweils am stärksten besetzte Ebene als Referenzgruppe dient (Modell 1).[28] In einem weiteren Ansatz wird der Einfluss einer Reihe von individuellen Merkmalen auf den Lohn geschätzt (Modell 2). Sowohl für den amerikanischen als auch für den deutschen Betrieb stehen Informationen zum Alter, zur Betriebszugehörigkeitsdauer und zum Geschlecht zur Verfügung. Zudem wird sowohl das Alter als auch die Betriebszugehörigkeit in quadrierter Form aufgenommen, um möglichen Abschreibungen des allgemeinen bzw. abnehmende Zuwächse beim betriebsspezifischen Humankapital Rechnung zu tragen.[29] Für den deutschen Betrieb kann zudem auf Informationen zum Schulabschluss zurückgegriffen und eine Unterscheidung zwischen Arbeitern und Angestellten getroffen werden. In einer dritten Schätzung werden alle vorhandenen Variablen in den Ansatz aufgenommen (Modell 3).

Insgesamt ergeben sich für den deutschen (den U.S.-amerikanischen) Betrieb über den Analysezeitraum von 21 Jahren 5886 (1266) Beobachtungen bzw. Personenjahre. Tabelle 4 beinhaltet eine Zusammenfassung der deskriptiven Statistiken der unabhängigen Variablen. Das Durchschnittsalter liegt im deutschen und im U.S.-amerikanischen Betrieb mit 37 bzw. 36 Jahren nah beieinander. Unterschiede sind beim Geschlecht und der durchschnittlichen, bis zum Betrachtungszeitpunkt abgeschlossenen Betriebszugehörigkeitsdauer auszumachen. Im U.S.-amerikanischen Betrieb sind mehr Frauen beschäftigt (12%) als im deutschen (7%). Die abgeschlossene Betriebszugehörigkeitsdauer liegt im deutschen Betrieb (14 Jahre) weit über dem Wert im U.S.-Betrieb (7 Jahre), was unter Be-

Tab. 4: Variablen, Variablennamen und deskriptive Statistiken

		Deutscher Betrieb (1975-1995)		Betrieb in den USA (1978-1998)	
Variable	Name	Mittelwert	Standardabweichung	Mittelwert	Standardabweichung
Geschlecht (Frauen)	SEX	0,071	0,257	0,121	0,326
Alter (in Jahren)	AGE	37,13	8,875	36,09	10,58
Quadriertes Alter	SQAGE	1457,3	667,2	1414,4	796,8
Betriebszugehörigkeit	TENURE	14,08	8,651	6,77	6,381
Quadrierte Betriebszuge.	SQTEN	273,1	287,9	86,55	139,5
Arbeiter	ARBEITER	0,735	0,442		
Schulabschluss-Dummies					
Kein Schulabschluss	KEINAB	0,074	0,261		
Hauptschulabschluss	HAUPT	0,785	0,411		
Realschulabschluss	REAL	0,070	0,255		
Abitur	ABITUR	0,031	0,174		
Fachhochschulabschluss	FACHHOCH	0,020	0,140		
Universitätsabschluss	UNI	0,021	0,143		
Hierarchie-Dummies					
Hierarchieebene 1	LEVEL 1			0,020	0,139
Hierarchieebene 2	LEVEL 2	0,029	0,168	0,034	0,181
Hierarchieebene 3	LEVEL 3	0,023	0,151	0,065	0,246
Hierarchieebene 4	LEVEL 4	0,024	0,152	0,070	0,256
Hierarchieebene 5	LEVEL 5	0,019	0,138	0,104	0,305
Hierarchieebene 6	LEVEL 6	0,026	0,158	0,075	0,264
Hierarchieebene 7	LEVEL 7	0,079	0,270	0,419	0,494
Hierarchieebene 8	LEVEL 8	0,045	0,208	0,181	0,385
Hierarchieebene 9	LEVEL 9	0,231	0,422	0,026	0,159
Hierarchieebene 10	LEVEL 10	0,143	0,350	0,006	0,079
Hierarchieebene 11	LEVEL 11	0,208	0,406		
Hierarchieebene 12	LEVEL 12	0,119	0,324		
Hierarchieebene 13	LEVEL 13	0,054	0,225		

achtung der viel späteren Gründung des amerikanischen Betriebs keine Überraschung darstellt. In beiden Betrieben bilden die Facharbeiterebenen die mit Abstand am stärksten besetzten Hierarchieebenen, so dass für die Regressionen LEVEL 9 im deutschen bzw. LEVEL 7 im U.S.-amerikanischen Betrieb als Referenzebene benutzt wird. Hinsichtlich der Schulbildung ist im deutschen Betrieb ein deutliches Übergewicht an Personen mit Hauptschulabschluss (79%) festzustellen, die daher auch die Bezugsgruppe innerhalb der Regression bildet. Knapp drei Viertel sind im deutschen Betrieb als Arbeiter beschäftigt.

Die Resultate der Panelschätzungen für den deutschen Betrieb finden sich in Tabelle 5. In den Ergebnissen der separaten Schätzung des Einflusses der Hierarchieebenen auf den Lohn (Modell 1) bestätigen sich zunächst einmal die Ergebnisse aus Unterabschnitt C.I, wonach auf höheren Hierarchieebenen ein höherer Lohn gezahlt wird als auf unteren Stufen. Im Einzelnen wird im Vergleich zu Ebene 9 auf den Ebenen 12 und 13 ein signifikant (11%) niedrigerer Lohn gezahlt.[30] Auf allen Ebenen 2 bis 8 sind signifikant höhere Verdienste zu beobachten als auf Ebene 9, wobei die Angestellten auf Ebene 2 immerhin mehr als das Dreieinhalbfache verdienen. Augenfällig ist das erstaunlich hohe R^2 dieser Schätzung. Wie schon die Ausführungen über die Einkommensungleichheit im deutschen Betrieb gezeigt haben, wird ein Großteil der Einkommensstreuung durch unterschiedlich hohe Löhne *zwischen* den Hierarchieebenen erklärt.

Die Ergebnisse von Modell 2 stehen im Einklang mit einer Vielzahl von empirischen Studien, die sich auf der Basis von Personenstichproben mit Verdienstdeterminanten beschäftigen: Auch im hier zugrunde liegenden Betrieb werden Frauen selbst unter Kontrolle des akkumulierten Humankapitals schlechter bezahlt als Männer. Weiterhin steigt der Lohn mit dem Alter mit abnehmenden Zuwächsen. Lohnzuschläge sind zudem mit höheren Schulabschlüssen und steigender Seniorität festzustellen. Den Beschäftigten werden dadurch ihre Investitionen in allgemeines bzw. betriebsspezifisches Humankapital entgolten. Im Falle der Schulabschlüsse lassen sich die positiven Einflüsse auf den Lohn alternativ auch noch über die Signalisierung von Arbeitnehmerfähigkeiten im Sinne von Spence (1973) begründen. Der Einfluss betriebsspezifischer Humankapitalinvestitionen auf die Entlohnung steht im Einklang mit der Argumentation über Mobilitätsketten und Wissenserwerb im idealtypischen internen Arbeitsmarkt. Der Koeffizient für ARBEITER ist höchst signifikant negativ. Allerdings ist zu bedenken, dass die Angestellten vor allem auf höheren Hierarchieebenen zu finden sind, so dass die Hierarchiedifferentiale innerhalb dieser Schätzung teilweise durch die Variable ARBEITER erfasst werden. Erneut fällt das Bestimmtheitsmaß recht hoch aus. Bei einer zusammengefassten Schätzung mit allen zur Verfügung stehenden Variablen könnte daher Multikollinearität zwischen den Variablen auftreten. Diese Befürchtung stellt sich allerdings als unberechtigt heraus, was durch die Berechnung von Varianz-Inflationsfaktoren deutlich wird, die keine kritischen Werte aufweisen.[31]

Auf die Ergebnisse der zusammengefassten Schätzung soll im Folgenden genauer eingegangen werden. Auch in Modell 3 bleiben alle aufgenommenen Einflussfaktoren signifikant. Die Frauen besitzen im deutschen Betrieb überdurchschnittlich häufig den Status von Angestellten. Sie haben eine bessere Schulbildung und sind daher auch durchschnittlich auf höheren Hierarchieebenen zu finden. Obwohl sich der Koeffizient für SEX im Vergleich zum Modell 2 deutlich verringert, sind aber immer noch signifikant geringere Verdienste der Frauen zu konstatieren. Geht man davon aus, dass die Aufgaben und Leistungen innerhalb der Hierarchieebenen über die Geschlechter homogen verteilt sind, muss man feststellen, dass die Frauen im deutschen Betrieb diskriminiert werden. Die Ergebnisse zu den Humankapital-Proxies AGE, SQAGE, TENURE und SQTEN ändern sich im Vergleich zu Modell 2 nicht substantiell. Auch unter Kontrolle der Hierarchieebenen verdienen Arbeiter mehr als ein Viertel weniger als Angestellte, was darauf hinweisen könnte, dass es auch innerhalb der Hierarchieebenen zu einer Teilung der Aufgaben kommt. Diese Vermutung wird zudem durch die signifikanten Koeffizienten der Schulabschluss-Dummies genährt.

Tab. 5: Koeffizienten der Random-effects Panelschätzungen für den deutschen Betrieb (absolute T-Werte in Klammern)

Unabhängige Variable	Abhängige Variable: Logarithmierter Bruttomonatsverdienst		
	Modell (1)	Modell (2)	Modell (3)
(Konstante)	+8,068** (913,3)	+7,897** (196,1)	+8,001** (276,7)
SEX		-0,171** (5,49)	-0,110** (5,68)
AGE		+0,014** (9,81)	+0,011** (9,48)
SQAGE (*100)		-0,013** (9,62)	-0,011** (8,52)
TENURE		+0,009** (9,29)	+0,008** (11,60)
SQTEN (*100)		-0,012** (8,94)	-0,011** (7,79)
ARBEITER		-0,324** (42,57)	-0,311** (33,47)
Schulabschluss-Dummies			
KEINAB		-0,033 (1,13)	-0,001 (0,06)
REAL		+0,021 (0,70)	-0,026 (1,46)
ABITUR		+0,253** (6,57)	+0,095** (3,92)
FACHHOCH		+0,352** (6,26)	+0,105** (2,98)
UNI		+0,742** (12,38)	+0,144** (3,31)
Hierarchie-Dummies			
LEVEL 2	+1,284** (28,59)		+0,834** (20,45)
LEVEL 3	+0,788** (21,30)		+0,491** (16,87)
LEVEL 4	+0,355** (15,49)		+0,180** (8,98)
LEVEL 5	+0,258** (11,54)		+0,130** (6,68)
LEVEL 6	+0,381** (24,39)		+0,082** (5,12)
LEVEL 7	+0,177** (15,29)		+0,097** (9,73)
LEVEL 8	+0,189** (22,37)		+0,008 (0,93)
LEVEL 10	-0,004 (0,35)		-0,002 (0,20)
LEVEL 11	-0,035** (4,31)		-0,036** (5,18)
LEVEL 12	-0,112** (9,94)		-0,088** (9,47)
LEVEL 13	-0,122** (11,36)		-0,104** (11,24)
Jahres-Dummies	ja	ja	ja
R^2	0,767	0,765	0,901
Beobachtungen	5781	5781	5781

Anmerkungen: * Koeffizient ist auf dem 5%-Niveau signifikant, ** Koeffizient ist auf dem 1%-Niveau signifikant. Vgl. Tabelle 4 für die Variablennamen.

Unter der Kontrolle der individuellen Merkmale sind ebenfalls deutlich steigende Löhne mit den Hierarchieebenen zu beobachten. Obwohl sich die Koeffizienten deutlich verkleinern, liegt der Verdienst der Personen auf Ebene 2 ceteris paribus immer noch um mehr als das Doppelte über den Löhnen in der Referenzebene 9.

Zusammenfassend lässt sich festhalten, dass der Erklärungsgehalt der Schätzung beeindruckend hoch ist.[32] Insbesondere werden die Löhne im deutschen Betrieb durch die Zuordnung zu Hierarchieebenen determiniert, auch wenn das Geschlecht und die Humankapitalausstattung ebenfalls eine Rolle spielen. Implizit hat dieses Ergebnis zur Folge, dass der Lohnsetzung bezüglich der individuellen Leistungsfähigkeit und -bereitschaft im deutschen Betrieb nur eine geringe Bedeutung zukommt.

Wie Tabelle 6 zeigt, steigen auch im U.S.-amerikanischen Betrieb die Löhne mit der Hierarchieebene (Modell 1). Zum Beispiel liegt der Monatsverdienst der höchsten (niedrigsten) Ebene um das 2,3-fache über (um 36% unter) demjenigen der Referenzebene 7. Allerdings liegt der Erklärungsgehalt der Schätzung deutlich unter der entsprechenden Regression für den deutschen Betrieb. Auch wenn ein (kleiner) Teil des Unterschieds darauf zurückzuführen sein mag, dass für den deutschen Betrieb die Anzahl der Hierarchieebenen höher ist als im amerikanischen Betrieb, so ist doch eindeutig, dass im deutschen

Tab. 6: Koeffizienten der Random-effects Panelschätzungen für den U.S.-amerikanischen Betrieb (absolute T-Werte in Klammern)

Unabhängige Variable	Abhängige Variable: Logarithmierter Bruttomonatsverdienst		
	Modell (1)	Modell (2)	Modell (3)
(Konstante)	+7,669** (320,5)	+7,029** (71,18)	+7,235** (86,43)
SEX		-0,237** (3,12)	-0,251** (4,11)
AGE		+0,015** (3,45)	+0,007* (1,96)
SQAGE (*100)		-0,003 (0,62)	+0,004 (0,81)
TENURE		+0,030** (6,95)	+0,023** (6,48)
SQTEN (*100)		+0,004 (0,39)	+0,006 (0,65)
Hierarchie-Dummies			
LEVEL 1	+0,837** (15,45)		+0,785** (15,14)
LEVEL 2	+0,295** (6,07)		+0,256** (5,56)
LEVEL 3	+0,171** (5,79)		+0,138** (4,91)
LEVEL 4	+0,214** (5,91)		+0,178** (5,16)
LEVEL 5	+0,017 (0,69)		+0,006 (0,25)
LEVEL 6	+0,017 (0,55)		+0,018 (0,61)
LEVEL 8	-0,061** (3,87)		-0,043** (2,72)
LEVEL 9	-0,350** (12,15)		-0,323** (11,43)
LEVEL 10	-0,443** (5,29)		-0,390** (4,94)
Jahres-Dummies	ja	ja	ja
R^2	0,387	0,384	0,573
Beobachtungen	1266	1266	1266

Anmerkungen: * Koeffizient ist auf dem 5%-Niveau signifikant, ** Koeffizient ist auf dem 1%-Niveau signifikant. Vgl. Tabelle 4 für die Variablennamen.

Betrieb der Lohn in wesentlich stärkerem Umfang durch die Hierarchieebenen determiniert wird. Erneut werden also die Ergebnisse der Querschnittsbetrachtung aus Unterabschnitt C.III bestätigt.

Wenn auch nicht alle Koeffizienten der individuellen Charakteristika signifikant ausfallen, weist Modell 2 jedoch grundsätzlich ähnliche Ergebnisse wie im deutschen Betrieb auf. Männer und ältere Arbeitnehmer verdienen mehr als Frauen und Jüngere.[33]

In Modell 3 werden erneut alle Variablen gemeinsam geschätzt. Die Ergebnisse zu den Hierarchieebenen bleiben bestehen. Obwohl die Koeffizienten etwas kleiner werden, verlieren sie nicht ihre Signifikanz. Anders verhält es sich mit der Variable AGE, deren Koeffizient nur noch schwach signifikant ist. Es ist allerdings zu bedenken, dass die jüngeren Arbeitnehmer wahrscheinlich mehr Schulbildung genossen haben als die Älteren, so dass das Ergebnis zum Teil deshalb zustande gekommen sein könnte, weil der Schulabschluss der Arbeitnehmer nicht in der Schätzung berücksichtigt werden konnte.

Insgesamt ist festzuhalten, dass die Löhne im deutschen Betrieb in erheblich größerem Umfang durch die Hierarchieebenen und die messbaren individuellen Charakteristika determiniert werden. Eine Erklärung kann darin liegen, dass in den USA eine größere Varianz in der Qualität der Schulen und Hochschulen vorzufinden ist. Eine zweite, wahrscheinlich bedeutsamere Erklärung liegt darin, dass in den USA der individuellen Leistungsfähigkeit und Leistungsbereitschaft der Arbeitnehmer bei der Entlohnung eine größere Bedeutung zukommt. In Deutschland sind die Löhne dagegen durch Tarifverträge zumindest nach unten fixiert. Da, wie aus den Rohdaten ersichtlich, auch die eigentlich variable Leistungszulage im deutschen Betrieb in den einzelnen Abteilungen häufig gleichmäßig auf die Arbeitnehmer (also gerade nicht nach Leistung) aufgeteilt wird, kann die Lohnhöhe durch die beobachteten Größen hier fast vollständig erklärt werden.

D. Schlussbemerkungen

Die vorliegende Studie diskutiert die betrieblichen Entgeltstrukturen eines deutschen im Vergleich zu einem U.S.-amerikanischen Betrieb. Dreierlei Ergebnisse lassen sich hierbei insbesondere festhalten:

- Die Querschnittsbetrachtung zeigt, dass in beiden Betrieben positive sowie steigende hierarchische Lohndifferentiale nachweisbar sind, wobei dies im U.S.-amerikanischen Betrieb noch deutlicher erkennbar ist als im deutschen Betrieb. Diese empirischen Befunde stehen im Einklang mit den Grundaussagen der unterschiedlichen Lohntheorien. Auch die Längsschnittuntersuchungen belegen, dass die Hierarchieebenen einen sehr hohen Erklärungsgehalt für die Entgelte der Arbeitnehmer besitzen. Dies gilt vor allem für den deutschen Betrieb.
- Beförderungen bilden in beiden Betrieben eine wichtige Determinante von Lohnsteigerungen. Allerdings kommt es im deutschen Betrieb nur relativ selten zu Beförderungen. Die betriebliche Karrierepolitik scheint daher im U.S.-amerikanischen Betrieb einen höheren Stellenwert zu besitzen als im deutschen Betrieb. Im U.S.-amerikanischen Betrieb finden zudem auch mehr Neueinstellungen statt als im deutschen Betrieb. Insgesamt lässt sich festhalten, dass der interne Arbeitsmarkt des U.S.-amerikanischen

Betriebs im Vergleich zum deutschen Betrieb viel dynamischer ist. Dies hängt jedoch auch damit zusammen, dass der U.S.-amerikanische Betrieb im Betrachtungszeitraum wächst, während der deutsche Betrieb eine Schrumpfungsphase durchläuft.[34]

- Im U.S.-amerikanischen Betrieb scheint eine höhere interne Leistungs- bzw. Wettbewerbsintensität zu herrschen als im deutschen Betrieb. Hierfür spricht zum einen die stärkere horizontale Lohndifferenzierung auf den einzelnen Hierarchieebenen des amerikanischen Betriebs, was durch die Querschnittsbetrachtungen über die betriebliche Einkommensungleichheit gezeigt und durch die Längsschnittuntersuchungen zusätzlich bestätigt wird. Zum anderen sprechen die empirischen Ergebnisse für eine deutlich höhere Relevanz von Beförderungsturnieren im U.S.-amerikanischen als im deutschen Betrieb, und Beförderungsturniere besitzen neben einer Selektions- vor allem auch eine Anreizfunktion.

Zusammenfassend lässt sich feststellen, dass beide Betriebe Merkmale eines idealtypischen internen Arbeitsmarktes aufweisen (z.B. hoher Einfluss von Hierarchieebenen und Seniorität auf Löhne, deutliche Entgeltsteigerungen infolge von Beförderungen), wenngleich sich nicht sämtliche Merkmale finden lassen (z.B. kein striktes Quereinstiegsverbot). Deutlich werden dabei jedoch auch charakteristische Unterschiede zwischen dem deutschen und dem U.S.-amerikanischen Betrieb. Im Vergleich zu den anderen bereits existierenden Fallstudien zu betrieblichen Entgeltstrukturen lässt sich festhalten, dass durchaus ähnliche Ergebnisse gefunden werden.[35] Wenn auch die Datenbasis der vorliegenden Studie nicht so umfangreich ist wie die von Baker/Gibbs/Holmström (1993, 1994a, 1994b), so weist unsere Studie jedoch den Vorteil des direkten Vergleichs eines deutschen mit einem U.S.-amerikanischen Betrieb derselben Eigentümer auf.

Anhang: Löhne nach Hierarchieebenen und hierarchische Lohndifferentiale im deutschen und U.S.-amerikanischen Betrieb

Ebene	Deutschland (1975) n=188				Deutschland (1985) n=284				Deutschland (1995) n=384			
	Mittelwert	Minimum	Maximum	Differenz	Mittelwert	Minimum	Maximum	Differenz	Mittelwert	Minimum	Maximum	Differenz
1	26734	26734	26734	+20580	23090	23090	23090	+14424	16482	16482	16482	+4519
2	6154	6154	6154	+1632	8665	8665	8665	+2267	11963	11963	11963	+3595
3	4522	3714	5763	+798	6398	4359	8171	+1250	8368	6714	10955	+1628
4	3724	3129	4088	+447	5147	4377	6463	+926	6741	6702	6785	+923
5	3276	3129	3714	−521	4222	3973	4395	+26	5818	5295	7555	+633
6	3797	2937	4185	+878	4196	3278	4635	+973	5184	3372	7375	+1293
7	2918	1727	3954	−268	3223	2258	6048	−492	3892	2796	5352	−541
8	3187	2217	3954	+1090	3714	2128	5540	+1217	4433	2953	6753	+1246
9	2097	1870	3129	+3	2497	1971	4370	−41	3187	2588	5307	+88
10	2095	1878	3714	+113	2538	2128	3456	+318	3099	2176	5306	+164
11	1982	1653	2854	+231	2220	1893	3278	+151	2935	2249	3981	+185
12	1751	1727	1878	+24	2069	1815	2659	−45	2750	2283	3981	−75
13	1727	1727	1727		2114	1815	2285		2825	2577	4133	

Ebene	USA (1996) n=142				USA (1997) n=197				USA (1998)			
	Mittelwert	Minimum	Maximum	Differenz	Mittelwert	Minimum	Maximum	Differenz	Mittelwert	Minimum	Maximum	Differenz
1	8217	7100	9334	+2450	10035	10035	10035	+3753	9541	9541	9541	+3139
2	5767	4945	6605	+1879	6283	5751	6705	+2012	6402	6247	6576	+2103
3	3888	2385	7045	+747	4271	2442	7507	+818	4299	2366	8053	+580
4	3141	2157	4139	+567	3453	2109	4748	+994	3719	2711	4892	+1072
5	2574	1420	3346	+291	2458	1496	3443	+357	2646	1483	3645	+471
6	2283	1236	4197	+17	2101	1291	3443	−128	2175	741	3391	−69
7	2266	925	6829	+544	2229	964	7778	+672	2243	836	7375	+604
8	1722	518	3522	+426	1557	432	5065	+301	1640	289	5086	+468
9	1297	453	2219	+431	1256	783	1880	+255	1172	848	1611	+143
10	866	644	1088		1001	713	1256		1029	692	1306	

Anmerkungen: Differenz = Abstand des durchschnittlichen Lohns zur nächst tieferen Ebene. Alle Werte – auch die Differenzen – sind auf volle DM- bzw. Dollar-Werte gerundet. Deutscher (U.S.-amerikanischer) Betrieb: monatlicher Bruttoverdienst in 1991-DM-Werten (1998-Dollar-Werten).

Anmerkungen

* Für hilfreiche kritische Kommentare danken wir einem anonymen Gutachter.
1 Die uns bekannten Fallstudien umfassen in Deutschland die Arbeiten zum Projekt „Südwerk" (vgl. u.a. Köhler/Preisendörfer 1989), in den USA die Studien von Lazear (1992, 1999), Baker/Gibbs/Holmström (1993, 1994a, 1994b) und Gibbs (1995) sowie in Frankreich die Untersuchung von Chiappori/Salanié/Valentin (1999).
2 Vgl. auch Doeringer (1967); Biehler/Brandes (1981); Creedy/Whitfield (1988); Wachter/Wright (1990); Siebert/Addison (1991); Alewell (1993). Zu einem Überblick vgl. Kräkel (1999), Kapitel IV.1.1.
3 Der Einfachheit halber wird im Folgenden nicht strikt zwischen Lohn und Gehalt unterschieden.
4 Vgl. zu Befunden und Erklärungsansätzen von hierarchischen Lohndifferentialen Becker (2000).
5 Vgl. zu den Grundzügen der Humankapitaltheorie Becker (1962); Oi (1962).
6 Vgl. Rosen (1982).
7 Vgl. Calvo/Wellisz (1979) zusammen mit Becker/Stigler (1974).
8 Vgl. auch Calvo (1987), S. 96.
9 Vgl. Lazear/Rosen (1981) sowie insbesondere zu den hier relevanten gestaffelten Lohnturnieren Rosen (1986).
10 Die Daten sind vertraulich, so dass weder die Namen der Betriebe noch der des Eigentümers genannt werden sollen.
11 Es liegen zwar auch für den U.S.-amerikanischen Betrieb Angaben zur Schulbildung der Arbeitnehmer vor, diese Daten sind jedoch so unvollständig, dass diese hier nicht als Variable berücksichtigt werden sollen.
12 Es ließe sich noch eine weitere Ebene für die Auszubildenden unterscheiden. Die Auszubildenden werden jedoch aus dem weiteren Verlauf der Untersuchung weitestgehend ausgeklammert, um nicht die ermittelten Entgeltwerte zu verfälschen.
13 Befindet sich ein Arbeitnehmer am Ende eines Jahres auf der Ebene X, so wird der Ebene für dieses Jahr ein „Personenjahr" zugewiesen.
14 Vergleichbare Befunde finden sich bei Lazear (1992) und Baker/Gibbs/Holmström (1994a).
15 Als Beförderungen gelten Bewegungen auf eine höhere Hierarchieebene.
16 Denkbar wären zudem auch Signaleffekte, indem Turniergewinner (Turnierverlierer) nun für den externen Arbeitsmarkt als hohe (niedrige) Talente sichtbar werden, mit den entsprechenden Konsequenzen für die Karriereeinkommen der Arbeitnehmer. Vgl. z.B. Waldman (1984); Bernhardt (1995). Zu einem Modell, welches verschiedene der Ansätze integriert und damit nicht nur einen Großteil der Befunde von Baker/Gibbs/Holmström (1993, 1994a, 1994b) erklären kann, sondern auch viele der folgenden Befunde, vgl. Gibbons/Waldman (1999).
17 Vgl. auch Baker/Gibbs/Holmström (1994b).
18 Die Anreizfunktion der betrieblichen Karrierepolitik im amerikanischen Betrieb zeigt sich auch darin, dass Arbeitnehmer mit relativ vielen Überstunden deutlich bessere Beförderungschancen aufweisen.
19 Als hierarchische Lohndifferentiale werden im Folgenden die durchschnittlichen Lohnunterschiede zwischen zwei aufeinander folgenden Hierarchieebenen bezeichnet.
20 Eine ähnliche hierarchische Lohndifferenzierung belegen auch Baker/Gibbs/Holmström (1993, 1994a) in ihrer Fallstudie.
21 Vgl. als besonders eindrucksvolle Beispiele die Spannweiten auf den Ebenen 3 und 7 im U.S.-amerikanischen Betrieb in Abbildung 2.
22 Vgl. Grund (1998) sowie die dort zitierte Literatur.
23 Zur Zerlegung des Theil-Index vgl. Shorrocks (1980).
24 Zur Diskussion des Zusammenspiels von extrinsischen und intrinsischen Anreizen vgl. Frey/Osterloh (1997); Osterloh/Frey/Frost (1999), S. 1251–1254; Frey/Jegen (2000).
25 Vgl. Grund (1998).
26 Vgl. z.B. Maddala (1987), S. 303ff, zur Methodik und insbesondere zu den Vorteilen gegenüber Fixed-effects Schätzungen, die gerade für den vorliegenden Datensatz greifen. Bei Verwendung von Fixed-effects Regressionen fielen die zeitinvarianten Größen (vor allem die Schulbildung-Dummies) aus der Schätzung heraus und würden vom konstanten Glied mit erfasst. Das

Problem der Selbstselektion, das regelmäßig bei Längsschnittuntersuchungen auftritt, spielt in diesem Fall nur eine untergeordnete Rolle, da nur eine sehr geringe Anzahl von Arbeitnehmern im Beobachtungszeitraum die Betriebe aufgrund von Entlassungen oder eigenen Kündigungen verlässt.

27 Halvorsen und Palmquist (1980), S. 474 f, zeigen, dass der Koeffizient δ einer Dummy-Variable in semilogarithmierten Schätzungen durch die Funktion $\gamma = \exp(\delta) - 1$ transformiert werden muss, um den relativen Unterschied γ dieser Variablen im Vergleich zur Referenzgröße zu erhalten.
28 Bei Gruppen von Dummy-Variablen muss eine Variable jeder Gruppe aus der Regressionsschätzung herausgenommen werden, um vollständige Autokorrelation zu vermeiden. Diese Variable dient dann als Referenzgröße. Im hier betrachteten Fall werden relative Verdienstunterschiede der anderen Hierarchieebenen im Vergleich zur Referenzebene ermittelt.
29 Vgl. hierzu im Zusammenhang mit der Schätzung von Einkommensfunktionen Mincer (1974).
30 Hierbei ist zu beachten, dass die Koeffizienten der Dummy-Variablen, wie oben beschrieben, transformiert werden müssen, um relative Verdienstunterschiede zu erhalten.
31 Vgl. zum Problem und der Messung von Multikollinearität in Regressionsschätzungen z.B. Gujarati (1995), S. 319ff. Allerdings muss darauf hingewiesen werden, dass Multikollinearität zwischen den zufälligen Individualeffekten und den unabhängigen Variablen nicht ausgeschlossen werden kann.
32 Querschnittsschätzungen für einzelne Jahre und gepoolte Schätzungen untermauern den hohen Erklärungsgehalt. Die korrigierten Bestimmtheitsmaße fallen in diesen Fällen genauso hoch aus.
33 Das Bestimmtheitsmaß liegt deutlich unter dem entsprechenden Wert für den deutschen Betrieb, da im amerikanischen Betrieb keine Unterscheidung zwischen Arbeitern und Angestellten durchgeführt werden konnte und zudem keine genauen Informationen zum Schulabschluss vorliegen. Eine entsprechende Schätzung für den deutschen Betrieb, in die lediglich die Variablen SEX, AGE, SQAGE, TENURE und SQTEN eingehen, weist nur ein R^2 von 0,20 auf.
34 Vgl. Unterabschnitt C. I.
35 Z. B. im Hinblick auf den Einfluss von Beförderungen und Hierarchieebenen auf die Arbeitnehmerentgelte, im Hinblick auf die Vielzahl von Quereinstiegspositionen und im Hinblick auf die horizontale Lohndifferenzierung im U.S.-amerikanischen Betrieb; vgl. entsprechend Lazear (1992) und Baker/Gibbs/Holmström (1993, 1994a, 1994b).

Literatur

Alewell, D. (1993): Interne Arbeitsmärkte. Hamburg.
Baker, G. P./Gibbs, M./Holmström, B. (1993): Hierarchies and Compensation, in: European Economic Review, 37, S. 366–378.
Baker, G. P./Gibbs, M./Holmström, B. (1994a): The Internal Economics of the Firm: Evidence from Personnel Data, in: Quarterly Journal of Economics, 109, S. 881–919.
Baker, G. P./Gibbs, M./Holmström, B. (1994b): The Wage Policy of a Firm, in: Quarterly Journal of Economics, 109, S. 921–955.
Baker, G. P./Holmström, B. (1995): Internal Labor Markets: Too Many Theories, Too Few Facts, in: American Economic Review, Papers and Proceedings 85, S. 255–259.
Becker, G. S. (1962): Investment in Human Capital: A Theoretical Analysis, in: Journal of Political Economy, Supplement 70, S. 9–49.
Becker, G. S./Stigler, G. J. (1974): Law Enforcement, Malfeasance, and Compensation of Enforcers, in: Journal of Legal Studies, 3, S. 1–18.
Becker, S. (2000): Lohnstrukturen, München und Mering.
Bernhardt, D. (1995): Strategic Promotion and Compensation, in: Review of Economic Studies, 62, S. 315–339.
Biehler, H./Brandes, W. (1981): Arbeitsmarktsegmentation in der Bundesrepublik Deutschland. Frankfurt a. M./New York.

Calvo, G. A. (1987): The Economics of Supervision, in: Nalbantian, H. R. (Hrsg.): Incentives, Co-operation, and Risk Sharing, Totowa, S. 87–103.
Calvo, G. A./Wellisz, S. (1979): Hierarchy, Ability, and Income Distribution, in: Journal of Political Economy, 87, S. 991–1010.
Chiappori, P.-A./Salanié, B./Valentin, J. (1999): Early Starters versus Late Beginners, in: Journal of Political Economy, 107, S. 731–760.
Creedy, J./Whitfield, K. (1988): The Economic Analysis of Internal Labour Markets, in: Bulletin of Economic Research 40, S. 247–269.
Doeringer, P. B. (1967): Determinants of the Structure of Industrial Type Internal Labor Markets, in: Industrial and Labor Relations Review 20, S. 206–220.
Doeringer, P. B./Piore, M. J. (1971): Internal Labor Markets and Manpower Analysis, Lexington.
Drexel, I. (1993): Belegschaftsstrukturen zwischen Veränderungsdruck und Beharrung. Frankfurt a. M./New York.
Frey, B. S./ Osterloh, M. (1997): Sanktionen oder Seelenmassage? Motivationale Grundlagen der Unternehmensführung, in: Die Betriebswirtschaft, 57, S. 307–321.
Frey, B. S./Jegen, R. (2000): Motivation Crowding Theory: A Survey of Empirical Evidence, forthcoming in: Journal of Economic Surveys.
Gibbons, R./Waldman, M. (1999): A Theory of Wage and Promotion Dynamics Inside Firms, in: Quarterly Journal of Economics, 114, S. 1321–1358.
Gibbs, M. (1995): Incentive Compensation in a Corporate Hierarchy, in: Journal of Accounting and Economics, 19, S. 247–277.
Grund, C. (1998): Zur Verteilung der Arbeitseinkommen in Westdeutschland, in: Vierteljahreshefte zur Wirtschaftsforschung, 67, S. 30–39.
Gujarati, D. N. (1995): Basic Econometrics, New Aster.
Halvorsen, R./Palmquist, R. (1980): The Interpretation of Dummy Variables in Semilogarithmic Equations, in: American Economic Review, 70, S. 474–475.
Köhler, C./Preisendörfer, P. (1989)(Hrsg.): Betrieblicher Arbeitsmarkt im Umbruch, Frankfurt a. M./New York.
Kräkel, M. (1999): Ökonomische Analyse der betrieblichen Karrierepolitik, 2. Auflage, München und Mering.
Lazear, E. P. (1979): Why Is There Mandatory Retirement?, in: Journal of Political Economy, 87, S. 1261–1284.
Lazear, E. P. (1992): The Job as a Concept, in: Bruns, W. J. (Hrsg.): Performance Measurement, Evaluation, and Incentives, Boston, S. 183–215.
Lazear, E. P. (1999): Personnel Economics: Past Lessons and Future Directions, in: Journal of Labor Economics, 17, S. 199–236.
Lazear, E. P./Rosen, S. (1981): Rank-Order Tournaments as Optimum Labor Contracts, in: Journal of Political Economy, 89, S. 841–864.
Maddala, G. S. (1987): Recent Developments in the Econometrics of Panel Data Analysis, in: Transportation Research, Part A, 21, S. 303–326.
Mincer, J. (1974): Schooling, Experience, and Earnings. New York.
Oi, W. Y. (1962): Labor as a Quasi-Fixed Factor, in: Journal of Political Economy, 70, S. 538–555.
Osterloh, M./Frey, B. S./Frost, J. (1999): Was kann das Unternehmen besser als der Markt?, in: Zeitschrift für Betriebswirtschaft, 69, S. 1245–1262.
Rosen, S. (1982): Authority, Control, and the Distribution of Earnings, in: Bell Journal of Economics, 13, S. 311–323.
Rosen, S. (1986): Prizes and Incentives in Elimination Tournaments, in: American Economic Review, 76, S. 701–715.
Shorrocks, A. F. (1980): The Class of Additively Decomposable Inequality Measures, in: Econometrica, 48, S. 613–625.
Siebert, W. S./Addison, J. T. (1991): Internal Labour Markets: Causes and Consequences, in: Oxford Review of Economic Policy 7, S. 76–92.
Spence, A. M. (1973): Job Market Signaling, in: Quarterly Journal of Economics, 87, S. 355–374.
Wachter, M. L./Wright, R. D. (1990): The Economics of Internal Labor Markets, in: Industrial Relations 29, S. 240–262.

Waldman, M. (1984): Job Assignment, Signalling, and Efficiency, in: RAND Journal of Economics, 15, S. 255–267.
Williamson, O. E./Wachter, M. L./Harris, J. E. (1975): Understanding the Employment Relation: The Analysis of Idiosyncratic Exchange, in: Bell Journal of Economics 6, S. 250–278.

Zusammenfassung

Bei der Untersuchung von Personaldaten eines deutschen und eines U.S.-amerikanischen Betriebs zeigt sich, dass in beiden Betrieben die Hierarchieebenen einen hohen Erklärungsgehalt für die Entlohnung der Arbeitnehmer besitzen. Der Erklärungsgehalt ist für den deutschen Betrieb jedoch größer als für den U.S.-amerikanischen Betrieb. Die betriebliche Karrierepolitik hat im U.S.-amerikanischen Betrieb einen höheren Stellenwert als im deutschen Betrieb. Die Entgeltstruktur des U.S.-amerikanischen Betriebs deutet darauf hin, dass Arbeitnehmer stärker nach ihren individuellen Leistungen entlohnt werden als im deutschen Betrieb. Insgesamt weisen die Ergebnisse auch Parallelen zu den Befunden von Lazear (1992) und Baker/Gibbs/Holmström (1993, 1994a, 1994b) auf.

Summary

By analyzing the personnel data of a German and a U.S. firm, we show that in both firms hierarchy levels play a major role in explaining the incomes of the employees. For the German firm, this effect is stronger than for the U.S. firm. The career policy is more important for the U.S. firm than for the German firm. The wage structure of the U.S. firm indicates that employees' pay is stronger related to individual performance than in the German firm. There are some parallels to the empirical findings of Lazear (1992) and Baker/Gibbs/Holmström (1993, 1994a, 1994b).

30: Allgemeine Fragen der Personalwirtschaft (JEL J21)
31: Entlohnung und Erfolgsbeteiligung (JEL J31)

Kunden professionell binden

Inhalt:

Kundenbindung als Wettbewerbsstrategie

Kundenbindung durch Kundenclubs

Kundenbindung durch Beschwerdemanagement

Kundenbindung und Preispolitik

Kundenbindung durch Kundenintegration

Kundenbindung und Rechnungswesen

Wirtschaftlichkeit des Kundenbindungsmanagements

Herausgeber:

Manfred Bruhn/Christian Homburg (Hrsg.)
Handbuch Kundenbindungsmanagement
3., überarb. u. erw. Aufl. 2000. XVI, 824 S.
Geb. DM 198,00
ISBN 3-409-32269-8

„In vielen Unternehmen hat es sich herumgesprochen, daß der Kundennutzen der wichtigste Erfolgsfaktor im härter werdenden Wettbewerb ist. Aber wie können diese Erkenntnisse zur gelebten Realität werden? [...] Kompetent beantwortet werden diese Fragen in dem umfangreichen neuen Handbuch, zu dem außer den beiden Marketingfachleuten Manfred Bruhn [...] und Christian Homburg [...] weitere 49 Autoren Aufsätze beigesteuert haben.
Die 3. Auflage wurde überarbeitet und um Beiträge zu Kundenbindung durch Online-Marketing, Kundenbindung durch nationale Kundenbarometer und Customer Relationship Management sowie Branchenbeispiele aus der Immobilienwirtschaft, dem Detailhandel und dem Industriegüterbereich erweitert.

Prof. Dr. Manfred Bruhn ist Ordinarius für Betriebswirtschaftslehre, insbesondere Marketing und Unternehmensführung, am Wirtschaftswissenschaftlichen Zentrum (WWZ) der Universität Basel. Seine Forschungsschwerpunkte sind Integrierte Unternehmenskommunikation, Dienstleistungsmarketing, Internes Marketing und Qualitätsmanagement.
Prof. Dr. Christian Homburg ist Inhaber des Lehrstuhls für Allgemeine Betriebswirtschaftslehre und Marketing I und Wissenschaftlicher Direktor des Instituts für Marktorientierte Unternehmensführung (IMU) an der Universität Mannheim sowie Vorsitzender des wissenschaftlichen Beirates der Prof. Homburg & Partner GmbH, Mannheim, einer international tätigen Managementberatung.

Bestellung

Fax: 06 11.78 78-420

321 01 006

Ja, ich bestelle:

Manfred Bruhn
Christian Homburg (Hrsg.)
___ Expl. **Handbuch Kundenbindungsmanagement**
Geb. DM 198,00
ISBN 3-409-32269-8

Vorname und Name

Straße (bitte kein Postfach)

PLZ, Ort

Unterschrift

Änderungen vorbehalten.
Erhältlich beim Buchhandel oder beim Verlag.

Abraham-Lincoln-Str. 46, 65189 Wiesbaden, Tel.: 06 11.78 78-124, www.gabler.de

GABLER

Beförderungs- und Austrittsregeln in Partnerschaften: Theoretische Überlegungen und empirische Befunde

Von Gunter Steiner

Überblick

- Während aus dem anglo-amerikanischen Raum zahlreiche theoretische Arbeiten und empirische Befunde zum Zusammenschluß mehrerer Freiberufler unter dem Dach einer Partnerschaft vorliegen, kann diesbezüglich für Deutschland von einem deutlichen Defizit gesprochen werden.

- Ziel des Beitrages ist deshalb die Verringerung des Defizits anhand einer eigenen Erhebung, insbesondere für die Bereiche Beförderungs- und Abfindungspolitik.

- Ausgehend von theoretischen Analysen und empirischen Befunden aus den USA soll untersucht werden, inwiefern diese Ergebnisse auch für Deutschland belegt werden können.

- Insgesamt kann gezeigt werden, daß die stilisierten US-amerikanischen Fakten auch für Deutschland Gültigkeit besitzen. Im Bereich der Beförderungspolitik läßt sich mit steigender Unternehmensgröße eine zunehmende Relevanz interner Arbeitsmärkte belegen. Zudem kann gezeigt werden, daß die in den USA praktizierte Up-or-Out-Regel auch in Deutschland Anwendung findet. Im Bereich der Abfindungsregeln weist die Erhebung interessante Ergebnisse zur empirischen Fundierung (spiel-)theoretischer Modelle auf.

Eingegangen: 29. Januar 2000

Dr. Gunter Steiner, ehemaliger Wissenschaftlicher Mitarbeiter der Betriebswirtschaftlichen Abteilung II (Personal- und Organisationsökonomie) an der Rheinischen Friedrich-Wilhelms-Universität Bonn. Forschungs- und Interessenschwerpunkte: Organisationstheorie und Gesellschaftsformen. Inzwischen ist der Autor im Bereich Personal und Organisation International der Firma Lidl Stiftung & Co KG angestellt.

A. Einleitung

Mit einer wachsenden Anzahl an Angehörigen Freier Berufe, wie z.B. Rechtsanwälten, Steuerberatern oder Wirtschaftsprüfern, erfuhr der Berufsstand der Freiberufler in den letzten Jahren eine zunehmende Aufmerksamkeit. So wurde beispielsweise 1989 an der Universität Lüneburg ein spezielles „Forschungsinstitut für Freie Berufe" gegründet, und auch der Gesetzgeber widmete sich 1994 den Freiberuflern explizit durch das Erlassen eines eigenen Gesetzes – des Partnerschaftsgesellschaftsgesetzes. Vor diesem Hintergrund verwundert es nicht, daß es sich bei den Freien Berufen in Deutschland noch um ein sehr junges Forschungsgebiet innerhalb der Ökonomie handelt, für das so gut wie keine wissenschaftlichen Ergebnisse vorliegen.

Gleiches gilt für Partnerschaften, der typischen Organisationsform freiberuflicher Kooperation. Mit dem Begriff „Partnerschaft" sei im vorliegenden Beitrag der Zusammenschluß mehrerer Freiberufler zur gemeinsamen Berufsausübung unter dem Dach einer Personengesellschaft (d.h. einer GbR bzw. Partnerschaftsgesellschaft) gemeint. Partnerschaften können sich aus Angehörigen identischer Freier Berufe zusammensetzen, es existieren jedoch auch Zusammenschlüsse unterschiedlicher Freier Berufe. Die Partner sind alleinige Eigentümer der Unternehmung und besitzen als solche grundsätzlich kollektiv die korrespondierenden Verfügungsrechte. Jeder Partner geht eigenverantwortlich primär seinem originären Tätigkeitsfeld nach. Oftmals wird der Prozeß der Leistungserstellung nicht von den Partnern allein wahrgenommen. Neben Personal für sekundäre Aufgaben (Sekretariat) können auch weitere Freiberufler – als Angestellte oder freie Mitarbeiter- für die Partnerschaft tätig sein.

Partnerschaften zeichnen sich durch die zwei zentralen Problembereiche der Partnerrekrutierung sowie der Sicherung dauerhafter Kooperation aus. Mit genau diesen Problembereichen befassen sich die im folgenden diskutierten Beförderungs- und Austrittsregeln. Während Beförderungsregeln auf die Rekrutierung neuer Partner abzielen, dienen Austrittsregeln (z.B. über Abfindungen) der Kooperationssicherung unter den Partnern.

Im Rahmen der Diskussion der Beförderungsregeln soll neben einer generellen Untersuchung der Beförderungspolitik inländischer Partnerschaften analysiert werden, ob das aus US-amerikanischen Anwaltskanzleien bekannte Phänomen der „Up-or-Out-Regel" auch für deutsche Gesellschaften nachgewiesen werden kann. Während im anglo-amerikanischen Raum bereits zahlreiche empirische und theoretische Veröffentlichungen zu Partnerschaften – insbesondere zu deren Beförderungspolitik – vorliegen[1], ist für den deutschsprachigen Raum ein deutliches Defizit zu konstatieren. Da spezifische Institutionen oftmals entscheidend vom jeweiligen nationalen Kontext geprägt werden[2], können die gleichen Institutionen auf unterschiedlichen Märkten völlig unterschiedlich ausgestaltet sein. Eine direkte Übertragung von Erkenntnissen von einem nationalen Markt auf einen anderen ist nicht ohne weiteres möglich. Deshalb geht der vorliegende Beitrag im Bereich der Beförderungsregeln primär der Frage nach, ob die hinlänglich bekannten stilisierten Fakten, die amerikanische Partnerschaften kennzeichnen, auch für vergleichbare deutsche Unternehmen nachweisbar sind.

Beförderungsregeln dienen der Sicherung hinreichender Grundfertigkeiten (d.h. einer grundsätzlichen Leistungsfähigkeit) neu hinzukommender Partner. Zu problematisieren ist zudem die faktische Leistungsbereitschaft der Partner. Die vielen Formen der Kooperation inhärenten Trittbrettfahrerprobleme können auch in Partnerschaften nicht ausgeschlossen werden. Deshalb geht der Beitrag im Anschluß an die Diskussion der Beförderungsregeln der Frage nach, inwiefern dauerhafte Kooperation in Partnerschaften – theoretisch – durch Austrittsregeln gesichert werden kann. Unter Austritten sind hier einerseits zwangsweise Kündigungen von Partnern durch die verbleibenden Gesellschafter zu verstehen, aber auch das freiwillige (altersbedingte) Ausscheiden aus der Partnerschaft. Gleichzeitig soll überprüft werden, ob theoretisch effiziente Regelungen auch empirisch nachgewiesen werden können, da hierzu generell – also auch für die Vereinigten Staaten – kaum Befunde vorliegen. Der Beitrag ist wie folgt gegliedert: Kapitel B widmet sich einer kurzen Darstellung der Datenbasis, auf der die Befunde beruhen. Anschließend werden in Kapitel C charakteristische Merkmale von Partnerschaften skizziert, anhand derer die Notwendigkeit von Beförderungs- und Austrittsregeln deutlich wird. Diese werden in Kapitel D respektive E analysiert. Der Beitrag endet mit einer abschließenden Diskussion in Kapitel F.

B. Datenbasis

Die dieser Untersuchung zugrunde liegenden Daten basieren in erster Linie auf einer eigenen im Sommer und Herbst 1998 durchgeführten Umfrage.[3] Ergänzt wurde der Datensatz durch eine weitere gezielte Befragung einzelner großer Partnerschaften im Januar 1999. Insgesamt erhielten 278 Gesellschaften aus den am meisten verbreiteten freiberuflichen Fachgebieten einen Fragebogen zugeschickt. 93 auswertbare Exemplare wurden zurückgesandt, was einer Rücklaufquote von 33,5% entspricht.

Um Aussagen über Größenunterschiede zwischen einzelnen Partnerschaften treffen zu können, erfolgt eine Einteilung der Stichprobe in drei Größenklassen. Hierbei werden als Kriterien die Anzahl der Partner, die Anzahl der sonstigen Beschäftigten und der Umsatz verwendet, wobei zur Einordnung in eine bestimmte Klasse mindestens zwei Kriterien erfüllt bzw. überschritten sein müssen (vgl. Tab. 1).

Die innerhalb der Stichprobe befindlichen Partnerschaften bestehen meist aus einer überschaubaren Anzahl an Partnern bzw. sonstigen Organisationsmitgliedern. Allerdings finden sich – wie auch in den USA[4] – gerade im juristischen Bereich oder in der interprofessionellen Zusammenarbeit von Wirtschaftsprüfern, Steuerberatern und Juristen einige größere Gesellschaften mit über 100 Partnern bzw. über 800 sonstigen Organisationsmitgliedern. Diese bilden jedoch die Ausnahme.[5] Bei großen Partnerschaften handelt es sich nahezu ausschließlich um Rechtsanwalts- sowie Wirtschaftsprüfungs- und Steuerberatungskanzleien bzw. interprofessionelle Zusammenschlüsse dieser Berufsgruppen.

Tab. 1: Größenkriterien

	Partner	Andere Beschäftigte	Umsatz	Anteil
Klein	2	≤ 4	< 1 Mio.	53%
Mittel	3-4	5-9	1-5 Mio.	30%
Groß	≥ 5	≥ 10	> 5 Mio.	17%

Die folgende Abbildung 1 gibt einen Überblick über die Verteilung der freiberuflichen Fachgebiete innerhalb der Stichprobe:

Abb. 1: Verteilung der Berufsgruppen

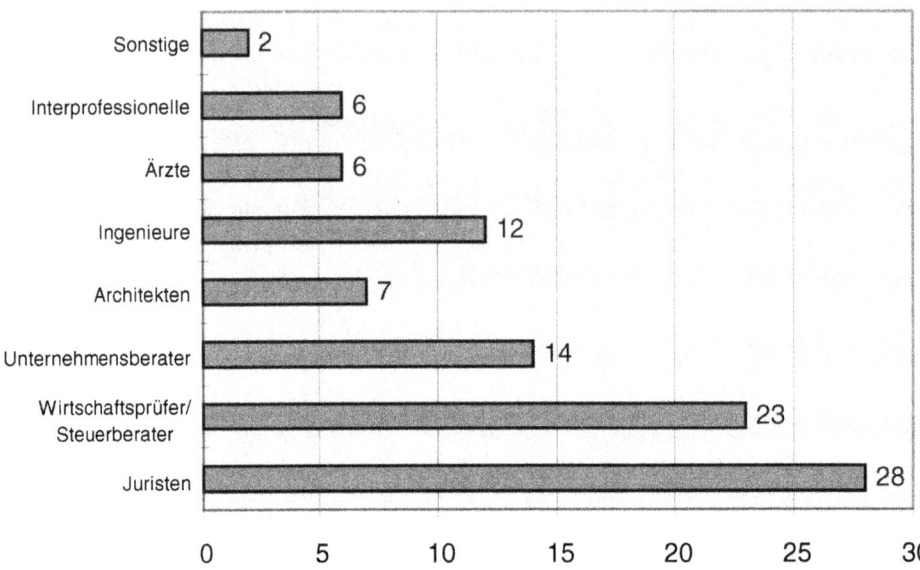

(Alle Angaben in %; aufgrund von Rundungsfehlern ergeben sich keine 100%)

Der Rest des Beitrags ist der Darstellung der empirischen Befunde sowie entsprechenden theoretischen Erklärungsansätzen gewidmet. Im folgenden Kapitel wird anhand einer institutionellen Betrachtung zunächst einmal geklärt, weshalb Partnerrekrutierung und Sicherung dauerhafter Kooperation überhaupt die zentralen Probleme von Partnerschaften darstellen. Die daran anschließende Diskussion zur Frage der Beförderungsregeln erfolgt primär vor dem Hintergrund der bereits vorliegenden Ergebnisse aus den USA. Die abschließend vorgenommene Darstellung der Ergebnisse für den Bereich der Austrittsregeln hingegen ist als neuartig zu bezeichnen, da hierzu zwar eine Vielzahl an theoretischen Erkenntnissen vorliegt[6], jedoch kaum empirische Befunde.

C. Partnerschaften als Institution für Freiberufler

Bevor im weiteren Verlauf dieser Arbeit Beförderungs- und Austrittsregeln diskutiert werden, soll zunächst einmal geklärt werden, weshalb solche Regeln in Partnerschaften überhaupt von Bedeutung sind. Hierzu wird nun gezeigt, daß innerhalb der Institution „Partnerschaft" mit dem charakteristischen Merkmal des Profit-Sharing[7] Anreizprobleme existieren, obwohl Kleingruppen- und Reputationseffekte vorliegen. Des weiteren kommt der Auswahl neuer Partner eine besondere Bedeutung zu. Diese Aspekte lassen die Diskussion der in den Kapiteln D und E angeführten Beförderungs- und Austrittsregeln notwendig erscheinen.

Partnerschaften sind oftmals relativ klein und weisen eine geringe Gliederungstiefe auf. Idealtypisch existieren lediglich zwei Hierarchieebenen: Partner als Leitungs- und sonstige Mitarbeiter als ausführende Instanz. Die Partner besitzen als Gesellschafter das Recht auf die Aneignung des Residuums. Empirisch ist zu beobachten, daß die Profite oftmals nicht gemäß den individuellen Leistungsbeiträgen der Partner aufgeteilt werden, sondern nach einer ex ante festgelegten Teilungsregel. Während kleine Partnerschaften häufig „Equal-Sharing", d.h. eine gleichmäßige Pro-Kopf-Verteilung der Profite vornehmen, findet man mit wachsender Unternehmensgröße immer häufiger sog. „Lock-Step-Systeme"[8], die bei nahezu 60% der großen Stichproben-Partnerschaften eingesetzt werden. Die größten Partnerschaften (mit über 50 Partnern) verwenden ausschließlich Lock-Step-Systeme. Hierbei erfolgt eine Verteilung des Residuums gemäß der Anteile, die vom jeweiligen Partner an der Gesellschaft gehalten werden. Mit zunehmender Seniorität nehmen die Anteile eines Partners im allgemeinen zu. Teilweise erhalten Juniorpartner zusätzlich einen fixen Vergütungsbestandteil, der allerdings mit der Verweildauer in der Gesellschaft durch Anteile (und somit variable Vergütungsbestandteile) substituiert wird.

Nach Alchian/Demsetz (1972) ist die Existenz der Institution Partnerschaft mit dem charakteristischen Merkmal des Profit-Sharing damit zu erklären, daß auf diese Weise Trittbrettfahrerprobleme bei freiberuflicher Teamarbeit minimiert werden können.[9] Da die Inputs z.B. im Bereich juristischer Aufgabengebiete schwer anzuweisen bzw. zu kontrollieren sind, erscheint es effizient, statt eines klassischen Überwachers sämtliche Teammitglieder mit dem Residualrecht auszustatten, um so insbesondere Leistungs-, aber auch gegenseitige Kontrollanreize hinsichtlich des Arbeitseinsatzes zu setzen. In ihrer Analyse gehen Alchian/Demsetz (1972) davon aus, daß Partnerschaften relativ klein sind und oft aus Personen bestehen, die sich bereits vor Gründung der Partnerschaft persönlich kannten. In diesem Fall ist das Trittbrettfahrerproblem tatsächlich von geringem Ausmaß und wird zudem durch die Induktion von Schuld- und Schamgefühlen reduziert.[10] Dieser Ansatz dürfte für die Funktionsweise großer Partnerschaften von eher geringerer Erklärungskraft sein: Die mit Profit-Sharing einhergehenden Trittbrettfahrerprobleme verschärfen sich mit zunehmender Gruppengröße[11], die Induktion von Schuld- und Schamgefühlen tritt immer mehr in den Hintergrund, weil nunmehr nicht davon ausgegangen werden kann, daß zwischen sämtlichen Partnern persönliche Beziehungen existieren. Da auch große Gesellschaften dauerhaft am Markt beobachtbar sind, müssen weitere Gründe für die Existenz der Institution Partnerschaft vorliegen, die über eine reine Anreizgestaltung durch Residualrechte hinausgehen.

Ein solcher Grund findet sich in der Möglichkeit des Reputationsaufbaus.[12] Partnerschaften sind im Dienstleistungsbereich tätig. Bei der Leistungserstellung liegt hier eine Dominanz des Humankapitals vor, d.h. Quantität und Qualität des Outputs werden primär durch Human- und nicht durch Sachkapital determiniert, was den Fähigkeiten und dem Arbeitseinsatz des Leistungserbringers eine zentrale Rolle zukommen läßt. Diesbezüglich herrscht eine hohe Informationsasymmetrie zwischen Kunden und Leistungserbringern.[13] Freiberufliche Dienstleistungen sind im Bereich von Erfahrungs- bzw. Vertrauensgütern einzuordnen[14], d.h. ihre Qualität erschließt sich dem Klientel – wenn überhaupt – erst nach der Inanspruchnahme der Leistung. Um dennoch Transaktionen in einem effizienten Ausmaß zu gewährleisten, kann in solchen Situationen die besser informierte Marktseite ein Interesse daran haben, die Informationsasymmetrie durch Signale zu reduzieren. Reputation kann ein solches Signal darstellen. Die Qualitätsunsicherheit zwischen Kunde und Leistungserbringer wird dadurch verringert, daß der Leistungserbringer über seine (gute) Reputation signalisiert, daß er in der Vergangenheit Leistungen von adäquater Qualität erbracht hat, was als Indikator für zukünftige Qualität interpretiert werden kann. Investitionen in Reputation und damit in ein Qualitätssignal stellen ein Pfand dar, welches verloren geht, falls Fehlverhalten durch den Kunden entdeckt und publik gemacht wird.[15] So können Anreize entstehen, eine hohe Reputation nicht durch Fehlverhalten zu gefährden. Neben „Mundpropaganda" kann Reputation im freiberuflichen Dienstleistungsbereich auch durch wissenschaftliche Veröffentlichungen, die Teilnahme an Gremien und mittlerweile in den meisten freiberuflichen Tätigkeitsgebieten auch durch direkte Werbemaßnahmen aufgebaut werden. Die Möglichkeit des Reputationsaufbaus ist allerdings nicht auf die Institution Partnerschaft beschränkt, sondern kann grundsätzlich auch von isoliert agierenden Freiberuflern wahrgenommen werden. Partnerschaften besitzen jedoch komparative **Vorteile**.

Insbesondere in großen Gesellschaften ist eine **Aufgabenspezialisierung** dergestalt denkbar, daß einzelne Partner hauptsächlich reputationsfördernde Aufgaben wahrnehmen.[16] Die so erzeugte Reputation kommt letztlich der gesamten Partnerschaft und damit allen Partnern zugute. Profit-Sharing stellt in diesem Zusammenhang eine Form der Kompensation sog. *Rainmaker*-Tätigkeiten dar.[17] Während der Wert operativer Tätigkeiten, wie z.B. die Bearbeitung eines konkreten Rechtsfalles oder die Vornahme eines chirurgischen Eingriffs, in Form von Stundensätzen oder Honoraren objektiv gemessen werden kann, ist der objektive Wert einer reputationsfördernden Maßnahme so nicht bestimmbar. Er spiegelt sich aber in zukünftigen Profiten wider, so daß Profit-Sharing eine adäquate Kompensationsform darstellt.

Ein weiterer Vorteil ergibt sich daraus, daß die Partner oftmals identischen Berufsgruppen entstammen. So können sie wechselseitig ihre Fähigkeiten und die Qualität der Leistung besser einschätzen, als dies ein Klient zu tun vermag.[18] Sie besitzen ihm gegenüber **Beobachtungsvorteile** bei der gegenseitigen (Qualitäts-)Kontrolle der erbrachten Leistungen, insbesondere aber bei der Auswahl neuer Partner. Grundsätzlich ist dieser Auswahlprozeß mit dem Suchprozeß eines Klienten vergleichbar. Während der Klient im Regelfall keine berufsfachlichen Kenntnisse besitzt, um die Kompetenz eines potentiellen Leistungserstellers eruieren zu können, sind Partner bei der Auswahlentscheidung in der Lage, auf entsprechende Kenntnisse zurückzugreifen. Die Auswahlentscheidung kann zusätzlich dadurch verbessert werden, daß vorher eine Beobachtungsphase eingeräumt wird, innerhalb derer die Fähigkeiten eines potentiellen Partners analysiert werden. Dies ist eine Möglichkeit, die ein Klient in der Regel nicht hat. Falls Beobachtungsvorteile tatsächlich für eine aktive Qualitätskontrolle eingesetzt werden, so dient allein die Tatsache, daß ein zu konsultierender Freiberufler in einer Partnerschaft tätig ist, als Qualitätssignal. Entsprechende Kontrollanreize ergeben sich wiederum aus der Reputation. Falls inadäquate Leistungen von Kunden aufgedeckt und publik gemacht werden, verringert dies die Reputation der Partnerschaft und damit die Einkommen aller Gesellschafter, was zu einem gewissen Grad Anreize für die gegenseitige Kontrolle unter den Partnern schafft.

Reputation ist – wie der Profit – ein kollektives Gut innerhalb der Partnerschaft. Somit ergibt sich die Frage, weshalb Trittbrettfahrerverhalten in diesem Zusammenhang bei der eigenen Leistungsanstrengung bzw. bei der Kontrolle der Leistung anderer nicht auftritt.[19] Für eine Eindämmung des Trittbrettfahrerproblems sprechen die vergleichbar hohen Einbußen, die bei einem Verlust der Reputation drohen. Werden bisherige Angestellte zum Partner befördert, so erwerben sie oftmals Anteile an der Partnerschaft, deren Wert auch durch die Reputation der Gesellschaft – bzw. die hiermit verbundenen erwarteten Rückflüsse – bestimmt wird.[20] Anteile können dann als eine Option auf Partizipation an zukünftigen Partnerschaftserfolgen betrachtet werden, welche (zumindest teilweise) untergeht, wenn die Reputation Einbußen erleidet. Hierdurch wird Trittbrettfahrerverhalten zwar verringert, aber nicht vollständig beseitigt.

Die Zusammenarbeit mehrerer Freiberufler in einer Partnerschaft bietet Vorteile beim Aufbau von Reputation. Um diese nicht zu gefährden, sollte gewährleistet sein, daß lediglich hinreichend qualifizierte Personen den Partnerstatus erlangen, unzureichend qualifizierte hingegen möglichst schnell erkannt und nicht dauerhaft (weiter-)beschäftigt werden. Damit werden Beförderungsregeln notwendig, denen das folgende Kapitel D gewidmet ist. Zudem kann das vielen Formen von Kooperation inhärente Trittbrettfahrerproblem auch in Partnerschaften nicht zwingend ausgeschlossen werden. Die in Kapitel E diskutierten Austrittsregeln können einen wichtigen Beitrag leisten, dieses Problem zu reduzieren.

D. Beförderungsregeln

Im folgenden soll untersucht werden, wie Partnerschaften typischerweise neue Partner rekrutieren. Hierzu werden in Abschnitt I zunächst einige theoretische Überlegungen angestellt. Sie bieten die Basis für die Formulierung verschiedener Hypothesen, deren empirische Relevanz in Abschnitt II getestet wird.

I. Theoretische Analysen und ableitbare Hypothesen

Die Aufnahme neuer Partner kann mit dem Ziel des Wachstums der Partnerschaft erfolgen oder der Besetzung einer vakant gewordenen Position aufgrund des Ausscheidens eines bisherigen Gesellschafters dienen. Grundsätzlich können hierbei die gleichen Alternativen wahrgenommen werden, die auch andere Gesellschaftsformen besitzen: die externe Rekrutierung, d.h. die Rekrutierung von Personen, die bisher nicht für die Partnerschaft tätig waren, oder die interne Rekrutierung, d.h. die Beförderung von Angestellten oder freien Mitarbeitern zum Partner.[21] Beide Alternativen schließen sich gegenseitig nicht aus, so daß sie auch parallel verwendet werden können. Unabhängig von der Gesellschaftsform steht bei der Rekrutierung das Ziel der Einstellung von Personen mit einer möglichst hohen matchspezifischen Qualität im Vordergrund.[22]

Betrachtet man nochmals die bisherigen Ausführungen zu Partnerschaften, so lassen sich folgende Eigenschaften als relevant für eine hohe matchspezifische Qualität ableiten: Um die Reputation der Gesellschaft nicht zu gefährden, sollten möglichst nur Freiberufler mit sehr guten berufsfachlichen Fähigkeiten zum Partner befördert werden; unter mangelhaften Fähigkeiten würde die Qualität der erbrachten Leistungen und damit letztlich auch die Reputation der Gesellschaft leiden. Vor dem Hintergrund der Trittbrettfahrerproblematik sind zudem auch extrafunktionale Merkmale, insbesondere die grundsätzliche individuelle Leistungsbereitschaft eines potentiellen Partners, von Bedeutung. Zu Beginn eines Beschäftigungs- bzw. Gesellschafterverhältnisses herrscht eine hohe Unsicherheit über die Eigenschaften – also berufliche Fähigkeiten und extrafunktionale Merkmale – des jeweiligen Akteurs. Zertifikate wie ein mit guten Zensuren bestandenes Staatsexamen können als Signal für entsprechende Fähigkeiten dienen, ohne allerdings ein perfektes Signal darzustellen. Sie ermöglichen allenfalls eine grobe Einordnung, auf deren Basis eine a-priori Einschätzung über die Eigenschaften möglich ist.[23] Durch die Beobachtung von Leistungseinsatz und -erfolg eines Neueinsteigers werden jedoch permanent neue Informationen erzeugt, mit denen die a-priori Einschätzung hinsichtlich der Eigenschaften im Rahmen eines Bayes-Updating-Prozesses angepaßt und kontinuierlich verbessert werden kann. Mit der Dauer der Beobachtung nimmt die Güte der Einschätzung zu.

Da die idealtypische Partnerschaft lediglich zwei Hierarchieebenen besitzt, existieren auch lediglich zwei Einstiegspositionen für neue Partner. Falls neue Partner extern rekrutiert werden, kann auch der oben beschriebene Informationsgewinnungsprozeß erst nach der Ernennung zum Gesellschafter erfolgen. Damit sind offenkundig gravierende Probleme verbunden: Zunächst einmal ist die Entscheidung über eine Ernennung zum Gesellschafter meist nicht kostenlos revidierbar, da oftmals Abfindungszahlungen fällig werden. Bedenkt man zudem den Schaden, den die Reputation in dem Zeitraum zwischen Aufnahme eines neuen Partners und dessen Entlassung aufgrund unzureichender Fähigkeiten erleiden kann, so legt dies die These nahe, daß Partnerschaften tendenziell nicht auf externe Rekrutierungen zurückgreifen, sondern – wie auch Befunde aus den USA zeigen – interne Arbeitsmärkte aufbauen.[24] Eine interne Rekrutierung erscheint vorteilhaft, da der Informationsgewinnungsprozeß über die relevanten Eigenschaften vor der Ernennung zum Gesellschafter stattfindet. Ungeeignete Kandidaten werden somit erst gar nicht zum Partner ernannt, sondern werden gegebenenfalls entlassen.

Hierbei ist jedoch zu beachten, daß sich zumindest ein guter Grund für eine externe Partnerrekrutierung finden läßt:[25] Durch die Hinzunahme eines Partners mit Qualifikationen, die bisher nicht innerhalb der Partnerschaft vorhanden waren, kann die angebotene Dienstleistungspalette umgehend erweitert werden. Hierdurch entstehen einerseits nachfrageseitige Verbundvorteile, da Kunden mit der Konsultation einer Partnerschaft Suchkosten einsparen[26], was letztlich auch einen Vorteil für die Partnerschaft darstellt. Andererseits wird auf diese Weise ein Diversifikationseffekt erzeugt bzw. verstärkt.[27]

Somit ist nicht zu erwarten, daß die relative Bedeutung interner Rekrutierungen unabhängig von der Größe der Gesellschaft ist. Kleine Gesellschaften, wie eine aus zwei Juristen bestehende Anwaltskanzlei, können lediglich einen Teilbereich juristischer Einzeldisziplinen (wie z.B. Arbeitsrecht, Verwaltungsrecht, Familienrecht usw.) abdecken. Durch die externe Rekrutierung eines neuen Partners unter Verzicht auf eine Beobachtungsphase kann das Angebot bei Bedarf umgehend ergänzt werden. Somit ist zu vermuten, daß kleinere Partnerschaften tendenziell häufiger externe Rekrutierungen vornehmen, um zusätzliche Qualifikationen zu erlangen, wohingegen größere Partnerschaften mit einer breiten Palette an angebotenen Leistungen eher intern rekrutieren, um die Kosten einer Fehlentscheidung zu minimieren. Hieraus folgt **Hypothese 1:** *Mit der Anzahl an Partnern steigt die Präferenz für interne Rekrutierungen (Sättigungseffekt).*

Beförderungs- und Austrittsregeln in Partnerschaften

In diesem Zusammenhang ist allerdings noch ein weiterer Aspekt zu beachten: Im Gegensatz zu kleineren Partnerschaften verfügen größere – mit einer höheren Anzahl an Beschäftigten – über vergleichsweise mehr „Screening-Stellen", auf welchen außerordentliche Talente entdeckt und in den Partnerstatus befördert werden können.[28] Kleine Partnerschaften besitzen diese Möglichkeit – wenn überhaupt – in einem geringeren Ausmaße. Sie sind also verstärkt auf externe Rekrutierungen angewiesen, wenn neue Gesellschafter hinzugenommen werden sollen. Damit läßt sich folgende **Hypothese 2** formulieren: *Die Präferenz für eine interne Rekrutierung nimmt mit der Anzahl an Screening-Stellen, d.h. der Anzahl an Angestellten, zu (Screeningeffekt).*

Falls eine interne Rekrutierung stattfindet, so können im Zeitraum zwischen dem Eintritt in die Partnerschaft und dem frühesten Zeitpunkt einer Beförderung in den Partnerstatus (im folgenden Anwartschaftsphase genannt) Informationen über den Kandidaten für eine Gesellschafterposition gesammelt und ausgewertet werden, was zum Abbau der Informationssymmetrie hinsichtlich der relevanten Eigenschaften führt.[29] Wesentlich für die Effektivität des Anwärterscreenings ist die Dauer der Anwartschafts- und somit der Beobachtungsphase. Je länger sie ist, um so genauer kann das tatsächliche Talent der Anwärter eingeschätzt werden und um so geringer wird die Wahrscheinlichkeit einer Fehleinschätzung, die letztlich zum Verlust der Reputation führen könnte, falls unfähige Personen als Partner Aufträge wahrnehmen würden.

In diesem Zusammenhang kann in den USA – insbesondere in Anwaltskanzleien – eine Besonderheit beobachtet werden: die Up-or-Out-Regel. Sie besagt, daß Anwärter nach Ablauf einer bestimmten Frist entlassen werden **müssen**, wenn sie bis zu diesem Zeitpunkt nicht zu Partnern befördert wurden.[30] Die Up-or-Out-Regel kann folgendermaßen erklärt werden: Zu Beginn des Beschäftigungsverhältnisses besitzen die Partner als Arbeitgeber kaum relevante Informationen über das Talent der neuen Beschäftigten. Dieses Informationsdefizit wird im Zeitablauf abgebaut. Falls nun keine feste Entscheidungsregel vereinbart wurde, wann die Partner ihre Informationen über das Talent aufdecken müssen und welche Konsequenzen damit verbunden sind, könnte dieser Freiraum von den Partnern in opportunistischer Weise ausgenutzt werden: Im Gegensatz zu Großunternehmen gibt es in Partnerschaften nicht nur lediglich eine relevante Beförderung, zudem erleiden die Entscheider über die Beförderung – die Partner – strenggenommen durch die Aufnahme eines neuen Partners einen Nachteil, da sie zukünftig ihre Profite mit einer zusätzlichen Person teilen müssen. Somit liegen Anreize vor, außerordentliche Talente dauerhaft bei vergleichsweise geringer Entlohnung als Angestellte im Unternehmen zu beschäftigen. So können die Partner den Nutzen aus diesen Talenten ziehen, ohne die entsprechenden Kosten zu tragen. Mit der Einführung der Up-or-Out-Regel binden sich die Partner selbst. Nach Ablauf der Anwartschaftsphase kann lediglich zwischen den Alternativen „Up" (der Ernennung zum Partner falls die Fähigkeiten eines Anwärters adäquat sind) und „Out" (der Entlassung von Kandidaten mit nicht ausreichenden Fähigkeiten) gewählt werden. Ein opportunistisches „Stay", die Weiterbeschäftigung überdurchschnittlicher Talente als Angestellte, wird damit ausgeschlossen. Neben der Informationsaufdeckungsfunktion der Anwartschaftsphase dient die in Aussicht gestellte Beförderung als Instrument zum Setzen von Leistungsanreizen sowie zum Erwerb allgemeiner und firmenspezifischer Kenntnisse.[31] Notwendig wird eine derartige Regelung aufgrund der Nichtkontrahierbarkeit der zugrunde gelegten Informationen, wodurch das Schreiben eines auf die beförderungsrelevanten Aspekte konditionierten Vertrages unmöglich wird.[32] Während im Laufe der Anwartschaftsphase sowohl Partner als auch Anwärter Qualitäten, Leistungsanstrengungen und getätigte Humankapitalinvestitionen beobachten können, sind sie von einer dritten Partei, einem Gericht beispielsweise, nicht verifizierbar. Solange vertragsrelevante Sachverhalte nicht durch eine dritte Partei überprüft werden können, kann keine Seite durch exogenen Zwang dazu bewegt werden, vertragliche Vereinbarungen einzuhalten, was wiederum opportunistische Verhaltensweisen ermöglicht. In Ermangelung einer dritten durchsetzenden Partei müssen dann sich selbst durchsetzende Vereinbarungen in dem Sinne getroffen werden, daß aus Eigeninteresse keine der Parteien von den vereinbarten Verpflichtungen abweicht.[33] Genau dieser Effekt wird durch die Up-or-Out-Regel erzielt, indem durch den expliziten Ausschluß der „Stay"-Option eine Selbstbindung der Partner erfolgt. Da Anwärter – neben ihrem Talent – durch hohe Leistungsanstrengungen und den zusätzlichen Erwerb allgemeiner und firmenspezifischer Kenntnisse ihre Beförderungschancen erhöhen, werden sie entsprechende Aktivitäten wahrnehmen, da sie davon ausgehen können, daß die Partner nicht opportunistisch handeln werden. Vielmehr werden sie aus Eigeninteresse entsprechend befähigte Anwärter zum Partner befördern, um dauerhaft an den Talenten zu partizipieren; alternativ bliebe schließlich nur die Entlassung und damit das Ende der Partizipation.[34]

Zur Existenz der Up-or-Out-Regel in deutschen (juristischen) Partnerschaften liegen keinerlei Befunde vor. Da verschiedene nationale Arbeitsmärkte auch unterschiedliche Arbeitsmarktinstitutionen aufweisen können, liegt die Frage nahe, ob die US-amerikanische Institution der Up-or-Out-Regel auch in Deutschland zur Anwendung kommt. Deshalb lautet **Hypothese 3**: *Angesichts der grundlegenden Spezifika von Partnerschaften dürfte die Up-or-Out-Regel auch in deutschen Unternehmen dieses Typs praktiziert werden.* Diese Hypothese impliziert, daß, ähnlich wie in den USA, auch in Deutschland eine Anwendung der Up-or-Out-Regel primär in juristischen Partnerschaften zu beobachten sein dürfte.

II. Empirische Befunde

Die Rekrutierung neuer Partner stellt einen zentralen Problembereich von Partnerschaften dar. Es liegen hohe Kosten der Fehlentscheidung bei gleichzeitig hoher Informationsasymmetrie hinsichtlich der Ausprägung der relevanten Eigenschaften vor. Vor diesem Hintergrund ist anzunehmen, daß in erster Linie interne Rekrutierungen erfolgen. Tabelle 2 ist zu entnehmen, wie die befragten Partnerschaften neue Gesellschafter rekrutieren:

Tab.2: Rekrutierungsstrategien

Keine Rekrutierung vorgesehen	26		
Rekrutierung vorgesehen	74	davon extern	30 (22)
		davon intern	47 (35)
		davon intern & extern	23 (17)

(Alle Angaben in %)

Aus Tabelle 2 läßt sich eine Dominanz der internen Rekrutierung erkennen. 47% der Gesellschaften, die überhaupt Rekrutierungen vorgesehen haben und damit eine aktive Nachfolgepolitik betreiben, nehmen ausschließlich interne Beförderungen vor, lediglich 30% rekrutieren ausschließlich externe Kandidaten. Mangels Vergleichszahlen hinsichtlich der Rekrutierungsstrategien anderer Gesellschaftsformen – wie z.B. der OHG –, kann an dieser Stelle kein expliziter Test vorgenommen werden, ob hier signifikante Unterschiede hinsichtlich der Häufigkeit interner Beförderungen vorliegen. Wie Tabelle 3 zeigt, nimmt die Präferenz für eine interne Beförderung mit der Unternehmensgröße zu:

Tab. 3: Unternehmensgröße und Rekrutierungsstrategie

	keine	extern	intern & extern	intern
Klein	39	22	16	22
Mittel	14	21	21	43
Groß	6	19	13	62

(Alle Angaben in %)

Es zeigt sich, daß kleine Partnerschaften ein vergleichsweise geringes Interesse an einer Nachfolgeplanung aufweisen. Gerade sie setzen sich oftmals aus Personen zusammen, die sich bereits persönlich kannten, bevor sie gemeinsam die Gesellschaft gründeten. Eventuell beabsichtigen sie deshalb auch, die Existenz der Unternehmung lediglich auf die Dauer ihrer eigenen Erwerbstätigkeit zu beschränken und die Gesellschaft danach zu liquidieren. Im folgenden sollen nun lediglich diejenigen Gesellschaften betrachtet werden, die eine aktive Nachfolgeplanung betreiben, also in irgendeiner Form neue Partner rekrutieren. Wie Tabelle 3 zu entnehmen ist, nimmt mit der Größe der Partnerschaft auch die Präferenz für interne Rekrutierungen deutlich zu. Zu klären ist nun, ob dies in erster Linie durch den Sättigungseffekt (Hypothese 1) oder den Screeningeffekt (Hypothese 2) erklärt werden kann.

Hypothese 1 postuliert, daß mit einer zunehmenden Anzahl an Partnern auch die Häufigkeit interner Beförderungen zunimmt. Hier können keine bzw. kaum noch Vorteile durch die externe Hinzunahme einer neuen Qualifikation erzielt werden[35], so daß jetzt die Nachteile in Form der Kosten einer Fehlentscheidung immer mehr in den Vordergrund rücken. Überprüft man Hypothese 1 anhand der Einzelwerte der Stichprobe mittels des Rangkorrelationskoeffizenten von *Spearman*, so ergibt sich mit einem ϱ_S von 0,158 zwar ein positiver, aber nicht signifikanter Zusammenhang. Es läßt sich also lediglich eine Tendenz erkennen, daß mit einer steigenden Anzahl an Partnern auch die Relevanz interner Rekrutierungen zunimmt.

Eine weitere Überlegung hinsichtlich des konkreten Zusammenhangs zwischen Partnerschaftsgröße und Rekrutierungsstrategie formuliert **Hypothese 2**, derzufolge mit der Partnerschaftsgröße die interne Rekrutierungsstrategie verstärkt betrieben wird, weil mehr Screening-Stellen vorhanden sind. Die Überprüfung von Hypothese 2 mittels des Rangkorrelationskoeffizenten von *Spearman* ergibt mit einem ϱ_S von 0,42 einen positiven und bei einer 1%igen Irrtumswahrscheinlichkeit hochsignifikanten Zusammenhang. Dies läßt die Schlußfolgerung zu, daß sich die mit der Unternehmensgröße steigende Relevanz interner Beförderungen insbesondere über die größere Anzahl an Screening-Stellen erklären läßt. Der Trade-Off von zusätzlicher Qualifikation und dem Risiko der Fehlentscheidung spielt eine eher untergeordnete Rolle.

Bedeutsam für die Screening-Leistung ist allerdings nicht nur die Anzahl an Screening-Stellen, sondern auch die Länge der Anwartschaftsphase. Die Dauer der Anwartschaftsphasen der befragten Gesellschaften verteilen sich wie folgt:

Tab. 4: Verteilung der Anwartschaftsphasen

Dauer der Anwartschaftsphase	Prozent
0 - unter 3 Jahre	32,5
3 - unter 7 Jahre	52,5
7 - unter 10 Jahre	12,5
≥10 Jahre	2,5

Ergänzend sei hinzugefügt, daß kürzere Anwartschaftsphasen (0 bis unter 3 Jahre) insbesondere bei Ärzten und Unternehmensberatern vorzufinden sind, während Angestellte vor allem in juristischen Partnerschaften im Regelfall frühestens nach drei bis sieben Jahren zum Partner befördert werden können, so daß hier eine angemessene Zeitspanne zur Beobachtung der Anwärter vorliegt.

Diese Befunde sind tendenziell vergleichbar mit empirischen Untersuchungen aus den USA.[36] Hier kann – wie bereits erwähnt – das Phänomen der Up-or-Out-Regel beobachtet werden. Da zu deren Existenz in deutschen Anwaltspartnerschaften keinerlei Befunde vorliegen, soll untersucht werden, ob sie hierzulande ebenfalls zur Anwendung kommt (**Hypothese 3**). Tatsächlich wird auch in Deutschland die Up-or-Out-Regel praktiziert: 3 der 4 größten Anwaltskanzleien geben an, regelmäßig Anwärter zu entlassen, falls diese nicht innerhalb eines bestimmten Zeitraumes zum Partner befördert werden. Eine konsequente Durchführung der Up-or-Out-Regel scheint jedoch eher auf große Gesellschaften beschränkt zu sein. Die Erhebung läßt nicht den Schluß zu, daß sie innerhalb aller Anwaltskanzleien stringent und permanent Anwendung findet, da die Mehrzahl juristischer Partnerschaften angibt, selten bzw. nie Angestellte zu entlassen, wenn diese nicht nach Ablauf einer bestimmten Frist den Partnerstatus erreicht haben. Allerdings weisen neuere Befunde aus den USA darauf hin, daß auch hier die Up-or-Out-Regel nicht mehr strikt gehandhabt wird, sondern in zunehmendem Maße hinreichend qualifizierte Personen weiterbeschäftigt werden, selbst wenn sie den Partnerstatus nicht erreichen konnten.[37] Nimmt man die Vereinigten Staaten als Vergleichsmaßstab, verwundert es kaum, daß sich eine konsequent durchgeführte Regel auch in Deutschland nicht belegen läßt. Durch eine alternative Formulierung von Hypothese 3 sind jedoch Tendenzaussagen möglich. Wie bereits erwähnt, kann der Einsatz der Up-or-Out-Regel in den USA primär in Anwaltskanzleien beobachtet werden. Hier kommt es tendenziell häufiger zu Entlassungen als in anderen Bereichen freiberuflicher Zusammenarbeit, falls keine Beförderung zum Partner erfolgte. Deshalb soll **Hypothese 3'** nun lauten: *Es existieren auch in Deutschland generelle Unterschiede hinsichtlich der Entlassungshäufigkeit zwischen juristischen und nicht-juristischen Partnerschaften.*

Beförderungs- und Austrittsregeln in Partnerschaften

Zur Überprüfung der Hypothese werden die Partnerschaften der Stichprobe in „juristische" und „nicht-juristische" sowie „keine Entlassungen" und „teilweise Entlassungen" klassifiziert.[38] Die entsprechenden Angaben verteilen sich folgendermaßen:[39]

Tab. 5: Klasseneinteilung

	keine Entlassungen	teilweise Entlassungen	Σ
juristische	5	13	18
nicht-juristische	15	6	21
	20	19	39

Während es in beinahe ¾ der juristischen Partnerschaften zumindest gelegentlich zu Entlassungen kommt, falls der Partnerstatus nicht innerhalb einer bestimmten Frist erreicht wird, ist dies in weniger als ⅓ der nicht-juristischen Partnerschaften der Fall. Ein χ^2-Test zeigt, daß die Nullhypothese einer statistischen Unabhängigkeit zwischen Berufsgruppe und Entlassungspolitik mit einer Irrtumswahrscheinlichkeit von 1% abzulehnen ist. Dies läßt die Tendenzaussage zu, daß es auch in deutschen Anwaltskanzleien eher zu Entlassungen von Angestellten kommt, die nicht zum Partner ernannt wurden, als in anderen freiberuflichen Zusammenschlüssen. Analog zu neueren Erkenntnissen aus den USA wird die Up-or-Out-Regel allerdings nicht in sämtlichen Kanzleien und mit absoluter Stringenz praktiziert.

Die abnehmende Relevanz der Up-or-Out-Regel könnte – zumindest für die USA – eventuell mit einer gestiegenen Nachfrage an Juristen erklärt werden, welche zu einer zunehmenden Anzahl an Angestellten führt.[40] Während zuvor in erster Linie die besten Universitätsabsolventen eingestellt wurden, kann nun die Nachfrage nicht mehr allein aus diesem Bewerberkreis befriedigt werden, womit die durchschnittliche Qualität aller Angestellten sinkt. Des weiteren erfordern auch unter Reputationsgesichtspunkten nicht alle Teilaufgaben juristischer Tätigkeit – wie beispielsweise Rechercheaufgaben – die Bearbeitung durch überdurchschnittliche Talente.[41] Unter Matchingaspekten ist es somit angebracht, derartige Aufgaben an Personen mit durchschnittlichen Talenten zu delegieren. Diese Personen kommen aber nicht für eine Partnerposition in Frage, wenn man davon ausgeht, daß lediglich Angestellte mit überdurchschnittlichem Talent zum Partner befördert werden sollen. Vor diesem Hintergrund scheinen US-amerikanische Rechtsanwaltskanzleien verstärkt dazu überzugehen, zwei unterschiedliche Karrierepfade – „Stay-Track" (für lediglich durchschnittlich talentierte Angestellte) und „Up-or-Out-Track" (für überdurchschnittlich talentiertere Angestellte) – einzurichten.[42] Durchschnittliche Talente werden aus Eigeninteresse keine Ambitionen zur Wahl des „Up-or-Out-Tracks" besitzen, da für sie nur eine geringe Beförderungswahrscheinlichkeit – und damit eine hohe Kündigungswahrscheinlichkeit – besteht. Sie steigen auf dem „Stay-Track" in die Partnerschaft ein und bleiben dauerhaft im Angestelltenstatus. Die Wahl des „Up-or-Out-Tracks" ist hingegen für Akteure mit außerordentlichen Fähigkeiten rational, da sie eine hohe Beförderungswahrscheinlichkeit besitzen. Zudem besteht für sie die Opportunismusgefahr durch Talentausbeutung, so daß überdurchschnittliche Talente eventuell sogar nur zu einem Einstieg in die Kanzlei bereit sind, wenn sich die Partner zuvor durch die Regel selbst gebunden haben.

Letztlich stellt sich die Frage, weshalb die Up-or-Out-Regel in erster Linie in Anwaltskanzleien zu beobachten ist. Zumindest für Deutschland ist folgende Begründung denkbar: Neben Anwaltskanzleien findet man größere freiberufliche Zusammenschlüsse primär in den Bereichen Steuerberatung und Wirtschaftsprüfung.[43] Im Gegensatz zu juristischen Tätigkeiten existieren hier zusätzliche Zertifikate in Form des bestandenen Steuerberater- bzw. Wirtschaftsprüferexamens. Damit weist ein Anwärter – neben einer hohen Leistungsbereitschaft – eine hohe Fachqualifikation nach. Zudem kann eine Überprüfung durch eine dritte Partei erfolgen, so daß Verträge hierauf konditionieren können. Das Opportunismusproblem, welches als ursächlich für die Existenz der Up-or-Out-Regel angenommen wurde, wird damit beseitigt, da nun Verträge dergestalt geschrieben werden können, daß ein Anwärter, der mit dem Examen seine Fähigkeiten belegt, den Partnerstatus erhält.[44]

E. Austrittsregeln

Während bisher in erster Linie die Phase des Eintritts in die Partnerschaft problematisiert wurde, soll nachfolgend eine Betrachtung des Austritts aus der Gesellschaft vorgenommen werden. Hierzu erfolgen in Abschnitt I einige theoretischen Überlegungen, die jedoch bewußt sehr kurz gehalten werden, da zu dieser Thematik bereits eine Vielzahl an ökonomischen, aber auch juristischen Veröffentlichungen vorliegt. Das Hauptaugenmerk liegt somit auf Abschnitt II, in dessen Rahmen eine primär deskriptiv angelegte empirische Untersuchung vorgenommen wird. Die Deskription scheint insbesondere vor dem Hintergrund des Mangels an entsprechenden empirischen Befunden notwendig; einer Reihe von theoretischen Erkenntnissen steht hier das gänzliche Fehlen von empirischen Daten gegenüber. Vorrangige Intention des Abschnittes ist eine erste Antwort auf die Frage, ob und gegebenenfalls wie in Partnerschaften unkooperatives Verhalten durch Ausschlußdrohungen bestraft wird.

I. Theoretische Analyse

Wie die meisten Unternehmensformen sind auch Partnerschaften grundsätzlich „eine auf Dauer angelegte kooperative Veranstaltung von Individuen".[45] Dies schließt jedoch das Ausscheiden einzelner Individuen nicht aus. Interne Streitigkeiten, der Eintritt in den Ruhestand oder gar der Tod eines Gesellschafters können zum freiwilligen oder zwangsweisen Austreten aus der Unternehmung führen. Vor dem Hintergrund der Trittbrettfahrerproblematik erscheinen Austrittsregeln in der Form von Ausschluß- und Abfindungsklauseln zunächst insofern relevant, als die Drohung des zwangsweisen Ausschlusses eines Partners aufgrund von Fehlverhalten als Sanktionsmechanismus dienen kann, um ein ebensolches Verhalten zu unterbinden. Es müssen folglich Klauseln – z.B. im Gesellschaftsvertrag – dergestalt formuliert werden, daß unkooperatives Verhalten von Partnern bei Aufdeckung durch ihren Ausschluß bestraft wird.[46] Die Kündigung eines Partners bedeutet, daß dieser nicht mehr an den Profiten der Gesellschaft partizipiert. Allerdings kann ein Sanktionspotential nur dann erzeugt werden, wenn der Ausgeschlossene tatsächlich schlechter gestellt wird, als bei einem Verbleib in der Partnerschaft. Dies ist dann der Fall, wenn er keine oder lediglich eine geringe Abfindungszahlung erhält. Abfindungen in Höhe des Ertragswertes des individuellen Anteils sind in diesem Zusammenhang als ineffizient zu betrachten.

Das durch Ausschlußdrohung generierte Sanktionspotential ist jedoch an den Zeithorizont eines Partners geknüpft. Je länger die Phase der geplanten Kooperation innerhalb der Gesellschaft ist, desto gravierender sind die Nachteile, die durch den Ausschluß entstehen. Partnerschaften bestehen oftmals aus mehreren Generationen von Partnern mit unterschiedlichen Eintritts- und somit auch (geplanten) Austrittszeitpunkten, so daß die Zeithorizonte zwischen den Gesellschaftern divergieren. Da Partner mit der höchsten Seniorität ohnehin binnen kürzester Zeit aus der Gesellschaft ausscheiden, bietet die Ausschlußdrohung allein für sie kaum noch ein Sanktions- und damit ein Anreizpotential.[47] Die Problematik der hierbei entstehenden potentiellen Endspieleffekte[48] kann jedoch bei Existenz überlappender Partnergenerationen mit unterschiedlichen Zeithorizonten z.B. durch das Instrument der Pensionszahlung gelöst werden.[49] Da die Partnerschaft über das Ausscheiden eines Partners hinaus weiter besteht, kann das Verhalten in der Endphase der Kooperation mit der Gewährung bzw. Nichtgewährung von Pensionszahlungen sanktioniert werden.

Ausschluß- und Abfindungsklauseln besitzen somit eine Doppelfunktion: Sie können einerseits ein Sanktionspotential darstellen, um unkooperatives Verhalten – im Sinne von Leistungszurückhaltung – zu bestrafen und damit kooperatives Verhalten zu induzieren. Da mit dem Ende der Erwerbstätigkeit die Sanktionswirkung nachläßt, sollten die Klauseln andererseits das in dieser Phase gezeigte Verhalten reflektieren, um Endspieleffekte zu vermeiden.

II. Empirische Befunde

Empirisch zeigt sich, daß die Verwendung von Ausschluß- und Abfindungsregeln eng an die Unternehmensgröße geknüpft ist. Während nahezu 80% der kleinen Gesellschaften keinerlei vertragliche Regelungen für ausscheidende Partner vorsehen, existieren bei über 50% der mittleren und über 80% der großen Partnerschaften entsprechende Bestimmungen. Die sieben größten innerhalb der Stichprobe befindlichen Partnerschaften – mit 10 oder mehr Partnern – verwenden ausnahmslos Austrittsregelungen. Dieser Befund läßt sich – zumindest partiell – damit erklären, daß Trittbrettfahrerprobleme mit der Größe der Partnerschaft zunehmen, in kleineren Gesellschaften also weniger relevant sind. Insgesamt geben etwa 50% der befragten Partnerschaften an, keine expliziten Abfindungsregelungen zu besitzen. Da in diesen Fällen nicht geklärt werden kann, ob tatsächlich keine Zahlungen erfolgen oder die gesetzliche Abfindung gemäß § 738 BGB Anwendung findet, werden sie im folgenden ausgeblendet, so daß nun lediglich Gesellschaften betrachtet werden ($n=44$), die in irgendeiner Form Zahlungen beim Austritt von Partnern tätigen.

Zunächst soll untersucht werden, ob und inwiefern Zahlungen bei **nicht altersbedingtem Ausscheiden** von Partnern – insbesondere deren zwangsweisem Ausschluß – erfolgen. Tabelle 6 zeigt die Verteilung über die Zahlungsarten:

Tab. 6: Vorzeitige Abfindungszahlungen

Zahlungsart	Prozent
Keine Zahlung	27
Feste Zahlung (z.B. Buchwert des Anteils)	38
Variable Zahlung gemäß Erfolg der Partnerschaft	27
Variable Zahlung gemäß individuellem Erfolg	11

(Alle Angaben in %; Mehrfachnennungen führen zu einer Spaltensumme von über 100%)

Wie Tabelle 6 zu entnehmen ist, legen lediglich 27% den Erfolg der Partnerschaft und damit (möglicherweise) den Ertragswert der Gesellschaft bei der Zahlungsbemessung zugrunde. In allen anderen Fällen wird ein Partner im Regelfall durch Ausschluß tatsächlich schlechter gestellt, so daß eine sanktionierende Wirkung eintritt. Die schärfste Sanktionierung erfolgt, wenn überhaupt keine Abfindung gezahlt wird. Diese Vorgehensweise ist juristisch jedoch zumindest bedenklich.

Da die Sanktionierungswirkung mit der Seniorität sinkt, erscheint es nunmehr interessant zu untersuchen, ob durch Zahlungen, die lediglich beim Ausscheiden aus Altersgründen gewährt werden, Endspieleffekten entgegengewirkt wird. Dabei ist relevant, inwiefern sich diese Zahlungen von Zahlungen bei einem vorzeitigen Ausschluß unterscheiden und inwiefern sie variabel gehalten sind, um so verstärkt Endspieleffekte zu vermeiden. 50% der befragten Gesellschaften unterscheiden nicht nach dem Grund des Ausscheidens, so daß die sanktionierende Wirkung der vorzeitigen Kündigung allein durch den Ausschluß einer weiteren Partizipation an den Profiten der Gesellschaft erzielt wird. Endspieleffekte können hier – zumindest durch Austrittsregeln – nicht verhindert werden. Dies kann hingegen durch unterschiedliche Zahlungen bei altersbedingtem und nicht altersbedingtem Ausscheiden erreicht werden, welche in den verbleibenden 50% der befragten Partnerschaften vorzufinden sind. Empirisch zeigt sich, daß, falls Unterscheidungen vorgenommen werden, dies meist dergestalt geschieht, daß lediglich bei altersbedingtem Ausscheiden Zahlungen erfolgen (27%).[50] Eine weitere Form der Sanktionierung ist das Gewähren von festen Zahlungen – z.B. in Höhe des Buchwerts des Anteils – bei nicht altersbedingtem Ausscheiden. Bei altersbedingtem Ausscheiden wird diese Zahlung ebenfalls gewährt, hinzu kommen jedoch weitere Zahlungen, z.B. in Form einer dauerhaften Rente (9%). So kann es gelingen, unkooperatives Verhalten auch in der Endphase durch Zahlungsverweigerung zu bestrafen.

Insgesamt 38 der befragten Gesellschaften geben explizit an, Abfindungszahlungen beim **Ausscheiden aus Altersgründen** vorzunehmen. Tabelle 7 gibt einen Überblick über die beobachteten Formen der Abfindungsbemessung:

Tab. 7: Reguläre Abfindungszahlungen

Zahlungsart	Prozent
Feste Zahlung	45
Variable Zahlung gemäß Erfolg der Partnerschaft	37
Variable Zahlung gemäß individuellem Erfolg	24
Sonstige	3

(Alle Angaben in %; Mehrfachnennungen führen zu einer Spaltensumme von über 100%)

Vor dem Hintergrund der oben erwähnten Endspieleffekte scheint der relativ hohe Anteil an fixen Zahlungen bei altersbedingtem Ausscheiden zunächst erstaunlich (45%). Die Gewährung von festen Zahlungen beim Ausscheiden aus Altersgründen verhindert zwar gravierende Formen von Endspieleffekten, falls die Alternative eine vollständige Zahlungsverweigerung darstellt. Zahlungen gemäß dem individuellen Erfolg bzw. dem Erfolg der Partnerschaft würden jedoch weitaus mehr die Leistungsanstrengungen des Partners in den letzten Perioden seiner Gesellschaftszugehörigkeit reflektieren und damit verstärkt Endspieleffekten entgegenwirken. Allerdings finden sich (ausschließlich) feste Zahlungen in erster Linie bei kleinen Partnerschaften. Sie haben den Vorteil der einfachen Ermittlung, während die Bestimmung variabler Zahlungen aufwendiger, teilweise sicherlich auch konfliktträchtiger ist. Vermutlich spielen derartige Kosten-Nutzen-Überlegungen eine erhebliche Rolle für den Verzicht kleinerer Partnerschaften auf variable Abfindungsbemessungsgrundlagen. Betrachtet man hingegen die Regelungen innerhalb der sieben größten Gesellschaften, so findet man meist eine beinahe idealtypische Abfindungsgestaltung: Fünf der befragten Partnerschaften nehmen eine Differenzierung nach dem Grund des Ausscheidens vor. Während Partner, die nicht aus Altersgründen ausscheiden, lediglich eine einmalige feste Zahlung – z.B. in der Höhe des Anteilswertes – erhalten, bekommen Partner, die aus Altersgründen ausscheiden, zusätzlich zu dieser festen Zahlung noch eine dauerhafte Rente ausbezahlt, die meist gleichförmig bemessen ist. Hierdurch werden Anreize zu kooperativem Verhalten gesetzt, da mit dem Aufdecken von Fehlverhalten und einer anschließenden Kündigung nicht nur eine weitere Partizipation an den Erträgen der Partnerschaft ausgeschlossen werden würde; darüber hinaus würde auch eine Art Pfand in Form der Pensionszahlungen untergehen. Eine der Partnerschaften weist ein verfeinertes Konzept auf: Partner, deren Kündigung nicht aus Altersgründen erfolgt, erhalten eine einmalige variable Zahlung, deren Höhe sich nach ihrem persönlichen Erfolg vor dem Ausscheiden richtet. Gerade wenn die Kündigung wegen permanenter Leistungszurückhaltung stattfindet, wird der persönliche Erfolg – und damit die Zahlung – eher gering ausfallen. Wenn ein Partner altersbedingt ausscheidet, bekommt er ebenfalls eine einmalige variable Zahlung gemäß seines persönlichen Erfolges, zusätzlich aber eine Rente, die sich nach dem Erfolg der Partnerschaft richtet. Dadurch kann nicht nur ein Abbruch der Kooperation kurz vor dem Ende der Zusammenarbeit vermieden werden, es wird auch Myopietendenzen entgegengewirkt.[51]

Durch die Sanktionierung unkooperativer Verhaltensweisen in Form einer Ausschlußdrohung kann es gelingen, Trittbrettfahrerprobleme zumindest zu reduzieren. Es werden einerseits Anreize gesetzt, eine angemessene Anzahl an Aufträgen anzunehmen, um nicht aufgrund von Leistungszurückhaltung aus der Gesellschaft ausgeschlossen zu werden. Andererseits liegen Anreize vor, die angenommenen Aufträge mit der gebotenen Sorgfalt zu bearbeiten, um eine Kündigung aufgrund von mangelhafter Leistungsqualität zu vermeiden.

F. Diskussion und Schlußbemerkungen

Die vorliegenden Ergebnisse haben gezeigt, daß die Mikrostruktur deutscher Partnerschaften Analogien zu vergleichbaren US-amerikanischen Unternehmen aufweist. Viele

Partnerschaften sind relativ klein, Profit-Sharing stellt die dominante Vergütungsform dar. So können Trittbrettfahrerprobleme bei freiberuflicher Teamarbeit durch Kleingruppeneffekte reduziert werden. Freiberufliche Dienstleistungen sind durch eine hohe Informationsasymmetrie zwischen den Leistungserstellern und ihrer Klientel gekennzeichnet, wobei Reputation zum Abbau dieser Asymmetrie dienen kann. Partnerschaften besitzen beim Aufbau von Reputation komparative Vorteile gegenüber isoliert agierenden Freiberuflern. Aufgrund der unbeschränkten persönlichen Haftung, wie sie in BGB-Gesellschaften vorliegt, bestehen allerdings auch komparative Vorteile gegenüber Kapitalgesellschaften. Hierdurch werden gegenseitige Kontrollmaßnahmen gefördert, da jeder Partner auch für das Fehlverhalten von Mitgesellschaftern zur Haftung herangezogen werden kann. Dies führt zu Anreizen, gegenseitig die Verrichtungsqualität aktiv zu überwachen und Fehlverhalten zu bestrafen, um einen Regreß zu vermeiden[52], was bei entsprechender Antizipation durch potentielle Klienten ein Signal darstellt. Gegenüber Kapitalgesellschaften können Partnerschaften in diesem Zusammenhang zudem einen „Image-Vorteil" besitzen.[53] Freiberufler werden oft in heiklen persönlichen Angelegenheiten (z.B. rechtlicher oder gesundheitlicher Natur) konsultiert. Hier könnte es einen psychologischen Vorteil darstellen, wenn solche Angelegenheiten nicht unter dem Dach einer juristischen Person abgewickelt werden.

Um Reputation aufzubauen und dauerhaft am Markt zu erhalten, haben Partner Anreize, gegenseitige Qualitäts- und Leistungskontrollen durchzuführen. Eine erste Überprüfung der Fähigkeiten kann erfolgen, wenn im Rahmen einer Beobachtungsphase analysiert wird, ob ein neu aufgenommener Angestellter hinreichende Qualitäten besitzt. Aufstiegsregeln können primär als eine Art Auswahlmechanismus hinsichtlich der Grundeigenschaften von Anwärtern auf den Partnerstatus interpretiert werden. Nur wenn ein Kandidat die notwendigen Eigenschaften, wie z.B. hohe Leistungsbereitschaft oder exzellente berufsfachliche Kenntnisse besitzt, erfolgt eine Ernennung zum Partner.

Mit der Aufnahme neuer Partner nimmt meist die Größe der Partnerschaft und damit auch die Trittbrettfahrergefahr zu. Große Partnerschaften müssen deshalb jedoch nicht notwendigerweise ineffizient sein, da sie neben (Spezialisierungs-)Vorteilen beim Aufbau von Reputation beispielsweise auch in verstärktem Maße Größen- und Verbundvorteile aufweisen.[54] Allerdings werden zusätzliche Instrumente zur Sicherung einer effizienten Leistungsintensität notwendig. Austrittsregeln stellen ein solches Instrument dar. Auch dieser Aspekt kann empirisch beobachtet werden. Während kleine Partnerschaften oft keine entsprechenden Vereinbarungen vorsehen, wächst mit der Gesellschaftsgröße auch das Ausmaß an sanktionierenden Regelungen. In diesem Zusammenhang weisen die Befunde interessante Parallelen zu (spiel-)theoretischen Ansätzen auf. Die Sanktionierung von Leistungszurückhaltung durch einen dauerhaften Abbruch der Kooperation kann in sog. „Superspielen" den einmaligen Vorteil einer solchen defektiven Strategie überkompensieren und somit Kooperation induzieren.[55] Einen ähnlichen „Bestrafungsmechanismus" bietet der Ausschluß unkooperativer Partner ohne bzw. mit geringer Abfindung. Während im spieltheoretischen Grunddesign die Sanktionierung dadurch erreicht wird, daß alle Spieler nach Aufdecken der Defektion für immer die Nash-Gleichgewichtsstrategie spielen – somit selbst Auszahlungseinbußen hinzunehmen haben – implizieren die vorfindbaren Abfindungsregelungen ein glaubwürdigeres Drohpotential: Nach Ausschluß des Defekteurs können die verbleibenden Partner weiterhin an den Profiten der Gesellschaft partizipieren.

Empirisch zeigt sich, daß die Vorauswahl von Partnern sowie die Anreiz- und Kontrollmechanismen recht gut zu funktionieren scheinen: Nur 11% der Gesellschaften geben an, daß es in der Vergangenheit bereits zum Ausschluß von Partnern aufgrund von Fehlverhalten oder internen Streitigkeiten kam. Eine Antwort auf die Frage, inwiefern Partnerschaften weitere Instrumente zur Kooperations- und Reputationssicherung (z.B. durch eine anreizkompatible Entgeltgestaltung) besitzen, bleibt weiteren Arbeiten vorbehalten.

Anmerkungen

1 Vgl. zur Beförderungspolitik US-amerikanischer Partnerschaften z.B. Gilson/Mnookin (1989), Galanter/Palay (1990), Ferrall (1991), allgemein z.B. Samuelson/Jaffe (1990), Gaynor/Gertler (1995).
2 Vgl. z.B. Kräkel (1997), S. 52–72.
3 Zu einer ausführlichen Darstellung von weiteren empirischen Befunden vgl. Steiner (1999).
4 Vgl. z.B. Sander/Williams (1992), S. 391–392.
5 Vgl. Dostert (1999).
6 Vgl. z.B. Crémer (1986) oder Tirole (1996), S. 15–18.
7 Im Zusammenhang mit Partnerschaften ist unter Profit-Sharing die Aufteilung der Profite der Partnerschaft an die Gesellschafter – ganz oder teilweise unabhängig vom individuellen Leistungsbeitrag – zu verstehen.
8 Lock-Step-Systeme stellen auch die vorherrschende Kompensationsform in großen US-amerikanischen Partnerschaften (insbesondere Rechtsanwaltskanzleien) dar (vgl. z.B. Heintz (1982), Gilson/Mnookin (1985), S. 341–346 oder Lang/Gordon (1995), S. 619–620).
9 Vgl. Alchian/Demsetz (1972), S.786, 790.
10 Vgl. Kandel/Lazear (1992). Das Problem der Leistungszurückhaltung bei Teamarbeit kann geringere Ausprägungen annehmen, wenn zwischen den Teammitgliedern persönliche Beziehungen bestehen. Aufgrund dieser Beziehungen werden bei Leistungszurückhaltung Schuldgefühle generiert, da der einzelne durch sein Shirking auch die Kompensation der ihm nahestehenden restlichen Teammitglieder schmälert, sowie Schamgefühle, wenn Leistungszurückhaltung aufgedeckt wird.
11 Vgl. hierzu ausführlich Leibowitz/Tollison (1980).
12 Vgl. z.B. Getzen (1984).
13 Vgl. hierzu ausführlich Arruñada (1998), S. 116–119.
14 Vgl. zu Erfahrungsgütern Nelson (1970), zu Vertrauensgütern Darby/Karni (1973).
15 Vgl. Shapiro (1983), S. 659–662.
16 Neben den bereits erwähnten Maßnahmen kann Reputation bspw. auch durch eine intensive Kundenpflege aufgebaut werden, um so einerseits Klienten zu halten, andererseits über Mundpropaganda neue anzuziehen. Viele der befragten Gesellschaften gaben an, daß reputationsfördernde Maßnahmen insbesondere von älteren Partnern wahrgenommen werden.
17 Vgl. McChesney (1982), S. 388–393.
18 Vgl. ausführlich Bowles/Skogh (1989), S. 35.
19 Vgl. hierzu Lee (1990), S. 117–122.
20 Vgl. zu einer theoretischen Analyse Kreps (1990), S. 108–111. Auch die Hälfte der befragten mittelgroßen bzw. großen Partnerschaften gab an, daß sich neue Partner, z.B. durch den Erwerb von Anteilen ausgeschiedener Partner, finanziell einbringen müssen.
21 Bei der Rekrutierung neuer Partner ist natürlich vorauszusetzen, daß der jeweilige Kandidat die erforderlichen (frei-)beruflichen Qualifikationen besitzt. Potentielle Kandidaten auf eine Beförderung zum Partner sollen im folgenden als Anwärter bezeichnet werden.
22 Vgl. allgemein Kräkel (1997), S. 106–109.
23 Vgl. hierzu und zu den folgenden Ausführungen Spurr (1987), O'Flaherty/Siow (1992) und O'Flaherty/Siow (1995).

24 Vgl. Wholey (1985), S. 329.
25 Vgl. ausführlich Sherer (1995), S. 675.
26 Vgl. Kräkel (2000), S. 5
27 Vgl. Lang/Gordon (1995).
28 Vgl. dazu Kräkel (1997), S. 28.
29 Vgl. hierzu Spurr (1987), S. 504–505, Gilson/Mnookin (1989), S. 572, 576 sowie O'Flaherty/Siow (1992).
30 Vgl. Waldman (1990) und O'Flaherty/Siow (1995). Falls die Anforderungen an neue Partner sehr hoch gesteckt sind, kann es sogar vorkommen, daß über einen längeren Zeitraum hinweg überhaupt keine Beförderungen zum Partner stattfinden werden, also sämtliche Anwärter entlassen werden. Vgl. hierzu Dixit/Nalebuff (1991), S. 245. Der Autor dankt dem anonymen Gutachter für diesen Hinweis.
31 Vgl. Leibowitz/Tollsion (1978), Kahn/Huberman (1988) und Landers/Rebitzer/Taylor (1996).
32 Vgl. Gilson/Mnookin (1990), S. 215–217.
33 Vgl. Telser (1980).
34 Hier stellt sich natürlich auch die Frage, weshalb überhaupt Beförderungen zum Partner vorgesehen sind. Einerseits würde ein Verzicht auf Beförderungen auch einen Verzicht auf das entsprechende Anreizinstrumentarium darstellen. Zudem besteht insbesondere im Bereich freiberuflicher Dienstleistungen eine Außenoption in Form der selbständigen Berufsausübung. Falls Angestellte keine Gesellschafterposition innerhalb der Gesellschaft erlangen können, besteht stets die Möglichkeit eine eigene zu gründen. Gerade beim Austritt sehr fähiger Personen würde die Partnerschaft das entsprechende Talent verlieren. Zudem bestünde die Gefahr, daß der Austretende einen Teil des Klientels mitzieht. Räumt man hingegen die Aussicht auf eine Gesellschafterposition ein, verringert sich diese Gefahr.
35 Betrachtet man die innerhalb der Stichprobe befindlichen Partnerschaften, so läßt sich feststellen, daß im gerade in großen Gesellschaften im Regelfall eine Aufgabenspezialisierung unter den Partnern dergestalt stattfindet, daß unterschiedliche Teildisziplinen eines freiberuflichen Aufgabengebietes angeboten werden. Insofern erscheint die Annahme, daß mit zunehmender Partneranzahl auch die Angebotspalette zunimmt, gerechtfertigt.
36 Vgl. Spurr/Sueyoshi (1994) oder O'Flaherty/Siow (1995), S. 726–727. Diese Studien deuten jedoch darauf hin, daß die Anwartschaftsphase in den USA etwas länger ausgeprägt ist.
37 Vgl. z.B. Kordana (1995) oder Torry (1996), zitiert nach Lazear (1998), S. 242.
38 In die Klasse „Teilweise Entlassungen" werden diejenigen Partnerschaften eingeordnet, die im Rahmen der Befragung angaben, daß Personen, die nicht innerhalb einer bestimmten Frist zum Partner befördert wurden, regelmäßig bzw. teilweise entlassen werden. Die geringe Besetzungszahl ergibt sich daraus, daß diese Frage lediglich für diejenigen Unternehmen zu beantworten war, die interne Beförderungen vornehmen. Zudem wurde die Frage von einigen Gesellschaften offen gelassen.
39 Anhand der Stichprobe läßt sich erkennen, daß es sich bei den unterschiedlichen Entlassungshäufigkeiten nicht um einen Größeneffekt handelt, über welchen grundsätzlich auch eine Erklärung hätte erfolgen können.
40 Vgl. Gilson/Mnookin (1990), S. 220–226. Ob und inwiefern die Up-or-Out-Regel auch in Deutschland an Bedeutung verloren hat, kann im Rahmen des Beitrags nicht untersucht werden, da keine entsprechenden Vergangenheitsdaten vorhanden sind.
41 Vgl. Kordana (1995), S. 1924–1925.
42 Vgl. insbesondere Sherer (1995).
43 Innerhalb der Stichprobe befindet sich lediglich eine große Partnerschaft, die nicht dem Bereich Rechtsberatung oder Steuerberatung und Wirtschaftsprüfung zuzuordnen ist. Die Größe ist insofern relevant für die Existenz der Up-or-Out-Regel, da kleinere Unternehmen meist entweder mit dem Ausscheiden der Gesellschafter liquidiert werden oder im Rahmen einer Nachfolgeplanung an bisherige Angestellte oder Familienmitglieder übergehen, so daß oft keine aktive Karrierepolitik stattfindet
44 Inwiefern derartige Regelungen in der Praxis tatsächlich zum Einsatz kommen, kann mittels der Erhebung nicht ermittelt werden. Einige der befragten Steuerberatungs- bzw. Wirtschaftsprüfungsgesellschaften gaben jedoch das Bestehen eines entsprechenden Examens als notwendige Bedingung für eine Beförderung zum Partner an.

45 Schauenberg/Schmidt (1983), S. 249.
46 Leistungszurückhaltung besitzt in diesem Zusammenhang zwei Dimensionen: Sie kann in Form einer Annahme von ineffizient wenigen Aufträgen auftreten. Dadurch sinkt zwar der Profit der Partnerschaft innerhalb einer Periode, die Reputation wird allerdings nicht gefährdet, wenn die angenommenen Aufträge mit einer angemessenen Intensität wahrgenommen werden. Leistungszurückhaltung kann allerdings zu Lasten der Reputation gehen, wenn ein Partner die angenommenen Aufträge mit einer zu geringen Intensität bearbeitet und somit die Qualität des Outputs gefährdet.
47 Vgl. zu dieser Problematik in Partnerschaften Jensen/Meckling (1979), S. 501.
48 Vgl. allgemein Schauenberg (1991), S. 344 sowie zu Endspieleffekten in Partnerschaften Brennan/Kliemt (1994). Endspieleffekte können z.B. in Form von Leistungszurückhaltung eintreten, wenn dieses Fehlverhalten aufgrund des ohnehin geplanten Austritts aus der Gesellschaft nicht mehr sanktioniert werden kann.
49 Vgl. Salant (1991). Durch das Vorhandensein unterschiedlicher Generationen liegen nichtidentische Zeithorizonte vor. Die Verweildauer einzelner Akteure innerhalb der Gesellschaft ist zeitlich begrenzt, nicht jedoch die Existenz der Partnerschaft, falls permanent neue Gesellschafter für ausscheidende aufgenommen werden. Somit kann Fehlverhalten gegebenenfalls auch über das Ausscheiden hinaus sanktioniert werden, da sich stets jüngere Generationen innerhalb der Unternehmung befinden, die ein Interesse an langfristiger Kooperation und somit auch am Sanktionieren unkooperativer Verhaltensweisen besitzen.
50 Wie bereits erwähnt, erscheint diese Regelung rechtlich allerdings problematisch.
51 Wenn Gesellschafter nach dem Erfolg – insbesondere dem Gewinn – der Partnerschaft vergütet bzw. abgefunden werden, könnte es sein, daß sie kurz vor dem Ausscheiden notwendige Neuinvestitionen ablehnen. Sie müßten einen Teil des Investitionsaufwandes tragen, würden aber kaum noch an den entsprechenden Erträgen partizipieren. Wird über das Ausscheiden hinaus jedoch eine Rente gemäß dem Erfolg der Partnerschaft gezahlt, bleibt die persönliche finanzielle Situation mit der der Partnerschaft verknüpft. Dies induziert ein Interesse an ihrer Rentabilität, die nicht mit dem Ausscheiden endet.
52 Vgl. Fama/Jensen (1983), S. 335. Diese gesamtschuldnerische Haftung gilt allerdings nicht für Partnerschaftsgesellschaften gemäß dem Partnerschaftsgesellschaftsgesetz (PartGG). Seit der letzten Neuregelung des PartGG haften hier nur einzelne Partner – nebst dem Vermögen der Partnerschaft – für berufliche Fehler, falls sie alleine mit der Bearbeitung des beanstandeten Auftrages befaßt waren (§ 8 Abs. 2 PartGG). Dies kann letztlich als Wettbewerbsnachteil für Partnerschaften gemäß PartGG gegenüber Partnerschaften gemäß BGB darstellen. Vgl. hierzu Kräkel (2000).
53 Seibert (1995), S. 139.
54 Vgl. zu Größenvorteilen Frech/Ginsburg (1974), zu Verbundvorteilen Paroush (1985).
55 Vgl. allgemein zu diesen sog. Trigger-Strategien z.B. Osborne/Rubinstein (1994), S. 143–146, im Zusammenhang mit Partnerschaften vgl. Gaynor/Salant (1994), S. 10.

Literatur

Alchian, A. A./Demsetz, H. (1972): Production, Information Costs, and Economic Organization, in: American Economic Review 62, S. 777–795.

Arruñada, B. (1998): Gestaltung und Regulierung von freiberuflichen Dienstleistungen: Ein allgemeiner Handlungsfaden, in: Herrmann, H./Backhaus, J. (Hrsg.): Staatlich gebundene Freiberufe im Wandel: Rechtliche und ökonomische Aspekte aus Wissenschaft und Praxis. Baden-Baden, S. 115–135.

Bowles, R./Skogh, G. (1989): Reputation, Monitoring and the Organization of the Law Firm, in: Faure, M./Van den Berg, R. (Hrsg.): Essays in Law and Economics: Corporations, Accident Prevention and Compensation for Losses. Antwerpen, S. 33–47.

Brennan, G./Kliemt, H. (1994): Finite Lives and Social Institutions, in: Kyklos 47, S. 551–571.

Crémer, J. (1986): Cooperation in Ongoing Organizations, in: Quarterly Journal of Economics 101, S. 33–49.

Darby, M. R./Karni, E. (1973): Free Competition and the Optimal Amount of Fraud, in: The Journal of Law and Economics 16, S. 67–88.
Dixit, A. K./Nalebuff, B. J. (1991): Thinking Strategically. The Competitive Edge in Business, Politics, and Everyday Life. New York, London.
Dostert, E. (1999): Für jede Frage einen Spezialisten, in: Süddeutsche Zeitung Nr. 19, S. 21.
Fama, E. F./Jensen, M. C. (1983): Agency Problems and Residual Claims, in: Journal of Law and Economics XXVI, S. 327–349.
Ferrall, C. (1991): Promotion and Incentives in Partnerships: Theory and Evidence. Discussion Paper #808, Institute for Economic Research, Queen's University, Kingston, Canada.
Frech, H. E./Ginsburg, P. B. (1974): Optimal Scale in Medical Pracitce: A Survivor Analysis, in: Journal of Business, S. 23–36.
Galanter, M./Palay, T. M. (1990): Why the Big Get Bigger: The Promotion-to-Partner Tournament and the Growth of Large Law Firms, in: Virginia Law Review 76, S. 747–811.
Gaynor, M./Gertler, P. (1995): Moral Hazard and Risk Spreading in Partnerships, in: Rand Journal of Economics 26, S.591–613.
Gaynor, M./Salant, D. S. (1994): Overlapping Generations, Moral Hazard, and the Organization of Medical Partnerships. Unveröffentlichtes Manuskript, Johns Hopkins Universität, Baltimore.
Getzen, T. E. (1984): A "Brand Name Firm" Theory of Medical Group Practice, in: The Journal of Industrial Economics XXXIII, S.199–215.
Gilson, R. J./Mnookin, R. H. (1985): Sharing Among the Human Capitalists: An Economic Inquiry into the Corporate Law Firm and How Partners Split Profits, in: Stanford Law Review 37, S. 313–397.
Gilson, R. J./Mnookin, R. H. (1989): Coming of Age in a Corporate Law Firm: The Economics of Associate Career Patterns, in: Stanford Law Review 41, S. 567–595.
Gilson, R. J./Mnookin, R. H. (1990): The Implicit Contract for Corporate Law Firm Associates: Ex Post Opportunism and Ex Ante Bonding, in: Aoki, M./Gustafsson, B./Williamson, O. E. (Hrsg.): The Firm as a Nexus of Treaties. Swedish Collegium for Advanced Study in the Social Sciences series. London et al., S. 209–236.
Heintz, B. D. (1982): New Trends in Partner Profit Distribution, in: Wisconsin Bar Bulletin, S. 24–45.
Jensen, M. C./Meckling, W. H. (1979): Rights and Production Functions: An Application to Labor-Managed Firms and Codetermination, in: Journal of Business 52, S. 469–506.
Kahn, C./Huberman, G. (1988): Two-sided Uncertainty and "Up-or-Out" Contracts, in: Journal of Labor Economics 6, S. 423–444.
Kandel, E./Lazear, E. P. (1992): Peer Pressure and Partnerships, in: Journal of Political Economy 100, S. 801–817.
Kordana, K. A. (1995): Law Firms and Associate Careers: Tournament Theory Versus the Production-Imperative Model, in: The Yale Law Journal 104, S. 1907–1934.
Kräkel, M. (1997): Ökonomische Analyse der betrieblichen Karrierepolitik. München, Mering.
Kräkel, M. (2000): Ansätze zu einer ökonomischen Analyse von Partnerschaften, erscheint in: Betriebswirtschaftliche Forschung und Praxis 52.
Kreps, D. M. (1990): Corporate Culture, in: Alt, J. E., Shepsle, K. A. (Hrsg.): Perspectives on Positive Political Economy. Cambridge, S. 90–143.
Landers, R. M./Rebitzer, J. B./Taylor, L. J. (1996): Rat Race Redux: Adverse Selection in the Determination of Work Hours in Law Firms, in American Economic Review 86, S. 329–348.
Lang, K./Gordon, P.-J. (1995): Partnerships as Insurance Devices: Theory and Evidence, in: Rand Journal of Economics 26, S. 614–629.
Lazear, E. P. (1998): Personnel Economics for Managers New Yoerk et al.
Lee, R. H. (1990): The Economics of Group Practice: A Reassessment, in: Scheffler, R. (Hrsg.): Advances in Health Economics and Health Services Research. A Research Annual. Greenwich, Conn., S. 111–129.
Leibowitz, A./Tollison, R. (1978):Earning and Learning in Law Firms, in: The Journal of Legal Studies 7, S. 65–81.
Leibowitz, A./Tollison, R. (1980): Free Riding, Shirking and Team Production in Legal Partnerships, in: Economic Inquiry XVIII, S. 380–394.

McChesney, F. S. (1982): Team Production, Monitoring, and Profit Sharing in Law Firms: An Alternative Hypothesis, in: The Journal of Legal Studies XI, S. 379–393.

Nelson, P. (1970): Information and Consumer Behavior, in: Journal of Political Economy 78, S. 311–329.

O'Flaherty, B./Siow, A. (1992): On the Job Screening, Up or Out Rules, and Firm Growth, in: Canadian Journal of Economics 25, S. 346–368.

O'Flaherty, B./Siow, A. (1995): Up-or-Out Rules in the Market for Lawyers, in: Journal of Labor Economics 13, S. 709–735.

Osborne, M. J./Rubinstein, A. (1994): A Course in Game Theory. Cambridge, London.

Paroush, J. (1985): Notes on Partnerships in the Services Sector, in: Journal of Economic Behavior and Organization 6, S. 79–87.

Salant, D. J. (1991): A Repeated Game with Finitely Lived Overlapping Generations of Players, in: Games and Economic Behavior 3, S. 244–259.

Samuelson, S. S./Jaffe, L. J. (1990): A Statistical Analysis of Law Firm Profitability, in: Boston University Law Review 70, S. 185–211.

Sander, R. H./Williams, E. D. (1992): A Little Theorizing about the Big Law Firm: Galanter, Palay, and the Economics of Growth, in: Law and Social Inquiry 17, S. 391–414.

Schauenberg, B. (1991): Organisationsprobleme dauerhafter Kooperation, in: Ordelheide, D./Rudolph, B./Büsselmann, E. (Hrsg.): Betriebswirtschaftslehre und Ökonomische Theorie. Stuttgart, S. 329–356.

Schauenberg, B./Schmidt, R. H. (1983): Vorarbeiten zu einer Theorie der Unternehmung als Institution, in: Kappler, E. (Hrsg.): Rekonstruktion der Betriebswirtschaftslehre als ökonomische Theorie. Spardorf, S. 247–276.

Seibert, U. (1995): Das Partnerschaftsgesellschaftsgesetz (PartGG) für die Freien Berufe. Die neue Rechtsform im Überblick, in: Steuerberaterkongreß-Report, S. 133–142.

Shapiro, C. (1983): Premiums for High Quality Products as Returns to Reputations, in: The Quarterly Journal of Economics, S. 659–679.

Sherer, P. D. (1995): Leveraging Human Assets in Law Firms: Human Capital Structures and Organizational Capabilities, in: Industrial and Labor Relations Review 48, S. 671–691.

Spurr, S. J. (1987): How the Market Solves an Assignment Problem: The Matching of Lawyers with Legal Claims, in: Journal of Labor Economics 5, S. 502–532.

Spurr, S. J./Sueyoshi, G. T. (1994): Turnover and Promotion of Lawyers. An Inquiry into Gender Differences, in: The Journal of Human Resources 29, S. 813–842.

Steiner, G. (1999): Empirische Untersuchung von Partnerschaftsgesellschaften. Bonn Working Papers in Business Administration Nr. PO1/99.

Telser, L. G. (1980): A Theory of Self-enforcing Agreements, in: Journal of Business 53, S. 27–44.

Tirole, J. (1996): A Theory of Collective Reputations (with applications to the persistence of corruption and to firm quality), in: Review of Economic Studies 63, S. 1–22.

Waldman, M. (1990): Up-or-Out Contracts: A Signaling Perspective, in: Journal of Labor Economics 8, S. 230–250.

Wholey, D. R. (1985): Determinants of Firm Internal Labor Markets in Large Law Firms, in: Administrative Science Quarterly 30, S. 318–335.

Zusammenfassung

Partnerschaften stellen die typische Organisationsform im Bereich freiberuflicher Tätigkeiten dar, wurden bisher für Deutschland aber kaum theoretisch bzw. empirisch analysiert. Der vorliegende Beitrag stellt einen ersten Ansatz dar, dieses Defizit zu verringern. Schwerpunktmäßig werden Rekrutierungsstrategien und Abfindungszahlungen betrachtet. Ausgehend von theoretischen Analysen und Befunden aus den USA zeigt sich, daß die auf dieser Basis erwarteten Ergebnisse auch für Deutschland belegt werden können. Die Untersuchung liefert damit erste Erkenntnisse über die Mikrostruktur inländischer Partnerschaften.

Summary

Partnerships are the predominant form of organization in so-called professional services. Despite of many empirical studies for the US, there are no empirical investigations for Germany. Therefore the intention of this paper is to lessen the lack of facts about partnerships in Germany. This is achieved by analysing a new data set which is the result of a survey conducted by the author in 1998. The focus lies on promotion strategies and severance payments. Theoretical and empirical findings from the US can be confirmed for Germany. Thus the analysis allows first insights into the microstructure of german partnerships.

30: Allgemeine Fragen der Personalwirtschaft (JEL J21)

Shukko und andere japanische Personalmanagementstrategien zur Verwirklichung schlanker, wettbewerbsfähiger Unternehmen

Von Hideo Kubota und Hermann Witte

Überblick

- Japanische Unternehmen sind für ihre besonderen Anstrengungen zur Sicherung der Wettbewerbsfähigkeit bekannt.

- Vor allem in den neunziger Jahren kamen in japanischen Unternehmen Personalmanagementstrategien zur Anwendung, um durch Personalabbau schlanke, wettbewerbsfähige Unternehmen zu verwirklichen. Zu diesen Strategien zählen „shukko", „bunshaka", „tenzoku", „tenshutsu", „iseki" und „outsourcing".

- Diese Strategien bringen die partielle Abkehr vom traditionellen Prinzip der lebenslangen Beschäftigung mit sich.

- Zudem ist die Beschaffung von Leiharbeitern bei „haken"-Unternehmen populär geworden.

Eingegangen: 28. August 2000

Professor Dr. Hideo Kubota, Ordentlicher Professor an der Kyushu Sangyo Universität, 2 Chome, Matsukadai, Higashi-ku, Fukuoka, Japan. Hauptarbeitsgebiete: Weltwirtschaft, Außenhandel, Zulieferwesen, kleine und mittelständische Unternehmen.
Professor Dr. Hermann Witte, Institut für Betriebsmanagement und Technik, Am Wall Süd 16, 49808 Lingen. Arbeitsgebiete: Allgemeine Betriebswirtschaftslehre, Materialwirtschaft, Logistik, Qualitätsmanagement, Umweltökonomie.

© Gabler-Verlag 2001

A. Einleitung

Die Wettbewerbsfähigkeit japanischer Unternehmen beruht auf einer Vielzahl von Faktoren. Insbesondere die Logistikkonzepte „just-in-time"[1] und „lean production/management"[2] haben japanischen Unternehmen seinerzeit einen Wettbewerbsvorsprung auf dem Weltmarkt verschafft und im Rahmen des komparativen internationalen Managements eine weltweite Auseinandersetzung mit den Faktoren der Wettbewerbsfähigkeit japanischer Unternehmen bewirkt. Neben dem „total quality control/management"[3] und dem kontinuierlichen Verbesserungsprozeß „kaizen"[4] wurden eine Reihe von Faktoren identifiziert, die für die Wettbewerbsfähigkeit japanischer Unternehmen von Bedeutung sind. In der Literatur werden vor allem die japanischen Unternehmensnetze[5], die Arbeitsteilung zwischen Großunternehmen und kleinen sowie mittelständischen Zulieferunternehmen auf der Basis einer ausschließlichen Zuordnung eines Zulieferunternehmens zu einem Großunternehmen sowie dem Treueprinzip zum Großunternehmen[6], das „shop floor management"[7] und verschiedene Personalmanagementstrategien[8] herausgestellt.

Im Rahmen der Analysen der japanischen Personalmanagementstrategien werden vor allem das Prinzip der lebenslangen Beschäftigung[9], das Bonussystem und das Entlohnungssystem[10] behandelt. Durch das Logistikkonzept „lean production/management" sind die Personalmanagementstrategien zur Verwirklichung von schlanken, wettbewerbsfähigen Unternehmen in den Vordergrund getreten. Zu diesen Strategien zählen „shukko", „bunshaka", „tenzoku", „tenshutsu", „iseki" und „outsourcing". Mit diesen Strategien können einmalige Abfindungen und Entlassungsprämien verbunden sein. Ferner gehört die Beschaffung von Leiharbeitern bei „haken"-Unternehmen in den Kontext der genannten Strategien.

Im folgenden sollen die genannten Strategien zur Verwirklichung schlanker, wettbewerbsfähiger Unternehmen dargestellt werden. Dabei ist auch kurz auf das in Japan praktizierte Bonussystem, die Einstellung der Japaner zur Arbeit sowie die Internationalisierung der japanischen Produktions- und Managementtechniken mittels „goben"-Unternehmen einzugehen.

B. „Shukko" – Eine japanische Personalmanagementstrategie

Unter „shukko" versteht man die zeitlich begrenzte oder zeitlich unbegrenzte befehlsbedingte Abordnung eines Mitarbeiters eines Unternehmens zu einem anderen Unternehmen. Das abordnende Unternehmen soll in diesem Rahmen auch als abordnendes Unternehmen bezeichnet werden, während das andere Unternehmen kooperierendes Unternehmen genannt wird. „Shukko" ist eine Form des Personalaustausches (jinjiido). In Japan unterscheidet man drei Formen des Personalaustausches. Zunächst gibt es den Personalaustausch innerhalb eines Betriebes. Er wird als „haichitenkan" bezeichnet. Dann kennt man in Japan den Personalaustausch zwischen Betrieben. Zu dieser Form des Personalaustausches gehört „shukko" und die später zu behandelnde Strategie „tenshutsu". Schließlich existieren in Japan Mischformen des Personalaustausches, die sowohl einen innerbetrieblichen als auch einen zwischenbetrieblichen Personalaustausch zur Folge haben. In die Gruppe der Mischformen sind die unten darzustellenden Formen des Personalaustausches „iseki" und „tenzoku" einzuordnen.

Shukko und andere japanische Personalmanagementstrategien

„Shukko" wird in Japan nicht nur von Unternehmen, sondern auch von staatlichen Behörden betrieben. Zwischen Herstellern von Endprodukten und Herstellern von Zulieferprodukten spielt „shukko" eine besondere Rolle. „Shukko" erhöht die Personalflexibilität in der Logistikkette. Nach dem Motto „der richtige Mann am richtigen Arbeitsplatz" (the right man in the right place) werden Mitarbeiter von einem Unternehmen in der Logistikkette zu einem anderen abgeordnet, bei dem sie wichtiger sind und somit effektiver und effizienter arbeiten können. Auf diese Weise wird die Arbeitsteilung zwischen den Unternehmen verbessert. Offen bleibt, ob der abgeordnete Mitarbeiter besser gestellt wird.

Die durchaus unterschiedlichen Auslegungen von „shukko" sollen am Beispiel dreier japanischer Unternehmen, Mitsubishi Heavy Industries, Ltd., NEC Corporation und Hitachi, Ltd., veranschaulicht werden. Eine Analyse der Auswirkungen von „shukko" auf die Karriere der betroffenen Beschäftigten hat Nagano[11] vorgelegt. Zur Darstellung der ökonomischen und der Managementauswirkungen sowie der Häufigkeit von „shukko", aufgezeigt am Beispiel von Absolventen der Waseda Universität, wird auf die Arbeit von Futagami/Waragai/Westphal[12] verwiesen.

I. Shukko bei Mitsubishi

Nach Informationen von Mitsubishi Heavy Industries, Ltd. wird „shukko" wie folgt ausgelegt. „Shukko" besteht im wesentlichen aus vier Maßnahmen:

(1) Personalkostensenkung durch Abordnung von Mitarbeitern,
(2) Personalabordnung durch „outsourcing" von betrieblichen Leistungsbereichen wie zum Beispiel der Kantine,
(3) Abordnung von Mitarbeitern zu neu gegründeten Unternehmen und
(4) Weiterqualifizierung der Mitarbeiter durch Abordnung zu anderen Unternehmen.

Die Reduzierung der Personalkosten wird durch die Abordnung von Mitarbeitern von einem Großunternehmen zu kleinen und mittleren Zulieferunternehmen erreicht. Aufgrund des in Japan bestehenden Systems der Unternehmensgewerkschaften ist das Lohnniveau in der Regel bei den Großunternehmen deutlich höher als bei kleinen und mittleren Unternehmen. Die von Großunternehmen abgeordneten Mitarbeiter erhalten bei den kleinen und mittleren Unternehmen weniger Lohn. Die Differenz zwischen dem alten und dem neuen Lohn muß das abordnende Unternehmen bezahlen. So erhalten die abgeordneten Mitarbeiter genau so viel Lohn wie vor der Abordnung. Das abordnende Unternehmen kann seine Lohnkosten senken, da es nur noch die Lohndifferenz zu bezahlen hat. Die Lohnkostenreduzierung wird jedoch nur erreicht, wenn für den abgeordneten Mitarbeiter kein neuer Mitarbeiter gleichen Alters eingestellt und die Arbeit des abgeordneten Mitarbeiters auf die verbleibenden Mitarbeiter verteilt wird. Die Personalkostenreduzierung bewirkt folglich ein schlankes Unternehmen. Damit wird deutlich, daß „shukko" eine Maßnahme im Rahmen des Logistikkonzeptes „lean production/management" ist.

Ein Nachteil der Abordnung von Mitarbeitern im Rahmen der Strategie „shukko" ergibt sich bei inflations- und leistungsbedingten Lohnsteigerungen. Da im unternehmensbezogenen Gewerkschaftssystem die Löhne für die einzelnen Unternehmen und nicht für

Branchen ausgehandelt werden, kann es zu unterschiedlich hohen Lohnsteigerungen bei den einzelnen Unternehmen kommen. Es ist im japanischen System durchaus möglich, daß für das abordnende Großunternehmen z.B. 10 Prozent Lohnsteigerung ausgehandelt werden, während für das kleine oder mittlere Unternehmen, zu dem Mitarbeiter abgeordnet wurden, lediglich 8 Prozent höhere Löhne vereinbart werden. Da die abgeordneten Mitarbeiter die für ihr altes Unternehmen geltende Lohnerhöhung erhalten, werden sie gegenüber ihren Kollegen im kooperierenden Unternehmen, mit denen sie täglich zusammenarbeiten, besser gestellt. Diese Besserstellung der abgeordneten Mitarbeiter wirkt für die anderen Mitarbeiter des kooperierenden Unternehmens demotivierend. In Folge des Gefühls der Schlechterstellung kann es seitens der Stammbelegschaft zu Spannungen mit den zu einem Unternehmen abgeordneten Mitarbeitern kommen. Das Betriebsklima wird negativ beeinflußt, die Kameradschaft und die Zusammenarbeit leiden. Negative Auswirkungen auf den Unternehmenserfolg sind nicht auszuschließen.

Ein weiterer Nachteil ergibt sich hinsichtlich der gewerkschaftlichen Aktivitäten der abgeordneten Mitarbeiter. Die abgeordneten Mitarbeiter gehören, wenn überhaupt, der Gewerkschaft des Unternehmens an, von dem sie abgeordnet wurden. Sie engagieren sich folglich nicht für Lohnerhöhungen und andere gewerkschaftliche Aktivitäten im kooperierenden Unternehmen. Daher entsteht nur ein geringes Einheits- bzw. Einigkeitsgefühl zwischen Stammbelegschaft und den zugeordneten Mitarbeitern.

Die Personalabordnung im Rahmen von „outsourcing" betrieblicher Leistungsbereiche ist eine weitere Maßnahme der Strategie „shukko". Leistungsbereiche, wie zum Beispiel die Betriebspost, die Betriebskantine, der Betriebs- bzw. Werkschutz, die Betriebswohnungen und die Betriebswerkstatt, werden mittels „outsourcing" an andere Unternehmen abgegeben, die sich spezialisiert haben und die Leistung kostengünstiger erbringen. Zu diesen Unternehmen werden anschließend vom outsourcingbetreibenden Unternehmen Mitarbeiter abgeordnet. Dies können die Mitarbeiter sein, die die entsprechenden Tätigkeiten früher beim outsoucingbetreibenden Unternehmen durchgeführt haben. Es können aber durchaus auch andere, fachfremde Mitarbeiter abgeordnet werden.

Die dritte Maßnahme im Rahmen der Strategie „shukko" ist die Gründung von neuen Unternehmen, zu denen dann Mitarbeiter abgeordnet werden. Mitsubishi Heavy Industries, Ltd. hat zum Beispiel neue Unternehmen für den Bau, die Vermietung und den Verkauf von Eigentumswohnungen und Hotels gegründet. Ferner wurden Unternehmen zur Reisevermittlung, zur Züchtung und zum Verkauf von Meeresprodukten, wie Fische, Scrims und Seegras, sowie Druckereien gegründet. Kunden dieser Unternehmen sind vorwiegend die Mitarbeiter von Mitsubishi. Die aufgezählten Unternehmen wurden gegründet, damit Personal zu diesen Unternehmen abgeordnet werden kann. Mitsubishi Heavy Industries, Ltd. zahlt die Lohndifferenzen für die abgeordneten Mitarbeiter und muß zudem eventuelle Verluste abdecken, die bei den neu gegründeten Unternehmen entstehen können. Für die neu gegründeten Unternehmen werden zum Teil auch Arbeitskräfte vom Arbeitsmarkt beschafft. Die Mehrzahl der Mitarbeiter kommt jedoch durch Abordnung zu den Unternehmen.

Als vierte Shukko-Maßnahme wird die Weiterqualifizierung der Mitarbeiter durch Abordnung zu kooperierenden Unternehmen betrieben. Eine Maßnahme, die große Bedeutung hat, da in japanischen Unternehmen in der Regel mehr Generalisten als Spezialisten beschäftigt sind. Die Mitarbeiter werden zu Unternehmen abgeordnet, bei denen sie neue

Erfahrungen und Kenntnisse erwerben können. Es sollen Erfahrungen mit anderen und vor allem neuen Technologien gesammelt werden. Von diesen Erfahrungen kann das abordnende Unternehmen profitieren. Zudem wird es als motivationsfördernd angesehen, wenn Mitarbeiter aus der Routine ihres Stammunternehmens herausgenommen werden und ihren Horizont in anderen Unternehmen erweitern.

II. Shukko bei NEC Corporation

Nach Informationen von NEC Corporation gibt es zwei Formen der Strategie „shukko". Die erste Form bezieht sich auf den Abbau eines Personalmangels im technischen oder im kaufmännischen Bereich eines Partnerunternehmens, während sich die zweite Form generell auf den Personalabbau im eigenen Unternehmen durch Umstrukturierung bzw. Reorganisation erstreckt.

Bei der ersten Form der Strategie „shukko" werden von dem Unternehmen NEC Corporation zum Beispiel Mitarbeiter aus dem technischen Bereich als technische Leiter zu Beteiligungs- und Zulieferunternehmen von NEC Corporation abgeordnet. Aufgabe der abgeordneten Mitarbeiter ist es, bei den Beteiligungs- und Zulieferunternehmen das von NEC Corporation gewünschte „know how" bei der Produktion der Zulieferprodukte durchzusetzen. Auf diese Art und Weise wird der Mangel an technisch qualifizierten Mitarbeitern in den Beteiligungs- und Zulieferunternehmen behoben und gleichzeitig die Qualität der Zulieferprodukte erhöht.

Bei dieser Form der Strategie „shukko" bezahlt das Beteiligungs- bzw. Zulieferunternehmen den gesamten Lohn für den zugeordneten Mitarbeiter, den dieser auch bei dem abordnenden Unternehmen erhalten hätte. Somit besteht keine Lohndifferenz und der abgeordnete Mitarbeiter hat durch die Abordnung keinen Lohnnachteil. Wenn das geplante Ziel, die Durchsetzung eines gewünschten technischen „know how" beim Beteiligungs- bzw. Zulieferunternehmen erreicht ist, wird der abgeordnete Mitarbeiter wieder zu seinem Stammunternehmen zurückbeordert. Die Maßnahme im Rahmen der Strategie „shukko" ist damit beendet.

Eine andere Möglichkeit im Rahmen der ersten Form der Strategie „shukko" ist die Abordnung eines Mitarbeiters aus dem kaufmännischen Bereich des Unternehmens NEC Corporation zu einem Unternehmen das NEC-Produkte verkauft. Der abgeordnete Mitarbeiter wird meistens Verkaufsleiter beim kooperierenden Unternehmen. Seine Aufgabe besteht in der Durchsetzung des entsprechenden „know how", um die NEC-Produkte optimal zu verkaufen. Der abgeordnete Mitarbeiter hat den Mitarbeitern des NEC-Produkte verkaufenden Unternehmens zu vermitteln, wie man die Produkte verkauft. Auch in diesem Fall bezahlt das kooperierende Unternehmen den gesamten Lohn, so daß der abgeordnete Mitarbeiter keinen Lohnnachteil hat. Wenn die verkaufsfördernde Maßnahme abgeschlossen ist, wird der Mitarbeiter wieder zu NEC zurückbeordert. Die Maßnahme im Rahmen der Strategie „shukko" ist damit abgeschlossen, der Mitarbeiter geht in das Stammunternehmen zurück und kann gegebenenfalls wieder zu einem anderen kooperierenden Unternehmen abgeordnet werden, um dort verkaufsfördernd tätig zu werden. Die Maßnahmen im Rahmen der Strategie „shukko" im technischen und kaufmännischen Bereich dauern in der Regel ein bis zwei Jahre.

Die zweite Form der Strategie „shukko" dient dem Personalabbau durch Umstrukturierung. Es werden vorwiegend kurz vor Erreichen der Altersgrenze stehende Mitarbeiter eines Unternehmens zu einem kooperierenden Unternehmen abgeordnet. Eine eventuelle Lohndifferenz trägt das abordnende Unternehmen. Die Maßnahme im Rahmen der Strategie „shukko" dauert in der Regel genau wie bei der ersten Form der Strategie „shukko" ein bis zwei Jahre. Dann gehen die abgeordneten Mitarbeiter in den Ruhestand und die Maßnahme im Rahmen der Strategie „shukko" ist beendet.

III. Shukko bei Hitachi

Nach dem Ende des Zweiten Weltkrieges hat das Unternehmen Hitachi, Ltd. eine Vielzahl neuer Unternehmen gegründet. So wurden im Jahre 1948 die Unternehmen Hitachi Denshi Co., Ltd und Hitachi Koki Co., Ltd. gegründet. Ferner wurden im Rahmen dieses Gründungsprozesses 1949 Hitachi Medical Co., Ltd., 1956 Hitachi Metalls Co., Ltd., 1959 Hitachi Transport Co., Ltd., 1960 Hitachi Maxwell Co., Ltd., Hitachi Credit Co., Ltd. und 1962 Hitachi Cemical Co., Ltd. gegründet. Aus Mangel an Fachkräften mußte die Muttergesellschaft Hitachi, Ltd. ihre neuen Töchter mit Arbeitskräften versorgen. Arbeitskräfte wurden von der Muttergesellschaft zu den Tochtergesellschaften abgeordnet. Auf diese Art und Weise entstand vermutlich spontan und ohne vorherige Planung „shukko". Ansatzpunkt war die Absicht, den neu gegründeten Tochtergesellschaften zu helfen, um das entstandene Arbeitskräfteproblem zu lösen.

Das ursprünglich spontan entstandene „shukko" entwickelte sich mit der Zeit zu einer gängigen Personalmanagementstrategie, in deren Rahmen systematisch Abordnungen von Mitarbeitern innerhalb einer Unternehmensfamilie erfolgen. Die Unternehmensfamilien sind in Japan zum Teil sehr umfangreich. Es gibt außer den erwähnten Mutter- und Tochtergesellschaften auch Enkelunternehmen. Bei den Enkelunternehmen wird ferner zwischen Enkeln erster und zweiter Stufe unterschieden. Ein Enkelunternehmen kann z.B. ein Zulieferunternehmen der Muttergesellschaft sein und muß nicht unbedingt eine Kapitalverflechtung mit dem Mutterunternehmen aufweisen. Eine Unternehmensfamilie kann in Japan durchaus über vier Stufen gebildet werden (vgl. Tab. 1 und Abb. 1). Eine Tochtergesellschaft i.e.S. zeichnet sich durch eine Kapitalbeteiligung der Muttergesellschaft von über 50 Prozent aus. Besteht nur eine Kapitalbeteiligung von unter 50 Prozent, so liegt eine Tochtergesellschaft i.w.S. bzw. eine Beteiligungsgesellschaft vor, die nicht zur Unternehmensfamilie i.e.S., wohl aber zur Verwandtschaft zählt. Es wird zudem zwischen einer Kapitalbeteiligungsgesellschaft und einer Non-Kapitalbeteiligungsgesellschaft unterschieden. Die Non-Kapitalbeteiligungsgesellschaft gehört nicht zur Unternehmensfamilie, sondern zur Bekanntschaft.

IV. Allgemeine Aussagen zu Shukko

Allgemeines Ziel der Strategie „shukko" ist die Stärkung der Leistungsfähigkeit des Unternehmens zu dem die Mitarbeiter abgeordnet werden. Ein zweites Ziel ist die Stärkung der Kooperation (teikei) mit diesem Unternehmen. Das dritte Ziel der Strategie „shukko" ist

Shukko und andere japanische Personalmanagementstrategien

Tab. 1: Struktur einer japanischen Unternehmensfamilie bei Kapitalgesellschaften

Unternehmensstufen	Mitglied der Unternehmensfamilie
1. Stufe	Muttergesellschaft (**OYAGAISHA**)
2. Stufe	Tochtergesellschaft i.e.S. (**KOGAISHA**), über 50 % Kapitalbeteiligung
	Nicht als Mitglied der Unternehmensfamilie i.e.S, aber zur Verwandtschaft zählend: a) Tochtergesellschaft i.w.S. bzw. Beteiligungsgesellschaft (**KANRENGAISHA**), unter 50 % Kapitalbeteiligung (shihon keiretsu) Kein Mitglied der Unternehmensfamilie i.e.S, aber zur Bekanntschaft zählend: b) Non-Kapitalbeteiligungsgesellschaft (**KANRENGAISHA,** hi-shihon keiretsu)
3. Stufe	Enkelunternehmen 1. Stufe (**MAGOGAISHA**)
4. Stufe	Enkelunternehmen 2. Stufe (**HIMAGOGAISHA**)

Quelle: eigene Darstellung

die Steigerung der Leistungsfähigkeit des abgeordneten Mitarbeiters durch Weiter- und Fortbildung im Partnerunternehmen.

„Shukko" basiert auf bestimmten Bedingungen bzw. Dienstvorschriften, die von dem kooperierenden Unternehmen festgelegt werden. Die Bedingungen beziehen sich u.a. auf die Arbeitszeit, den Arbeitsbeginn und das Arbeitsende sowie auf das Arbeitsentgelt und das Wohngeld bzw. den Mietzuschuß. Für die Festlegung des Arbeitsentgeltes gibt es prinzipiell drei Varianten: Einmal die bereits oben beschriebene Variante, daß das abordnende Unternehmen die Lohndifferenz bezahlt und zum anderen die beiden Varianten, gemäß denen das gesamte Arbeitsentgelt jeweils von einem der beiden betroffenen Unternehmen gezahlt wird. Dieses kann das abordnende Unternehmen, aber auch das kooperierende Unternehmen sein. Das abordnende Unternehmen zahlte früher in der Regel und zahlt heute im Ausnahmefall das Arbeitsentgelt, wenn das kooperierende Unternehmen wirtschaftlich nicht sehr leistungsfähig ist und Verluste macht. In diesem Fall kann das kooperierende Unternehmen keine hohen Löhne für qualifizierte Arbeitskräfte bezahlen und das abordnende Unternehmen will dem kooperierenden Unternehmen durch die Abordnung der Arbeitnehmer helfen.

Abb. 1: Beispiel für die Struktur einer japanischen Unternehmensfamilie

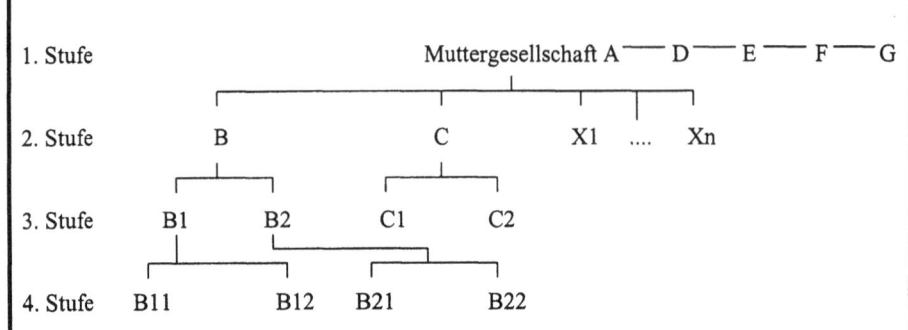

Legende:

A = Muttergesellschaft (oyagaisha) und Abnehmer der Zulieferprodukte, Hersteller des Endproduktes

B = Tochtergesellschaft i.e.S. mit über 50 % Kapitalbeteiligung von A (kogaisha), Zulieferunternehmen von A

B1 = Tochtergesellschaft i.e.S. mit über 50 % Kapitalbeteiligung von B (kogaisha), Zulieferunternehmen von B, Subzulieferunternehmen von A (magogaisha)

B2 = Tochtergesellschaft i.w.S. mit unter 50 % Kapitalbeteiligung von B (kanrengaisha und shihon keiretsugaisha), Zulieferunternehmen von B, Subzulieferunternehmen von A

B11 = Tochtergesellschaft i.e.S. mit über 50 % Kapitalbeteiligung von B1 (kogaisha), Zulieferunternehmen von B1, Subzulieferunternehmen von B (magogaisha), Subsubzulieferunternehmen von A (himagogaisha)

B12 = Tochtergesellschaft i.w.S. mit unter 50 % Kapitalbeteiligung von B1 (kanrengaisha und shihon keiretsugaisha), Zulieferunternehmen von B1, Subzulieferunternehmen von B, Subsubzulieferunternehmen von A (himagogaisha i.w.S.)

B21 = Tochtergesellschaft i.e.S. mit über 50 % Kapitalbeteiligung von B2 (kogaisha), Zulieferunternehmen von B2, Subzulieferunternehmen von B (magogaisha), Subsubzulieferunternehmen von A (himagogaisha)

B22 = Tochtergesellschaft i.w.S. mit unter 50 % Kapitalbeteiligung von B2 (kanrengaisha und shihon keiretsugaisha), Zulieferunternehmen von B2, Subsubzulieferunternehmen von B, Subsubzulieferunternehmen von A (himagogaisha i.w.S.)

Abb. 1: (Fortsetzung)

C = Tochtergesellschaft i.w.S. mit unter 50 % Kapitalbeteiligung von A (kogaisha), Zulieferunternehmen von A

C1 = Tochtergesellschaft i.e.S. mit über 50 % Kapitalbeteiligung von C (kogaisha), Zulieferunternehmen von C, Subzulieferunternehmen von A (magogaisha)

C2 = Tochtergesellschaft i.w.S. mit unter 50 % Kapitalbeteiligung von C (kanrengaisha und shihon keiretsugaisha), Zulieferunternehmen von C, Subzulieferunternehmen von A

X1 ... Xn = Zulieferunternehmen 1 ... n, keine Kapitalbeteiligung von A (kanrengaisha und hi-shihon keiretsugaisha)

D = Muttergesellschaft D (oyagaisha) mit Kapitalbeteiligung von A (kanrengaisha und shihon keiretsugaisha)

E = Muttergesellschaft E (oyagaisha) mit Kapitalbeteiligung von A (kanrengaisha und shihon keiretsugaisha)

F = Muttergesellschaft F (oyagaisha) ohne Kapitalbeteiligung von A (kanrengaisha und hi-shihon keiretsugaisha)

G = Muttergesellschaft G (oyagaisha) ohne Kapitalbeteiligung von A (kanrengaisha und hi-shihon keiretsugaisha)

Quelle: eigene Darstellung

Aufgrund der Wirtschaftslage in den 90er Jahren und der strengen Steuergesetze sowie der stringenten Bedingungen des Abordnungs- und Leiharbeitsgesetzes („haken"-Gesetz) kommt die Variante, daß das abordnende Unternehmen das gesamte Arbeitsentgelt bezahlt, nicht mehr zum Tragen. Diese Form der Bezahlung des Arbeitsentgelts wird nach den japanischen Steuergesetzen als Geschenk von einem Unternehmen an ein anderes Unternehmen behandelt und als solches hoch besteuert.

Daher gibt es heute in der Praxis statt der dargestellten drei prinzipiellen „shukko"-Entgeltvarianten nur noch zwei Varianten:

(1) Das abordnende Unternehmen nimmt für die Abordnung von Arbeitnehmern vom kooperierenden Unternehmen eine Vermittlungs- bzw. Beratungsprovision. Das kooperierende Unternehmen bezahlt den abgeordneten Mitarbeiter.

(2) Das abordnende Unternehmen bezahlt das Arbeitsentgelt bis zu drei Jahren. Nach dieser Zeit gehört der abgeordnete Arbeitnehmer voll zum kooperierenden Unternehmen. Dieses Unternehmen bezahlt dann das volle Arbeitsentgelt. In diesem Fall ist „shukko"

eine Strategie, um das abordnende Unternehmen durch Personalabordnung, einer speziellen Form der Personalfreisetzung, „lean" bzw. schlank zu machen. Diese Strategie kommt seit Beginn der 90er Jahre in Japan häufig zur Anwendung und kann als Maßnahme zur Reorganisation bzw. Umstrukturierung der Unternehmen angesehen werden.

Für die Abordnung eines Mitarbeiters wird zwischen dem abordnenden Unternehmen und dem kooperierenden Unternehmen ein Vertrag geschlossen. In diesem Vertrag wird u.a. die zeitliche Dauer der Abordnung festgelegt. Die Abordnungszeit beträgt für gewerkschaftlich organisierte Arbeitnehmer im allgemeinen ein bis zwei Jahre. Die Anzahl der Arbeitnehmer, die ein Unternehmen abordnen kann und die Dauer für die sie abgeordnet werden können, hängt von dem Beziehungs- bzw. Machtverhältnis (chikarakankei) zwischen Management und Gewerkschaft ab. Abteilungsleiter (kacho) und noch höher gestellte Mitarbeiter, die gemäß japanischer Tradition nicht der Gewerkschaft angehören dürfen, können permanent abgeordnet werden.

Über die Vorteile der Strategie „shukko" gibt es in Japan keine eindeutigen Aussagen. Sicher ist, daß im Rahmen der Strategie „shukko" die Beschäftigung auf Lebenszeit garantiert wird. Dies ist für den Arbeitnehmer ein nicht zu unterschätzender Vorteil. Es ist besser, sich zu einem anderen Unternehmen abordnen zu lassen, als von dem Stammunternehmen freigesetzt und arbeitslos zu werden. Eine Freisetzung würde eintreten, wenn der Arbeitnehmer eine Abordnung nicht akzeptiert. Da japanische Arbeitnehmer aber das Ziel verfolgen, möglichst lange im Leben zu arbeiten, akzeptieren sie im allgemeinen Abordnungen. Auch die Gewerkschaften widersprechen daher Abordnungen nicht, wenn sie vorher inoffiziell angekündigt wurden.

Um die Vor- und Nachteile der Strategie „shukko" beurteilen zu können, soll auf zwei Fallbeispiele zurückgegriffen werden. Im ersten Fall erfolgt die Abordnung eines Arbeitnehmers von einem Großunternehmen zu einem kleineren oder mittleren Unternehmen, an dem das Großunternehmen eine Kapitalbeteiligung hat. Im zweiten Fall wird die Abordnung des Arbeitnehmers zu einem kleinen oder mittleren Unternehmen vorgenommen, an dem das Großunternehmen nicht beteiligt ist. Im ersten Fall ist die Abordnung des Arbeitnehmers in der Regel unproblematisch, da das abordnende Unternehmen Einfluß auf das kooperierende Unternehmen ausüben kann. Im zweiten Fall besteht hingegen kein förmliches Beziehungsverhältnis zwischen den beiden Unternehmen, so daß der abgeordnete Arbeitnehmer ein ganz neues Beziehungsverhältnis zum kooperierenden Unternehmen und dessen Mitarbeiter aufbauen muß. Dies gelingt nicht in jedem Fall, da der abgeordnete Arbeitnehmer nicht mit der gleichen positiven Einstellung in das neue Unternehmen wechselt wie im ersten Fall. Im ersten Fall kann eine positive Grundeinstellung des Arbeitnehmers unterstellt werden, da er weiß, daß er zu einem abhängigen Unternehmen wechselt.

C. Weitere Strategien zum Personalabbau in japanischen Unternehmen

Außer der Strategie „shukko" gibt es in Japan noch weitere Personalmanagementstrategien, die zum Personalabbau genutzt werden. Dieses sind die Strategien „bunshaka", „tenzoku", „tenshutsu", „iseki" und „outsourcing", auf die im folgenden näher eingegangen werden soll.

Unter „bunshaka" verstehen die Japaner die Ausgliederung einer Unternehmensabteilung bzw. -sparte, die ständig Verluste macht, durch Gründung eines eigenen Unternehmens. Auf diese Weise trennt sich das alte Unternehmen von allen Mitarbeitern der entsprechenden Abteilung bzw. Sparte. Die Mitarbeiter werden zum Teil freigesetzt und zum Teil in das neue Unternehmen abgeordnet.

Die freigesetzten Mitarbeiter erhalten eine einmalige Abfindung bzw. ein Entlassungsgeld (taishokukin) und eine zusätzliche Entlassungsprämie (premiamu). Die einmalige Abfindung beträgt z.B. bei einer Zugehörigkeit zum Unternehmen von 10 Jahren im allgemeinen zwischen zehn und vierzehn Monatsgrundgehältern. Die Höhe der einmaligen Abfindung steigt mit der Dauer der Zugehörigkeit zum Unternehmen. Die Anzahl der einem Mitarbeiter zustehenden Monatsgrundgehälter ist aus einer von der Personalabteilung eines Unternehmens geführten Liste (taishoku ichijikin) zu entnehmen. Diese Liste gilt im allgemeinen für die Mitarbeiter auf allen Unternehmensebenen. In einigen Unternehmen existieren eigene Listen für das Top-Management. Eine allgemeine Liste für ein Beispielunternehmen, das aus Datenschutzgründen als Beispielunternehmen Japan (BUJ) bezeichnet wird, ist im Anhang in Tabelle 3 dargestellt.

Die Liste zeigt, daß eine einmalige Abfindung ab einer Betriebszugehörigkeit von einem Jahr gezahlt wird. Die Höhe der Abfindung in Monatsgrundgehältern, also Monatsgehältern ohne Zulagen, steigt bis zu einer Betriebszugehörigkeit von 38 Jahren. Längere Betriebszugehörigkeitszeiten erhöhen die Abfindung nicht mehr. Tabelle 3 gilt für Personalabbau und Entlassung aufgrund betrieblicher Umstrukturierungsmaßnahmen im Rahmen der Strategie „bunshaka". Zudem gilt Tab. 3 für einmalige Abfindungen bei betrieblich verursachter Arbeitsunfähigkeit.

Ähnliche Listen werden in japanischen Unternehmen für einmalige Abfindungen bei außerbetrieblich verursachter Arbeitsunfähigkeit, Altersschwäche, Tod, unehrenhafter Entlassung und Erreichen der Altersgrenze von 60 Jahren (Tab. 2) sowie bei einmaligen Abfindungen im Falle freiwilliger Kündigung des Arbeitnehmers (Tab. 4) angewandt.

Ein graphischer Vergleich der Höhen der einmaligen Abfindungen gemäß Tab. 2, 3 und 4 zeigt (vgl. Abb. 2), daß die Abfindungen gemäß Tab. 3, also bei betrieblich verursachter Arbeitsunfähigkeit, Personalabbau und Entlassung aufgrund betrieblicher Umstrukturierungsmaßnahmen, für alle Betriebszugehörigkeitsstufen höher sind als die Abfindungen gemäß Tab. 2 und 4. Die Abfindungen gemäß Tab. 2, also bei außerbetrieblich verursachter Arbeitsunfähigkeit, Altersschwäche, Tod, unehrenhafter Entlassung und Erreichen der Altersgrenze, liegen nur für die ersten 15 Betriebszugehörigkeitsstufen leicht höher als die gemäß Tab. 4 bei freiwilliger Kündigung des Arbeitnehmers. Für die restlichen Betriebszugehörigkeitsstufen sind die Abfindungen gemäß Tab. 2 und 4 gleich hoch.

Die Höhe der Entlassungsprämie richtet sich ebenfalls nach der Dauer der Zugehörigkeit zum Unternehmen. Ein Mitarbeiter, der weniger als 10 Jahre dem Unternehmen angehörte, bekommt z.B. eine Entlassungsprämie in Höhe von 3 Mio. Yen. Mitarbeiter, die zwischen 10 und 29 Jahre im Unternehmen gearbeitet haben, erhalten z.B. 2 Mio. Yen Prämie, während Mitarbeitern, die 30 und mehr Jahre im Unternehmen tätig waren, z.B. 1 Mio. Yen Entlassungsprämie zusteht. Die zu einem neuen Unternehmen wechselnden Mitarbeiter erhalten keine Abfindung und keine Prämie.

Tab. 2: Höhe der einmaligen Abfindung bei außerbetrieblich verursachter Arbeitsunfähigkeit, Altersschwäche, Tod, unehrenhafter Entlassung und Erreichen der Altersgrenze

Betriebszugehörigkeit in Jahren	Auszahlungsrate in Monatsgrundgehältern	Betriebszugehörigkeit in Jahren	Auszahlungsrate in Monatsgrundgehältern	Betriebszugehörigkeit in Jahren	Auszahlungsrate in Monatsgrundgehältern
1	0,00	16	18,50	31	43,00
2	1,00	17	20,00	32	44,50
3	2,00	18	21,50	33	46,00
4	3,00	19	23,00	34	47,50
5	4,00	20	24,50	35	49,00
6	5,20	21	26,10	36	50,40
7	6,40	22	27,70	37	51,80
8	7,60	23	29,30	38	53,20
9	8,80	24	30,90	39	54,60
10	10,00	25	32,50	40	56,00
11	11,40	26	34,30	41	56,80
12	12,80	27	36,10	42	57,60
13	14,20	28	37,90	43	58,40
14	15,60	29	39,70	44	59,20
15	17,00	30	41,50	45	60,00

Quelle: Dienstanweisungen von 1963 in der verbesserten Fassung von 1966 (für das Beispielunternehmen BUJ), S. 603

An diesem Abfindungs- und Prämiensystem zeigt sich eine besondere soziale Einstellung der Japaner. Die Abfindung richtet sich nach der Leistung, die ein Arbeitnehmer für das Unternehmen über die Jahre erbracht hat. Die Prämie hingegen versucht die soziale Härte der Entlassung, die für Arbeitnehmer, die noch nicht solange zum Unternehmen gehören und in der Regel jüngere Arbeitnehmer sind, größer sein kann als für langjährige

Tab. 3: Höhe der einmaligen Abfindung bei betrieblich verursachter Arbeitsunfähigkeit, Personalabbau und Entlassung aufgrund betrieblicher Umstrukturierungsmaßnahmen

Betriebszugehörigkeit in Jahren	Auszahlungsrate in Monatsgrundgehältern	Betriebszugehörigkeit in Jahren	Auszahlungsrate in Monatsgrundgehältern	Betriebszugehörigkeit in Jahren	Auszahlungsrate in Monatsgrundgehältern
1	1,00	16	24,05	31	50,31
2	1,60	17	26,00	32	52,07
3	3,20	18	27,95	33	53,83
4	4,80	19	29,90	34	55,59
5	6,00	20	30,63	35	56,35
6	7,80	21	32,63	36	57,96
7	9,60	22	34,63	37	59,57
8	11,40	23	36,63	38	60,00
9	13,20	24	38,63	39	60,00
10	14,00	25	39,00	40	60,00
11	15,96	26	41,16	41	60,00
12	17,92	27	43,32	42	60,00
13	19,88	28	45,48	43	60,00
14	21,84	29	47,64	44	60,00
15	22,10	30	48,55	45	60,00

Quelle: Dienstanweisungen von 1963 in der verbesserten Fassung von 1966 (für das Beispielunternehmen BUJ), S. 604

Mitarbeiter, die entsprechend ihrem höheren Lebensalter bis zum Renten- bzw. Pensionsalter im Normalfall nicht mehr solange arbeitslos sein können.

Unter „tenzoku" versteht man in Japan die zwangsweise Versetzung eines Arbeitnehmers von einem Unternehmen zu einem kooperierenden Unternehmen. Voraussetzung ist, daß die beiden Unternehmen eine Geschäftsbeziehung unterhalten, die über eine normale

Tab. 4: Höhe der einmaligen Abfindung bei freiwilliger Kündigung des Arbeitnehmers

Betriebszugehörigkeit in Jahren	Auszahlungsrate in Monatsgrundgehältern	Betriebszugehörigkeit in Jahren	Auszahlungsrate in Monatsgrundgehältern	Betriebszugehörigkeit in Jahren	Auszahlungsrate in Monatsgrundgehältern
1	0,00	16	18,50	31	43,00
2	0,60	17	20,00	32	44,50
3	1,40	18	21,50	33	46,00
4	2,10	19	23,00	34	47,50
5	3,20	20	24,50	35	49,00
6	4,16	21	26,10	36	50,40
7	5,76	22	27,70	37	51,80
8	6,84	23	29,30	38	53,20
9	7,92	24	30,90	39	54,60
10	9,50	25	32,50	40	56,00
11	10,83	26	34,30	41	56,80
12	12,16	27	36,10	42	57,60
13	13,49	28	37,90	43	58,40
14	14,82	29	39,70	44	59,20
15	17,00	30	41,50	45	60,00

Quelle: Dienstanweisungen von 1963 in der verbesserten Fassung von 1966 (für das Beispielunternehmen BUJ), S. 605

Geschäftsbeziehung hinausgeht und auf einer Kapitalverflechtung beruht. Im Fall der Versetzung steht dem Arbeitnehmer eine einmalige Abfindung bzw. ein Entlassungsgeld zu. Die Höhe bemißt sich nach einer von der Personalabteilung des Unternehmens, das den Arbeitnehmer versetzt, geführten Liste. Eine solche Liste ist für ein Beispielunternehmen (BUJ) in Tab. 3 dargestellt. Eine besondere Regelung gilt für Arbeitnehmer, die bei der Versetzung bereits ein bestimmtes Alter erreicht haben. Diese Altersgrenze ist für

Abb. 2: Vergleich der Höhe der Abfindungen gemäß Tab. 2–4

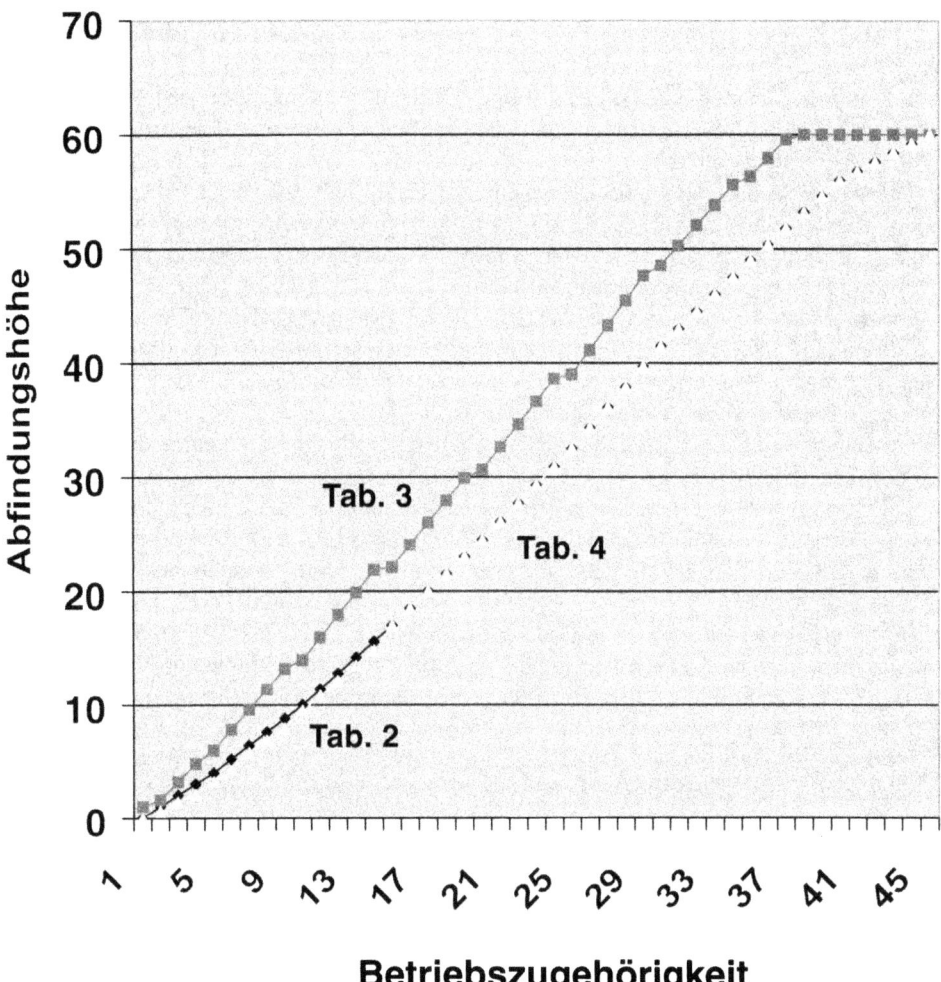

Quelle: Tab. 2–4

die einzelnen Unternehmen unterschiedlich festgelegt. Zum Beispiel kann für einen Arbeitnehmer, der bei der Versetzung bereits 56 Jahre alt ist, für die Berechnung der einmaligen Abfindung ein Alter von 60 Jahren unterstellt werden. Für diesen Arbeitnehmer, der zum Zeitpunkt der Versetzung 56 Jahre alt ist und zum Beispiel mit 20 Jahren in das Unternehmen eingetreten ist, heißt das, daß für ihn für die Berechnung der Abfindung nicht eine Unternehmenszugehörigkeit von 36 Jahren, sondern eine von 40 Jahren herangezogen wird. Gemäß Tab. 3 ergibt sich somit eine einmalige Abfindung in Höhe von

60,00 Monatsgrundgehältern, statt in Höhe von 57,96 Monatsgrundgehältern. Zu dieser einmaligen Abfindung bezahlt das alte Unternehmen des versetzten Arbeitnehmers noch vier Jahre eine eventuell gegenüber dem neuen Unternehmen bestehende Lohndifferenz.

Bei „tenzoku" handelt es sich um eine Form des „lean"-Personalmanagements, mit dem das versetzende Unternehmen gezielt kurzfristigen Personalabbau und mittelfristige Lohnkostenreduzierung betreibt.

Eine weitere japanische Personalmanagementstrategie heißt „tenshutsu". Dabei handelt es sich ebenfalls um eine zwangsweise Versetzung von Arbeitnehmern von einem Unternehmen zu einem kooperierenden Unternehmen. Allerdings besteht anders als bei der Strategie „tenzoku" zwischen den beiden betroffenen Unternehmen keine Kapitalverflechtung und auch keine übliche Geschäftsbeziehung. Die Beziehung zwischen den beiden Unternehmen ist auf die Versetzung von Arbeitnehmern beschränkt. Bei einer Versetzung im Rahmen der Strategie „tenshutsu" erhält der versetzte Arbeitnehmer eine einmalige Abfindung zum Beispiel gemäß Tab. 3 und eine Entlassungsprämie. Ferner bezahlt das alte Unternehmen vier Jahre lang die eventuell gegenüber dem neuen Unternehmen bestehende Lohndifferenz.

Wenn ein Arbeitnehmer mit einer Versetzung im Rahmen von „tenzoku" oder „tenshutsu" nicht einverstanden ist, kommt es zur Entlassung (kaiko). Der Arbeitnehmer wird von seinem Unternehmen freigesetzt und erhält eine einmalige Abfindung und eine Entlassungsprämie.

Bei Entlassungen aufgrund von wiederholtem Fehlverhalten nach vorheriger Verwarnung des Arbeitnehmers können die einmalige Abfindung und die Entlassungsprämie bis zu 100 Prozent reduziert werden. Die genaue Regelung, um wieviel Prozent die Abfindung und die Entlassungsprämie gekürzt werden, wird entsprechend den jeweiligen Umständen von der Personalabteilung eines Unternehmens von Fall zu Fall festgelegt. Als Fehlverhalten eines Arbeitnehmers gelten vor allem die unentschuldigte Abwesenheit vom Arbeitsplatz (kekkin) zum Beispiel bei Krankheit, häufig zu später Arbeitsantritt und kriminelle Delikte.

Die Zurückversetzung und die Zurückabordnung von Arbeitskräften zu ihrem Stammunternehmen wird als „iseki" bezeichnet. Diese Strategie kommt zum Tragen, wenn das Unternehmen zu dem die Arbeitskräfte versetzt bzw. abgeordnet wurden, in Konkurs bzw. Insolvenz geht. Lehnt das Stammunternehmen die Strategie ab, werden die Arbeitskräfte entlassen. Sie erhalten dann eine einmalige Abfindung und eine Entlassungsprämie.

Des weiteren wird in Japan Personalabbau über „outsourcing" betrieben. Bestimmte Tätigkeiten werden aus Unternehmen ausgegliedert und anderen Unternehmen übertragen. Früher wurden u.a. Werks- bzw. Betriebskantinen ausgegliedert (s.o.); heute werden vor allem Computerabteilungen aus den Unternehmen herausgelöst. Die enormen Investitionskosten für Computeranlagen und die Folgekosten für Personal, Unterhalt und Wartung sowie die rasche technologische Veraltung der Anlagen, veranlassen in Japan viele Unternehmen, ihre Computerabteilung wieder aufzulösen. Die entsprechenden Tätigkeiten werden anderen spezialisierten Unternehmen übertragen, die die Tätigkeiten kostengünstiger durchführen können. Mit dem „outsourcing" ist zwangsläufig ein Personalabbau verbunden. Ziel der outsourcingbetreibenden Unternehmen ist vor allem die Senkung der Fixkosten.

> Shukko und andere japanische Personalmanagementstrategien

D. Die Beschaffung von Leiharbeitskräften bei „haken"-Unternehmen

Um keinen großen Personalbestand aufzubauen, ist in Japan bei vielen Unternehmen die Beschäftigung von Leiharbeitern populär. Für die Leiharbeit (haken) haben sich spezielle Unternehmen herausgebildet, die als Leiharbeitsunternehmen (hakengaisha) bezeichnet werden. Sie verleihen Personal mit speziellen Qualifikationen für einen befristeten Zeitraum an Unternehmen. Ziel dieser Form der Beschäftigung ist die Personalreduzierung und Personalkostensenkung bei den Unternehmen, die die Arbeitskräfte leihen. Auf diese Art und Weise werden nicht nur Lohnkosten gesenkt, sondern auch die Kosten für die einmalige Abfindung und die Entlassungsprämie. Den Leiharbeitern stehen keine einmaligen Abfindungen und keine Entlassungsprämien zu. Zudem entstehen keine Kosten für den Unternehmensanteil an der Kranken-, Renten- bzw. Pensions- und Arbeitslosenversicherung. Das personalleihende Unternehmen beschafft sich also kurzfristig und zeitlich begrenzt Mitarbeiter für die es keine Folgeverpflichtungen übernimmt wie für reguläre Arbeitskräfte. Die Verträge für Leiharbeiter laufen nur über sechs Monate ohne Verlängerung. Nach den sechs Monaten kann allerdings ein neuer Vertrag geschlossen werden. Dies setzt voraus, daß sich der Leiharbeiter bewährt hat.

Für die arbeitskräfteleihenden Unternehmen hat die Leiharbeit den Vorteil, daß Leiharbeitskräfte leicht und kurzfristig entlassen werden können, da die Verträge nur kurzfristig laufen. Zudem können Arbeitskräfte getestet werden, bevor sie in ein reguläres Dauerarbeitsverhältnis übernommen werden. Ein Nachteil der Leiharbeit ist die geringe Personaldecke, eine kleine Stammbelegschaft mit Bindung an das Unternehmen und der Identifizierung mit den Zielen des Unternehmens. In vielen Fällen ist ein mangelhaftes Bindungsgefühl an das entsprechende Unternehmen nicht zu vermeiden. Die Unternehmensgewerkschaften argumentieren meistens gegen die Beschäftigung von Leiharbeitern.

Das „haken"-Unternehmen verfolgt übliche Gewinnziele, die durch in Rechnung stellen einer Vermittlungsprovision erreicht werden. Die Unternehmen registrieren möglichst viele Arbeitnehmer, vor allem mit speziellen Qualifikationen, wie Computerexperten, Hubschrauberpiloten, Babysitter, Medizinstudenten etc., ohne Verpflichtungen einzugehen. Die Mehrzahl der bei „haken"-Unternehmen registrierten Arbeitskräfte sind weiblich.

Die Leiharbeitnehmer melden sich bei den „haken"-Unternehmen und arbeiten als Leiharbeitskräfte, da es in Japan zur Zeit schwierig ist, ein festes Arbeitsverhältnis zu finden. Für viele Arbeitnehmer ist Leiharbeit eine Alternative, die auf jeden Fall besser ist als Arbeitslosigkeit.

E. Das japanische Bonussystem

In japanischen Unternehmen wird seit langem für die Entlohnung der Arbeitskräfte ein Bonussystem[13] angewendet. Neben dem monatlichen Grundentgelt, das für zwölf Monate ausgezahlt wird, gibt es einen jährlichen Bonus, der sich nach dem wirtschaftlichen Erfolg des jeweiligen Unternehmens richtet. Dieser Bonus kommt in der Regel in Raten zur Auszahlung. Eine Rate wird im Sommer, zwischen Juni und Juli, ausgezahlt. Die andere Rate kommt Mitte Dezember zur Auszahlung.

Tab. 5: Jährlicher Bonus bei japanischen Großunternehmen 1999 und 2000

Unternehmen	Jährlicher Bonus in monatlichen Grundentgelten plus Familienzuschuß oder YEN	
	1999	2000
1. Toyota Motor Corporation	5,9	5,9
2. Nissan Motor Co., Ltd.	4,01	4,0
3. Honda Motor Co., Ltd.	6,3	6,2
4. Mitsubishi Motor Co., Ltd.	4,2	4,0
5. Mazda Motor Corporation	5,0	5,02
6. Nippon-Steel Corporation	1.340.000 Yen	1.340.000 Yen
7. Sumitomo Metall Industries, Ltd.	1.280.000 Yen	1.000.000 Yen
8. Kawasaki Steel Corporation	1.280.000 Yen	1.300.000 Yen
9. NKK Corporation	1.210.000 Yen	1.210.000 Yen
10. Kobe Steel, Ltd.	1.030.000 Yen	1.030.000 Yen
11. Mitsubishi Heavy Industries, Ltd.	640.000 Yen plus 3,5	430.000 Yen plus 3,5
12. Kawasaki Heavy Industries, Ltd.	450.000 Yen plus 3,5	250.000 Yen plus 3,5
13. Ishikawajima-Harima Heavy Industries Co, Ltd.	450.000 Yen plus 3,5	250.000 Yen plus 3,5
14. Hitachi-Zosen Corporation (Werft)	3,5	1.000.000 Yen
15. Mitsui-Engeering & Shipbuilding Co., Ltd.	700.000 Yen	-
16. Sumitomo Heavy Industries, Ltd.	420.000 Yen plus 3,5	430.000 Yen plus 3,5
17. Hitachi, Ltd.	4,3	4,6
18. Mitsubishi Electronic Corporation	4,2	4,55

–: Wert noch nicht bekanntgegeben
Quelle: eigene Darstellung nach Asahi-Zeitung (europäische Ausgabe) vom 16. März 2000, S. 15

Tab. 6: Veränderung des jährlichen Bonus bei japanischen Großunternehmen 1999 auf 2000

Unternehmen	Veränderung des jährlichen Bonus von 1999 auf 2000 in Prozent
1. Toyota Motor Corporation	± 0,00
2. Nissan Motor Co., Ltd.	- 0,25
3. Honda Motor Co., Ltd.	- 1,59
4. Mitsubishi Motor Co., Ltd.	- 4,76
5. Mazda Motor Corporation	+ 4,00
6. Nippon-Steel Corporation	± 0,00
7. Sumitomo Metall Industries, Ltd.	- 21,87
8. Kawasaki Steel Corporation	+ 1,56
9. NKK Corporation	± 0,00
10. Kobe Steel, Ltd.	± 0,00
11. Mitsubishi Heavy Industries, Ltd.	- 32,81
12. Kawasaki Heavy Industries, Ltd.	- 44,44
13. Ishikawajima-Harima Heavy Industries Co, Ltd.	- 44,44
14. Hitachi-Zosen Corporation (Werft)	?
15. Mitsui-Engeering & Shipbuilding Co., Ltd.	?
16. Sumitomo Heavy Industries, Ltd.	+ 2, 38
17. Hitachi, Ltd.	+ 6,98
18. Mitsubishi Electronic Corporation	+ 8,33

? = keine Berechnung möglich
Quelle: eigene Berechnungen nach Tab. 5

In Tab. 5 ist die Höhe des jährlichen Bonusses für die Jahre 1999 und 2000 dargestellt, die bei ausgewählten japanischen Großunternehmen zur Anwendung kommt. Die Bonushöhe wird in der Anzahl der monatlichen Grundentgelte plus Familienzuschuß, in Yen oder in Yen plus der Anzahl der monatlichen Grundentgelte plus Familienzuschuß ausgewiesen.

Tab. 7: Veränderungen der Bonushöhe bei ausgewählten japanischen Großunternehmen von 1999 auf 2000

Veränderungen der Bonushöhe	Anzahl der Unternehmen nach Tab. 6
+ 100 Prozent	0
mehr als + 10, aber weniger als + 100 Prozent	0
mehr als + 0, aber weniger als + 10 Prozent	5
± 0 Prozent	4
mehr als – 0, aber weniger als – 10 Prozent	4
mehr als – 10, aber weniger als – 100 Prozent	3
– 100 Prozent	0
keine Angabe möglich	2
Summe	18

Quelle: eigene Berechnungen nach Tab. 6

In Tab. 6 sind die Veränderungen der Bonuszahlungen von 1999 auf 2000 für ausgewählte japanische Großunternehmen ausgewiesen. Die Veränderungen spiegeln die wirtschaftliche Situation der Großunternehmen wider. Eine Auswertung der in Tab. 6 dargestellten Veränderungen der Bonushöhen zeigt Tab. 7. Danach haben nur fünf der in Tab. 5 und 6 berücksichtigten japanischen Großunternehmen die Bonuszahlungen im Jahre 2000 gegenüber 1999 erhöht. Die Erhöhung liegt zudem unter 10 Prozent. Vier Unternehmen haben keine Veränderung der Bonushöhe vorgenommen. Demgegenüber haben acht Unternehmen die Bonushöhe deutlich abgesenkt. Drei Unternehmen haben den Bonus bis zu 10 Prozent gesenkt und vier Unternehmen senkten den Bonus um über 10 Prozent. Für zwei Unternehmen können keine Aussagen hinsichtlich der Veränderung der Bonushöhe gemacht werden.

Die sehr unterschiedliche Veränderung der Bonushöhe von 1999 auf 2000 bei den ausgewählten 18 japanischen Großunternehmen zeigt, daß die verschiedenen Branchen in der aktuellen Wirtschaftslage unterschiedlich dastehen. Die Werftindustrie, die Schwer- und die Metallindustrie haben den jährlichen Bonus am stärksten gesenkt. Von dieser Tendenz der Reduzierung der Bonuszahlungen gibt es allerdings einige Ausnahmen. Mehrere Unternehmen der genannten Wirtschaftszweige haben die Bonuszahlungen leicht erhöht. Bei der Autoindustrie zeigen sich nur leichte Reduzierungen der Bonuszahlungen. Auch in diesem Wirtschaftsbereich gibt es ein Unternehmen, das eine leichte Erhöhung der

Bonuszahlungen vorgenommen hat. Insgesamt zeigt sich somit über die 18 betrachteten japanischen Großunternehmen keine einheitliche Entwicklung der Bonuszahlungen. Entsprechende Rückschlüsse auf unterschiedliche Entwicklungen des wirtschaftlichen Erfolges der Unternehmen und auch der Wirtschaftsbereiche drängen sich auf.

F. Schlußbemerkungen

Die behandelten japanischen Personalmanagementstrategien zur Verwirklichung schlanker, wettbewerbsfähiger Unternehmen stellen einen Bruch mit dem traditionellen japanischen Prinzip der lebenslangen Beschäftigung dar. Sie haben sich allerdings in der Wirtschaftssituation der neunziger Jahre als unbeliebter, aber notwendiger Ausweg (nigemichi) durchgesetzt, um die Wettbewerbsfähigkeit der japanischen Unternehmen und lebenslange Arbeitsplätze für den größeren Teil der Beschäftigten zu sichern. Man kann davon ausgehen, daß für etwa 80 Prozent der Beschäftigten auch heute noch ein lebenslanger Arbeitsplatz zur Verfügung steht, während rund 20 Prozent der Beschäftigten von einem Arbeitsplatzwechsel betroffen sind.

Die Personalmanagementstrategien stehen aber auch gegen das Leistungs- und Treueverhalten, das die japanischen Beschäftigten gegenüber ihren Unternehmen verwirklichen. Das Leistungs- und Treueverhalten der japanischen Beschäftigten wird vor allem durch vier Systeme bzw. Prinzipien bewirkt. Dies sind das Prinzip der lebenslangen Beschäftigung, das Bonussystem, das Lohnsystem mit einer Rangordnung nach dem Alter und das System der einmaligen Abfindung und der Entlassungsprämien.

Insbesondere das System der einmaligen Abfindung und der Entlassungsprämien bewirkt eine Beharrungstendenz bzw. Treue zum Unternehmen, da ein freiwilliger Arbeitsplatzwechsel, um einen höheren Lohn zu erzielen, für japanische Beschäftigte wenig attraktiv ist. Durch einen Arbeitsplatzwechsel gehen Jahre in der Unternehmenszugehörigkeit verloren und die spätere einmalige Abfindung bzw. Entlassungprämie wird automatisch geringer. Unter japanischen Beschäftigten hat daher das englische Sprichwort „a rolling stone gathers no moss" große Bedeutung. Das Bonussystem steigert die Arbeitsintensität der japanischen Arbeitnehmer, da sie gemäß dem Rationalprinzip bestrebt sind, einen möglichst hohen Bonus zu erzielen. Das Bonussystem wirkt also als Stimulativ. Das Prinzip der Beschäftigung auf Lebenszeit und das Lohnsystem mit der Rangordnung nach dem Alter erhalten die Motivation der japanischen Arbeitnehmer zudem auf Dauer.

Alle vier Prinzipien bzw. Systeme verdeutlichen eine besondere Einstellung der Japaner zur Arbeit, die als Basis ihres wirtschaftlichen Erfolges anzusehen ist. Für Japaner ist Arbeit ein Lebenszweck. Sie finden Erfüllung und Lebensfreude in der Arbeit und gelten daher als fleißige Arbeitsbienen bzw. als „workaholics". Die Einstellung der Japaner zur Arbeit weicht von der von Adam Smith beschriebenen Einstellung zur Arbeit ab. Smith beschrieb die Arbeit als ersten, ursprünglichen und wirklichen Preis der Güter, die man sich durch „Mühe und Beschwerde" (toil and trouble), durch Anstrengung des eigenen Körpers verschafft.[14] Diese Beschreibung läßt keine Spur von Lebenserfüllung und Lebensfreude erkennen.

Die Japaner haben ihre Produktionsmethoden durch die Gründung japanisch-ausländischer Handelsunternehmen, „goben"-Unternehmen[15], („gobengaisha", joint venture, venture business) in viele Länder transferiert. Der Transfer ihrer Managementstrategien und ihrer Einstellung zur Arbeit konnte nicht in gleichem Maße erfolgen.

Anmerkungen

1 Vgl. Ohno, T. (1973): Toyota Seisan Hoshiki (Die Produktionsmethode Toyotas), Daiyamondo-Verlag, Tokio; Witte, H. (2000): Allgemeine Betriebswirtschaftslehre, München, Wien, S. 8–18.
2 Vgl. Womack, J. P.; Jones, D. T.; Roos, D. (1990): The Machine that Changed the World, New York; Witte, H. (2000): Allgemeine Betriebswirtschaftslehre, München, Wien, S. 18–22.
3 Vgl. u.a. Ishikawa, K. (1982): Quality Control in Japan, in: Zeitschrift für Betriebswirtschaft, 52. Jg., S. 1104–1107; Ishikawa, K. (1985): What is Total Quality Control, Englewoods Cliffs (N. J.); Deming, W. (1986): Out of the Crisis: Quality, Productivity and Competitive Position, Cambridge (Mass.); Albach, H. (1990): Japanischer Geist und internationaler Wettbewerb, in: Zeitschrift für Betriebswirtschaft, 60. Jg., S. 369–382, hier S. 374.
4 Imai, M. (1994): Kaizen. Der Schlüssel zum Erfolg der Japaner im Wettbewerb, 5. Aufl., Berlin, Frankfurt/M.
5 Vgl. u.a. Gerlach, M. L. (1992): Alliance Capitalism. The Social Organization of Japanese Business, Berkeley, Los Angeles, Oxford, insbes. S. 160–201; Albach, H. (1992): Strategische Allianzen, strategische Gruppen und strategische Familien, in: Zeitschrift für Betriebswirtschaft, 62. Jg., S. 663–670, hier S. 668 f.; Imai, K.; Komiya, R. (ed.) (1994): Business Enterprise in Japan: Views of Leading Japanese Economists, Cambridge (Mass.), London, S. 1–15.
6 Vgl. Kubota, H.; Witte, H. (1990): Strukturvergleich des Zulieferwesens in Japan und in der Bundesrepublik Deutschland, in: Zeitschrift für Betriebswirtschaft, 60. Jg., S. 383–406.
7 Vgl. Aoki, M.; Dore, R. (ed.) (1996): The Japanese Firm. Sources of Competitive Strength, Oxford; Aoki, M. (1996): The Japanese Firm as a System of Attributes: A Survey and Research Agenda, in: Aoki, M.; Dore, R. (ed.): The Japanese Firm. Sources of Competitive Strength, Oxford, S. 11–40; Koike, K. (1996): Learning and Incentive Systems in Japanese Industry, in: Aoki, M.; Dore, R. (ed.): The Japanese Firm. Sources of Competitive Strength, Oxford, S. 41–65.
8 Vgl. u.a. Itoh, H. (1996): Japanese Human Resource Management from the Viewpoint of Incentive Theory, in: Aoki, M.; Dore, R. (ed.): The Japanese Firm. Sources of Competitive Strength, Oxford, S. 233–264.
9 Vgl. Hashimoto, M. (1979): Bonus Payments, on-the-Job Training and Lifetime Employment in Japan, in: Journal of Political Economy, Vol. 87, S. 1086–1104; Hashimoto, M. (1981): Firm-Specific Human Capital as a Shared Investment, in: American Economic Review, Vol. 71, S. 475–482.
10 Vgl. Hashimoto, M. (1990): Employment and Wage Systems in Japan and Their Implications for Productivity, in: Blinder, A. S. (ed.): Paying for Productivity: A Look at the Evidence, Washington (D.C.), S. 245–294.
11 Vgl. Nagano, H. (1993): Genka no kigyô gurûpu nai jinzai idô: Shukko no tenbô to taisaku (The [Career] Movements of Talented Employees in Present Corporate Groupings – Prospects for and Counter-Measures Through Skukko), in: Seikei-Ronsô (The Review of Economics and Political Science), Vol. 61, No. 5–6, S. 191–213.
12 Vgl. Futagami, S.; Waragai, T.; Westphal, T. (1998): Shukko in Japanese Companies and its Economic and Managerial Effects, Diskussionspapier FS IV 98-5, Wissenschaftszentrum Berlin, Berlin.
13 Vgl. Hashimoto, M. (1979): Bonus Payments, on-the-Job Training, and Lifetime Employment in Japan, in: Journal of Political Economy, Vol. 87, S. 1086–1104; Ohashi, I. (1994): On the Determinants of Bonuses and Basic Wages in Large Japanese Firms, in: Imai, K.; Komiya, R. (ed.): Business Enterprise in Japan: Views of Leading Japanese Economists, Cambridge (Mass.), London, S. 275–307; Okuno, M. (1984): Corporate Loyalty and Bonus Payments: An Analysis of Work Incentive in Japan, in: Aoki, M. (ed.): The Economic Analysis of the Japanese Firm, Amsterdam, New York, Oxford, S. 387–411.

14 Vgl. Smith, A.: Eine Untersuchung über Natur und Wesen des Volkswohlstandes, 1. Bd., 3. unveränderte Auflage (der deutschen Übersetzung von E. Grünfeld), Jena 1923, S. 37.
15 Vgl. McMillan, Ch. J. (1996): The Japanese Industrial System, 3. ed., Berlin, New York, S. 332–360.

Literatur

Albach, H. (1990): Japanischer Geist und internationaler Wettbewerb, in: Zeitschrift für Betriebswirtschaft, 60. Jg., S. 369–382.
Albach, H. (1992): Strategische Allianzen, strategische Gruppen und strategische Familien, in: Zeitschrift für Betriebswirtschaft, 62. Jg., S. 663–670.
Aoki, M. (ed.) (1984): The Economic Analysis of the Japanese Firm, Amsterdam, New York, Oxford.
Aoki, M.; Dore, R. (ed.) (1996): The Japanese Firm. Sources of Competitive Strength, Oxford.
Aoki, M. (1996): The Japanese Firm as a System of Attributes: A Survey and Research Agenda, in: Aoki, M.; Dore, R. (ed.): The Japanese Firm. Sources of Competitive Strength, Oxford, S. 11–40.
Deming, W. (1986): Out of the Crisis: Quality, Productivity and Competitive Position, Cambridge (Mass.).
Futagami, S.; Waragai, T.; Westphal, T. (1998): Shukko in Japanese Companies and its Economic and Managerial Effects, Diskussionspapier FS IV 98-5, Wissenschaftszentrum Berlin, Berlin.
Gerlach, M. L. (1992): Alliance Capitalism. The Social Organization of Japanese Business, Berkeley, Los Angeles, Oxford.
Hashimoto, M. (1979): Bonus Payments, on-the-Job Training, and Lifetime Employment in Japan, in: Journal of Political Economy, Vol. 87, S. 1086–1104.
Hashimoto, M. (1981): Firm-Specific Human Capital as a Shared Investment, in: American Economic Review, Vol. 71, S. 475–482.
Hashimoto, M. (1990): Employment and Wage Systems in Japan and Their Implications for Productivity, in: Blinder, A. S. (ed.): Paying for Productivity: A Look at the Evidence, Washington (D.C.), S. 245–294.
Imai, K.; Komiya, R. (ed.) (1994): Business Enterprise in Japan: Views of Leading Japanese Economists, Cambridge (Mass.), London.
Imai, M. (1994): Kaizen. Der Schlüssel zum Erfolg der Japaner im Wettbewerb, 5. Aufl., Berlin, Frankfurt/M.
Ishikawa, K. (1982): Quality Control in Japan, in: Zeitschrift für Betriebswirtschaft, 52. Jg., S. 1104–1107.
Ishikawa, K. (1985): What is Total Quality Control, Englewoods Cliffs (N.J.).
Itoh, H. (1996): Japanese Human Resource Management from the Viewpoint of Incentive Theory, in: Aoki, M.; Dore, R. (ed.): The Japanese Firm. Sources of Competitive Strength, Oxford, S. 233–264.
Koike, K. (1996): Learning and Incentive Systems in Japanese Industry, in: Aoki, M.; Dore, R. (ed.): The Japanese Firm. Sources of Competitive Strength, Oxford, S. 41–65.
Kubota, H. (1977): Seidoku Yushutsu Sangyō no Kabukōzō – Sekiyukiki Chokuzen ni okeru Nishidoitsu Yushutsukanren Chūshōkigyō no Jittaichōsa to Bunseki – (Eine statistische Untersuchung der Situation kleiner und mittlerer Zulieferbetriebe in der Bundesrepublik Deutschland vor und nach der Energiekrise 1973 – Analyse und Auswertung –), Bunshindo Verlag, Tokio.
Kubota, H. (1992): Seidoku Yushutu Kanren Chusho Shitaukekigyo no Kenkyu (Infrastruktur der deutschen Exportindustrie), Bunshindo Verlag, Tokio.
Kubota, H.; Witte, H. (1990): Strukturvergleich des Zulieferwesens in Japan und in der Bundesrepublik Deutschland, in: Zeitschrift für Betriebswirtschaft, 60. Jg., S. 383–406.
McMillan, Ch. J. (1996): The Japanese Industrial System, 3. ed., Berlin, New York.
Nagano, H. (1993): Genka no kigyô gurûpu nai jinzai idô: Shukko no tenbô to taisaku (The [Career] Movements of Talented Employees in Present Corporate Groupings – Prospects for and Counter-Measures Through Skukko), in: Seikei-Ronsô (The Review of Economics and Political Science), Vol. 61, No. 5-6, S. 191–213.

Ohashi, I. (1994): On the Determinants of Bonuses and Basic Wages in Large Japanese Firms, in: Imai, K.; Komiya, R. (ed.): Business Enterprise in Japan: Views of Leading Japanese Economists, Cambridge (Mass.), London, S. 275–307.
Ohno, T. (1973): Toyota Seisan Hoshiki (Die Produktionsmethode Toyotas), DaiyamondoVerlag, Tokio.
Okuno, M. (1984): Corporate Loyalty and Bonus Payments: An Analysis of Work Incentive in Japan, in: Aoki, M. (ed.): The Economic Analysis of the Japanese Firm, Amsterdam, New York, Oxford, S. 387–411.
Smith, A. (1923): Eine Untersuchung über Natur und Wesen des Volkswohlstandes, 1. Bd., 3. unveränderte Auflage (der deutschen Übersetzung von E. Grünfeld), Jena.
Witte, H. (2000): Allgemeine Betriebswirtschaftslehre, München, Wien.
Womack, J. P.; Jones, D. T.; Roos, D. (1990): The Machine that Changed the World, New York.

Zusammenfassung

In der Wirtschaftssituation der neunziger Jahre sind in Japan Personalmanagementstrategien zur Verwirklichung schlanker, wettbewerbsfähiger Unternehmen zur Anwendung gekommen, die eine Abkehr vom traditionellen Prinzip der lebenslangen Beschäftigung darstellen. Zu diesen Strategien zählen „shukko", „bunshaka", „tenzoku", „tenshutsu", „iseki" und „outsourcing". Mit diesen Strategien können einmalige Abfindungen und Entlassungsprämien verbunden sein. Ferner hat die Beschaffung von Leiharbeitern bei „haken"-Unternehmen an Bedeutung gewonnen.

Die genannten Personalmanagementstrategien stehen auch gegen das Leistungs- und Treueverhalten der japanischen Beschäftigten. Doch wird es aufgrund des praktizierten Bonussystems, der Einstellung der Japaner zur Arbeit, des Lohnsystems mit der Rangordnung nach dem Alter sowie der einmaligen Abfindungen und Entlassungsprämien derzeit nicht eingeschränkt.

Summary

In Japan in the economic situation of the nineties strategies of human resource management were used to realize lean and competitive enterprises. These strategies led to a turning away from the principle of lifelong employment The strategies are „shukko", „bunshaka", „tenzoku", „tenshutsu", „iseki" and „outsourcing". In connection with these strategies nonrecurring paying offs and mustering-out payments are possible. Furthermore the procurement of lending employees from „haken"-enterprises became popular.

The mentioned strategies of human resource management are also against the mental attitude to performance and loyalty of the employees. But the mental attitude to performance and loyalty of the Japanese employees is not yet affected, because of the bonus system, the attitude to work, the wage system with a ranging according to the age of the employee and the nonrecurring paying offs as well as the mustering-out payments.

30: Allgemeine Fragen der Personalwirtschaft (JEL J21)
014: Volkswirtschaftlicher Rahmen

Erfolgsfaktoren von Post Merger Integrationen:

Ergebnisse einer pfadanalytischen Untersuchung

Von Gerhard Schewe und Johannes Gerds

Überblick

- Obwohl die Bedeutung von Fusionen und Akquisitionen in den letzten Jahren sowohl wert- als auch mengenmäßig stark zugenommen hat, erfüllt nur ein geringer Teil der Zusammenschlüsse die an sie gestellten Erwartungen. Unter dem Schlagwort „*Post Merger Integration*" treten organisatorische Aspekte als Ursache für das Scheitern bzw. das Gelingen von Unternehmenszusammenschlüssen zunehmend in den Vordergrund der betriebswirtschaftlichen Diskussion.

- Da sowohl die theoretische als auch die empirische Auseinandersetzung mit den Erfolgsfaktoren von Post Merger Integrationen bisher nur ansatzweise stattgefunden hat, soll im folgenden Beitrag der Versuch unternommen werden, auf Basis eines theoriegestützten Post Merger Integrationsmodells, empirische Aussagen über die Erfolgsdeterminanten von Integrationsprozessen zu gewinnen.

- Wie die vorliegende Untersuchung von mehr als 120 Unternehmen zeigt, kann das Management durch Maßnahmen der Integrationsgestaltung zu einem großen Teil die Erfolgsaussichten von Unternehmenszusammenschlüssen positiv beeinflussen.

Eingegangen: 16. September 2000

Professor Dr. Gerhard Schewe, Lehrstuhl für Betriebswirtschaftslehre, insb. Organisation, Personal & Innovation, Westfälische Wilhelms-Universität Münster, Universitätsstr. 14–16, D-48143 Münster, Tel.: 02 51-83-2 28 31. E-Mail: 19gesc@wiwi.uni-muenster.de.
Dr. Johannes Gerds, Accenture (vormals Andersen Consulting), Kaistrasse 20, D-40221 Düsseldorf, Tel.: 02 11 / 91 20 30. E-Mail: johannes.gerds@accenture.com.

© Gabler-Verlag 2001

A. Problemstellung

Die betriebswirtschaftliche Auseinandersetzung mit dem Erfolg von Fusionen und Akquisitionen ist ebenso wenig neu wie das Phänomen selbst. Bereits Mitte der 30er Jahre weisen Literaturbeiträge darauf hin, dass lediglich rund die Hälfte der Unternehmenszusammenschlüsse erfolgreich ist.[1] Dieser Befund scheint auch von zahlreichen empirischen Studien der jüngeren Vergangenheit untermauert zu werden.[2] Neu ist in der aktuellen Diskussion jedoch der hohe Stellenwert, der organisatorischen Problemstellungen bei Unternehmenszusammenschlüssen zugewiesen wird. Unter Schlagworten wie „Post Merger Integration" oder „Post Merger Management" treten verstärkt Aspekte der organisatorischen Verzahnung von Unternehmen in Folge von Fusionen und Akquisitionen in den Vordergrund der Betrachtung. Vielfach wird die Gestaltung der Post Merger Integration nach dem Vertragsabschluss sogar als die für das Gelingen von Fusionen und Akquisitionen „wichtigste" Phase im gesamten Mergerprozess betrachtet.[3] Allerdings scheint sowohl die theoretische als auch die empirische Auseinandersetzung mit Post Merger Integrationen in der betriebswirtschaftlichen Forschung bisher nur ansatzweise erfolgt zu sein.[4] Aufgrund der wenig einheitlichen Thematisierung möglicher Erfolgsdeterminanten von Post Merger Integrationen entsteht der Eindruck eines „Flickenteppichs", der nur lose durch „konzeptionelle Fäden" zusammengehalten wird. Das Spektrum der in der Literatur thematisierten Erfolgsfaktoren reicht dabei von situativen Faktoren, wie z.B. Unternehmensgröße und Grad der Geschäftsverwandtschaft, über Instrumente der Integrationsgestaltung hin bis zu organisatorischen Widerständen auf Seiten der Mitarbeiter. Vielfach trägt die Konzeptionalisierung der Erfolgsdeterminanten deutlich die Handschrift der jeweils zugrundeliegenden Fragestellungen, so dass die Studienergebnisse vielfach unverbunden nebeneinander stehen. Teilweise widersprechen sich die empirischen Ergebnisse sogar.[5]

Angesichts des fragmenthaften Erkenntnisstandes versucht der vorliegende Artikel auf Basis eines organisationstheoretischen Konzepts ein Integrationsmodell zu entwickeln und Erfolgsdeterminanten von Post Merger Integrationen empirisch zu ermitteln.

B. Modell zum Integrationsmanagement – ein theoretischer Bezugsrahmen

I. Theoretisches Grundkonzept

Die Ausgangsbasis des hier zugrunde gelegten theoretischen Bezugsrahmens zum Integrationsmanagement bildet das erweiterte situative Paradigma[6], mittels dessen in der empirischen Organisationsforschung die Unterschiede zwischen realen Organisationsstrukturen auf die Ausprägung situativer Faktoren zurückgeführt werden. Die Verwendung einer situativen Denkweise erfolgt nicht zuletzt aufgrund der „Offenheit" des konzeptionellen Gerüsts dieses Ansatzes, das es ermöglicht, Erkenntnisse der bisherigen Forschung in den Bezugsrahmen mit einfließen zu lassen. Entsprechend nimmt das hier vorgestellte Modell zum Integrationsmanagement Erweiterungen an der grundlegenden organisationstheoretischen Modellstruktur vor, die im Wesentlichen an folgenden Sachverhalten ansetzen:

- dem differenzierten Einsatz unterschiedlicher *Maßnahmen der Integrationsgestaltung*,
- dem *Verhalten von Mitarbeitern*, die von der Integrationsmaßnahme betroffen sind und
- der expliziten Berücksichtigung des *Integrationserfolges*.

Der theoretische Bezugsrahmen zur Analyse von Post Merger Integrationen lässt sich damit wie folgt detailliert spezifizieren:

(i) Situative Erfolgsdeterminanten werden im Modell zum Integrationsmanagement in zweifacher Weise berücksichtigt. Während das Konstrukt „*Integrationskontext*" Charakteristika der internen und externen Umwelt, wie z.B. Unternehmensgröße oder aber geographische Herkunft der Unternehmen erfasst, werden situative Einflussgrößen unternehmenspolitischer Prägung als „*Integrationsziele*" modelliert. Vor dem Hintergrund einer ressourcenorientierten Perspektive werden Integrationsziele als materielle bzw. immaterielle Ressourcentransferziele spezifiziert, die ein Erwerber nach der Vertragsunterzeichnung entlang der betrieblichen Funktionsbereiche zu realisieren sucht.

(ii) Parameter der organisatorischen Gestaltung von Post Merger Integrationen werden sowohl aus einer statischen als auch aus einer dynamischen Perspektive konzeptionalisiert. Aus einer dynamischen Betrachtungsweise wird die Frage danach, wie schnell Integrationsmaßnahmen ergriffen bzw. wie schnell Integrationen ablaufen durch das Konstrukt „*Integrationsgeschwindigkeit*" modelliert. Aus einer statischen Perspektive erfasst das Konstrukt „*Integrationsgestaltung*" Instrumente des Integrationsmanagements. Unter der Annahme einer arbeitsteiligen Bewältigung der Integrationsaufgabe werden Maßnahmen des Integrationsmanagements danach systematisiert, welche Art der Koordinationsinstrumente sie zu gestalten suchen. Maßnahmen der Integrationsgestaltung, die in ihrer Wirkungsweise auf die Neugestaltung bzw. Veränderung bestehender aufbauorganisatorischer Strukturen ausgerichtet sind, werden als hierarchische Integrationsmaßnahmen klassifiziert. Integrationsmaßnahmen, die – wie z.B. die Erarbeitung einer Vision für das neue Unternehmen oder aber die Durchführung von Schulungen – in ihrer Wirkungsweise nicht auf eine Koordination über einen gemeinsamen Vorgesetzten abzielen, werden als hierarchiefreie Integrationsmaßnahmen bezeichnet.[7] Je nachdem, ob sich die zugrundeliegenden Koordinationsmaßnahmen auf individuelles Verhalten oder aber auf das Verhalten von Mitarbeitergruppen beziehen, lassen sich hierarchiefreie Integrationsmaßnahmen in individuen- und gruppenbezogene Ausprägungsformen unterteilen.

(iii) Im Hinblick darauf, dass Mitarbeiter vielfach negativ bzw. ablehnend auf Post Merger Integrationen reagieren – das Spektrum der Verhaltensweisen reicht von der Abnahme des Engagements[8] und eine Erhöhung der Fluktuationsrate[9] über eine geringere Bereitschaft zur Weitergabe von korrekten bzw. aktuellen Informationen[10] bis hin zu destruktivem Verhalten und Sabotageaktivitäten[11] – wird *Mitarbeiterverhalten* im Modell zum Integrationsmanagement als „*Integrationsbarriere*" konzeptioniert. Unter der Annahme, dass Integrationen nur dann rasch ablaufen können, wenn Mitarbeiter unterstützend tätig werden, werden Integrationsbarrieren im Modell zum Integrationsmanagement als intervenierendes Konstrukt zwischen „Integrationsgestaltung" und „Integrationsgeschwindigkeit" angesehen. Nach Maßgabe möglicher Ursachen von Mitarbeiterwiderständen werden drei Ausprägungsformen von Integrationsbarrieren unterschieden. Neben Barrieren,

die sich wie mangelndes Wollen („Willensbarrieren") und fehlende Fähigkeiten („Fähigkeitsbarrieren") auf kognitive Merkmale von Mitarbeitern zurückführen lassen[12], werden solche Widerstände, die sich aus organisatorischen Merkmalen ergeben, als administrative Integrationsbarrieren systematisiert.[13]

Abbildung 1 zeigt den aus dem erweiterten situativen Modell abgeleiteten theoretischen Bezugsrahmen zum Integrationsmanagement im Überblick:

Abb. 1: Theoretischer Bezugsrahmen zum Integrationsmanagement

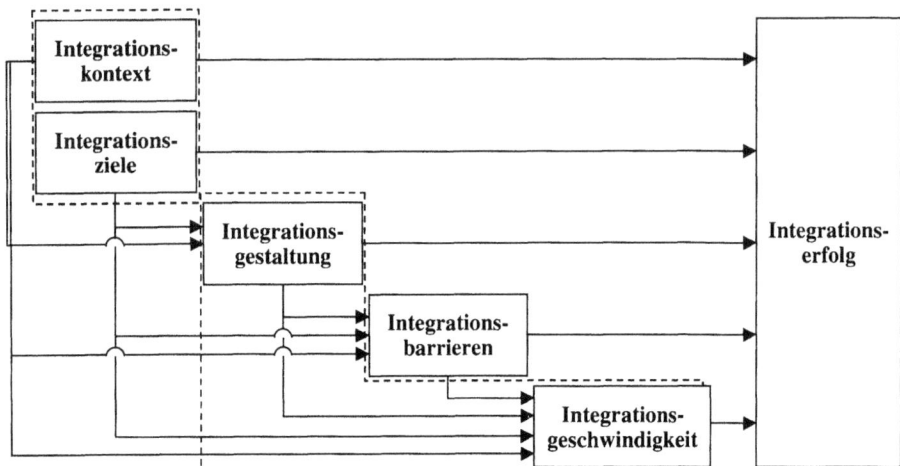

II. Spezifikation eines Hypothesensystems

Mit der Anordnung der Einzelbausteine des Bezugsrahmens werden implizit bereits Abhängigkeiten spezifiziert. Die diesen Abhängigkeitsbeziehungen zugrunde liegenden Hypothesen gilt es im Weiteren zu postulieren. Im Zentrum der zu untersuchenden Einflussbeziehungen steht dabei die Frage nach den Determinanten des Integrationserfolges, weniger die Frage nach den Determinanten der übrigen spezifizierten Einzelbausteine des Modells. Zielsetzung der Hypothesenspezifikation ist deshalb die Ableitung eines rekursiven Variablenmodells, welches es dann erlaubt, Aussagen zu den zentralen Erfolgsfaktoren des Integrationsmanagements zu machen.

Die Ableitung des Hypothesensystems orientiert sich dabei in der Regel an bereits publizierten empirischen Einzelergebnissen anderer Untersuchungen. Nur wo dies nicht möglich ist oder widersprüchliche Ergebnisse vorliegen, wird versucht anhand theoriegeleiteter Überlegungen eine Hypothese zu postulieren.

(i) „Integrationsgeschwindigkeit als Determinante": Obwohl in der Literatur weitestgehend Einigkeit hinsichtlich der Bedeutung von Integrationsgeschwindigkeit als Erfolgsdeterminante der Post Merger Integrationen zu herrschen scheint, besteht Dissens in Hin-

blick auf das Vorzeichen dieser Erfolgsbeziehung. Als Vorteile eines raschen Vorgehens bei Post Merger Integrationen wird z.B. das leichtere Durchsetzen von Veränderungen sowie der Abbau von Unsicherheiten auf Seiten der Mitarbeiter, z.B. durch die Vermeidung langwieriger Machtkämpfe durch die rasche Schaffung klarer Führungsverhältnisse, genannt.[14] Demgegenüber werden als mögliche Nachteile eines raschen Vorgehens z.B. die Überforderung von Mitarbeitern sowie die begrenzte Möglichkeit eines gegenseitigen Kennenlernens genannt.[15] Welche der skizzierten Erfolgseffekte in der Gesamtbetrachtung dominieren, lässt sich nach Maßgabe des bisherigen Erkenntnisstandes der Integrationsforschung jedoch nicht eindeutig beantworten.

(ii) „Integrationsbarrieren als Determinante": Trotz der Vielzahl von Beiträgen, die die negativen Erfolgseffekte von Integrationsbarrieren thematisieren, lassen sich lediglich vereinzelt Studien finden, die auf empirischer Basis die Erfolgswirkung von Integrationsbarrieren untersuchen.[16] Im Hinblick auf die verhältnismäßig geringe Anzahl von Beiträgen, die die Erfolgswirkung von Integrationsbarrieren empirisch untersuchen, scheint „(...) the notion that negative employee reactions help account for unsuccessful M&As has historically been based on evidence that is more anecdotal than empirical".[17] Nichtsdestoweniger werden Integrationsbarrieren hier als Determinanten des Integrationserfolges angesehen.

Folgt man Bragado[18], so besteht zwischen Integrationsbarrieren und der Geschwindigkeit des Integrationsprozesses ein Zusammenhang, wobei allerdings nicht ersichtlich ist, wie dieser Zusammenhang beschaffen ist. So bleibt z.B. unklar, welche Ausprägung die Barrieren annehmen müssen, damit ein Integrationsprozess sich verzögert. Ebenfalls keine empirischen Befunde existieren für die umgekehrte Wirkungsbeziehung. Es wäre durchaus denkbar, dass z. B. ein schneller Integrationsprozess nur wenig Spielraum lässt für die Entfaltung von Integrationswiderständen. Aber auch für eine gegenläufige Beziehung ließen sich Argumente finden. Da weitere Studien zu diesem Bereich jedoch nicht vorliegen, wird für das spezifizierte Modell einstweilen von der Existenz einer determinierenden Beziehung zwischen Integrationsbarrieren und Integrationsgeschwindigkeit ausgegangen. Die empirische Prüfung wird zeigen, ob hier gegebenenfalls von einer anders gelagerten Beziehung auszugehen ist.

(iii) „Maßnahmen der Integrationsgestaltung als Determinante": Zahlreiche empirische Studien untersuchen den Einfluss, den Integrationsmaßnahmen auf den Erfolg von Post Merger Integrationen besitzen. In diesem Zusammenhang wird vielfach auf den positiven Erfolgseinfluss von Kommunikationsmaßnahmen hingewiesen.[19] Die Aussagekraft darüber hinausgehender Befunde wird jedoch durch die Heterogenität der konzeptionalisierten Integrationsmaßnahmen in grundsätzlicher Weise beschränkt.[20] Aufgrund der Heterogenität der Integrationsmaßnahmen stehen die Befunde zu einem großen Teil unverbunden nebeneinander und bieten demzufolge lediglich ein fragmentiertes Bild hinsichtlich der Wirkungsweise von Integrationsmaßnahmen als Erfolgsdeterminanten von Post Merger Integrationen. Von einem Einfluss kann jedoch ausgegangen werden.

Ebenfalls wird eine determinierende Wirkung der Maßnahmen der Integrationsgestaltung auf die Integrationsbarrieren und die Integrationsgeschwindigkeit unterstellt. Im Hinblick auf die Intergrationsbarrieren stehen insbesondere Kommunikationsmaßnahmen im

Zentrum des Interesses.[21] Über geeignete Kommunikationsmaßnahmen sollen Ängste in Bezug auf die Integration abgebaut werden. Die Integrationsgeschwindigkeit wird insbesondere von der „Breite und Tiefe" der Integrationsplanung beeinflusst.[22] Aber auch hier darf nicht übersehen werden, dass es auch denkbar wäre, dass sich die Abhängigkeitsbeziehung umkehrt. So könnte man vermuten, dass Integrationsbarrieren dazu führen, dass bestimmte Integrationsmaßnahmen erst gar nicht ergriffen werden. Da auch hierzu bisher keine empirischen Ergebnisse vorgelegt wurden, wird einstweilen die ursprünglich postulierte Abhängigkeitsbeziehung beibehalten.

(iv) „Integrationsziele als Determinante": Trotz der Fülle von Beiträgen, die sich mit möglichen Erfolgsdeterminanten von Post Merger Integrationen auseinandersetzen, untersuchen nur verhältnismäßig wenige Studien den Zusammenhang zwischen der Zielsetzung und dem Erfolg von Post Merger Integrationen.[23] Obwohl der Erfolgseinfluss von Zielmerkmalen bei Fusionen und Akquisitionen bereits seit Ende der 60er Jahre thematisiert wird, lässt sich die Frage danach, ob verschiedene Ziele unterschiedliche Erfolgsaussichten von Post Merger Integrationen implizieren, angesichts der widersprüchlichen empirischen Befundlage nicht eindeutig beantworten.[24] Ebenso unklar bleibt, ob nicht auch von der angestrebten Zielsetzung – zumindest in komparativ-statischer Sicht – ein Einfluss auf den Integrationskontext möglich wäre.

Ebenfalls muss – obwohl auch hier die Befundlage nicht immer eindeutig ist – von einem Einfluss der Integrationsziele auf die Maßnahmen der Integrationsgestaltung[25], die Integrationsbarrieren[26] und die Integrationsgeschwindigkeit[27] ausgegangen werden.

(v) „Integrationskontext als Determinante": Merkmale des Integrationskontextes als Determinante des Integrationserfolgs werden in einer Vielzahl von Beiträgen untersucht. Dabei werden teilweise sehr unterschiedliche Kontextmerkmale betrachtet. Aufgrund der Heterogenität der erfassten Kontextmerkmale lassen sich mögliche Befunde vielfach nur bedingt vergleichen. Der Aussagegehalt wird nicht zuletzt auch durch die widersprüchliche Befundlage eingeschränkt.[28] Die Frage danach, welcher relative Erfolgseinfluss von den jeweiligen situativen Faktoren ausgeht, lässt sich nach Maßgabe der bisherigen Befundlage ebenso wenig eindeutig beantworten wie die Frage danach, ob das Management durch die Wahl geeigneter Integrationsmaßnahmen den Erfolg weitestgehend selbst in den Händen hält, oder aber, ob situative Rahmenbedingungen umfassend über Erfolg bzw. Misserfolg von Post Merger Integrationen entscheiden. Insofern wird hier nur allgemein davon ausgegangen, dass der Integrationskontext in einer Einflussbeziehung zum Integrationserfolg steht.

Neben dem Einfluss des Integrationskontextes auf den Integrationserfolg determiniert dieser auch die übrigen Bausteine des Integrationsmodells. So sind die Maßnahmen der Integrationsgestaltung z.B. von der relativen Untenehmensgröße[29] oder präakquisitorischen Unternehmensbeziehungen[30] abhängig. Die Stärke der Integrationsbarrieren wird z.B. durch den Feindlichkeitsgrad der Übernahme[31] oder das Ausmaß der geographischen Trennung[32] beeinflusst. Negativ auf die Integrationsgeschwindigkeit wirkt sich die relative Unternehmensgröße[33] aus. Entsprechend wird im vorliegenden Modell auch hier eine Wirkungsbeziehung unterstellt.

C. Untersuchungsgegenstand und -methode

I. Stichprobe

Die Datenbasis für die empirische Analyse der Erfolgsfaktoren von Post Merger Integrationen wurde durch die schriftliche Befragung von Unternehmensberatern gewonnen. Be-

Tab. 1: Charakteristika der Stichprobe

Merkmale der Stichprobe	In %
Wirtschaftszweig des Erwerbers	
• Verarbeitendes Gewerbe,	48%
davon:	
– Chemische Industrie	22%
– Holz-, Papier-, Druckgewerbe	11%
– Stahl-, Maschinen- und Fahrzeugbau	8%
– Ernährungsgewerbe	6%
– Sonstige	1%
• Banken, Versicherungen und Dienstleistungen	29%
• Verkehr und Nachrichtenübermittlung	9%
• Energie- und Wasserversorgung	6%
• Handel	5%
• Baugewerbe	3%
Größe des Erwerbers	
Anzahl Mitarbeiter:	
• kleiner 5.000	39%
• 5.000 – 10.000	19%
• 10.000 – 50.000	26%
• 50.000 – 100.000	14%
• größer 100.000	2%
Herkunft des Erwerbers	
• ‚Amerika'	29%
• ‚Europa'	57%
• ‚Asien'	14%
Jahr des Mergers	
• 1990 – 1994	11%
• 1994	5%
• 1995	8%
• 1996	26%
• 1997	13%
• 1998	22%
• 1999	15%

fragt wurden Berater unterschiedlicher Management Beratungsgesellschaften, die die jeweiligen Integrationsprojekte als hauptverantwortliche Projektleiter auf der Seite der Unternehmensberatung betreut haben. Insgesamt umfasst die Stichprobe 63 nationale und internationale Post Merger Integrationen, die mit Beraterunterstützung zwischen 1990 und 1999 durchgeführt worden sind. Tabelle 1 gibt einen Überblick über die Charakteristika der Stichprobe.

Einer Befragung von Unternehmensberatern wurde nicht zuletzt deshalb einer Befragung interner Mitarbeiter der Vorzug gegeben, da Unternehmensberater aufgrund der Mitwirkung an unterschiedlichen Post Merger Integrationen bzw. an vergleichbaren Aufgabenstellungen in verschiedenen Unternehmen im Vergleich zu internen Mitarbeitern über einen größeren Erfahrungsschatz verfügen und damit die Möglichkeit zu einer „sachgerechteren" Erfolgs-/Beurteilung als gegeben unterstellt werden kann. Auch kann davon ausgegangen werden, dass Berater die einzelnen Integrationsprojekte „distanzierter" beurteilen als Verantwortliche in den jeweils beteiligten Unternehmen. Ein Indiz hierfür ist die Tatsache, dass die befragten Berater 62% der betrachteten Integrationsprojekte als nicht erfolgreich klassifizieren (zur Operationalisierung des Integrationserfolges vgl. Kapitel C.II.6); dies obwohl sie selbst projektbegleitend an den Integrationsprozessen beteiligt waren. Die geringe Erfolgsquote deckt sich darüber hinaus auch mit den Zahlen anderer empirischer Untersuchungen.[34]

II. Operationalisierung des Modells zum Integrationsmanagement

1. Operationalisierung des Bausteins „Integrationskontext"

Bei der Operationalisierung des Bausteins „Integrationskontext" wird auf folgende Variablen zurückgegriffen:

(i) Unternehmensgröße: In zahlreichen Beiträgen zur Integrationsforschung wird auf den Einfluss der Unternehmensgröße bzw. der relativen Unternehmensgröße verwiesen.[35] Im vorliegenden Modell wird die absolute Unternehmensgröße dichotom unter dem Begriff „Großunternehmen" erfasst, wobei als kritische Grenze die Zahl von 50.000 Beschäftigten gewählt wird. Die relative Unternehmensgröße wird ebenfalls dichotom gemessen. Die Variable „Merger of Equals" zeigt an, ob die absolute Unternehmensgröße bei beiden Unternehmen in etwa gleich ist.

(ii) Sozio-kulturelle Unterschiede: Das Merkmal der „sozio-kulturellen Unterschiede" bezieht sich auf Unterschiede in herkunftsgeprägten Wertehaltungen der Mitarbeiter und darauf aufbauend unterschiedlichen Unternehmens- bzw. Managementkulturen. Auch diese Variable wird vielfach bei Integrationsstudien betrachtet.[36] Im Folgenden wird dann von sozio-kulturellen Unterschieden gesprochen, wenn sich der Hauptsitz der beteiligten Unternehmen nicht im selben Land befindet. Dieser Fall wird als „Cross-border Merger" bezeichnet.

(iii) Corporate Merger: Unter dem Begriff „Corporate Merger" lassen sich solche Formen zusammenfassen, bei denen Unternehmen integriert werden, die bereits vor der Zusammenführung ein und derselben „Mutterorganisation" angehören.[37] In der vorliegen-

den Untersuchung wird das Merkmal „Corporate Merger" nach Maßgabe der Eigentumsverhältnisse operationalisiert, d. h. es wird dann von einem „Corporate Merger" gesprochen, wenn die beteiligten Unternehmen bereits vor der Zusammenführung einem Konzernverbund angehörten.

(iv) Tochterunternehmen: Angesichts des gestaltenden Einflusses, der von Muttergesellschaften auf Strukturmerkmale von Tochtergesellschaften ausgehen kann[38], muss a priori davon ausgegangen werden, dass Integrationsprozesse sich danach unterscheiden, ob es sich bei den akquirierenden Konzerntöchtern um solche handelt, bei denen die wirtschaftliche Selbständigkeit stark oder weniger stark eingeschränkt ist.[39] Für das vorliegende Modell nimmt somit das dichotome Merkmal „Tochterunternehmen" eine hohe Merkmalsausprägung an, wenn das Erwerberunternehmen nicht wirtschaftlich selbständig ist.

2. Operationalisierung des Bausteins „Integrationsziele"

Da davon ausgegangen werden kann, dass Unternehmen mit Post Merger Integrationen nicht einzelne Ziele sondern vielmehr Bündel von Zielen zu realisieren suchen, gehen Integrationsziele als Ziel-Cluster in das Modell zum Integrationsmanagement ein. Ausgangspunkt der Operationalisierung der Zielvariablen ist dabei die Annahme, dass Unternehmen versuchen, über eine Akquisition oder eine Fusion materielle oder immaterielle Ressourcen ganz unterschiedlicher betrieblicher Bereiche zu transformieren. Auf Basis der faktoranalytisch verdichteten Zielvariablen (vgl. Tabelle A.1 im Anhang) lassen sich clusteranalytisch fünf Typen von Integrationszielen identifizieren (vgl. Tabelle A.2. im Anhang).

(i) „Innovation Striver" (9% der Fälle): „Innovation Striver" verfolgen primär Ressourcentransfers im Bereich von „Forschung & Entwicklung". Ressourcentransfers in den anderen Bereichen, wie z.B. den „unterstützenden Funktionen", der „Leistungserstellung" sowie der „Logistik", werden von Unternehmen dieses Ziel-Clusters nur in einer unterdurchschnittlichen Ausprägung angestrebt.

(ii) „Up-stream Searcher" (29% der Fälle): „Up-stream Searcher" streben überdurchschnittliche Ressourcentransfers in den Bereichen „Forschung & Entwicklung", „Leistungserstellung" und „Logistik" an. Während „Innovation Striver" gleichsam „isoliert" den Transfer von Forschungs- und Entwicklungsressourcen anstreben, zielen „Up-stream Searcher" nicht nur auf den Transfer von Ressourcen ab, die im Zuge der Entwicklung, sondern auch bei der Erstellung und Übermittlung von Produkten bzw. Dienstleistungen benötigt werden.

(iii) „Down-stream Searcher" (10% der Fälle): „Down-stream Searcher" streben weit überdurchschnittlich Ressourcentransfers im Bereich der „Logistik" an. Dieser Logistikschwerpunkt wird mit Ressourcentransfers im Bereich „Marketing & Vertriebs-Management" gepaart. Ressourcentransfers im Bereich der „Leistungserstellung" nehmen bei diesen Unternehmen demgegenüber einen weit unterdurchschnittlichen Stellenwert ein.

(iv) „Market Miner" (25% der Fälle): „Market Miner" streben überdurchschnittlich Ressourcentransfers in den Bereichen „Marketing & Vertriebs-Management" sowie „Leis-

tungserstellung" an. Der Transfer von Forschungs- & Entwicklungsressourcen sowie von Logistikressourcen ist für Unternehmen dieses Ziel-Clusters lediglich von unterdurchschnittlicher Bedeutung.

(v) „Overhead Seeker" (27% der Fälle): „Overhead Seeker" streben lediglich im Bereich der „unterstützenden Funktionen" verstärkt Ressourcentransfers an. Ressourcentransfers in den anderen Bereichen spielen für „Overhead Seeker" lediglich eine untergeordnete Rolle.

3. Operationalisierung des Bausteins „Integrationsgestaltung"

Maßnahmen zur Integrationsgestaltung wurden in vielfältiger Weise gemessen. Dabei wurde zwischen hierarchischen Integrationsmaßnahmen (z.B. strukturelle Verzahnung von Führungs- und Geschäftsebenen) und hierachiefreien Maßnahmen (z.B. Anreizsysteme, Planung oder Schulung) unterschieden. Da jedoch Unternehmen Integrationsmaßnahmen oftmals nicht unabhängig voneinander ergreifen[40], gehen die Variablen der Integrationsgestaltung faktorenanalytisch verdichtet in das Modell zum Integrationsmanagement ein (vgl. Tabelle A.3 im Anhang). Im Einzelnen werden somit folgende Maßnahmenbündel der Integrationsgestaltung als operationalisierte Größen im Integrationsmodell berücksichtigt:

(i) „Ausrichtung von individuellem Verhalten": Die „Ausrichtung von individuellem Verhalten" bündelt Maßnahmen zur „Erarbeitung einer Vision", „Erarbeitung von Unternehmensleitlinien", „integrationsfördernde Gestaltung von Anreizsystemen" sowie „Durchführung von Schulungen".

(ii) „Operative Verzahnung von Geschäftsbereichen": Die „operative Verzahnung von Geschäftsbereichen" umfasst neben der „Verzahnung von EDV-Systemen" und der „strukturellen Verzahnung von Geschäftsbereichen" auch Maßnahmen zur „Zusammenlegung von Abteilungen".

(iii) „Transfer von Führungskräften": Der „Transfer von Führungskräften" bezieht sich sowohl auf den „Transfer von Middle Managern" als auch den „Transfer von Top Managern".

(iv) „Bindung und Benennung von Führungskräften": Die „Bindung und Benennung von Führungskräften" beschreibt sowohl Maßnahmen zur Bewertung und Auswahl von Top Managern und Middle Managern als auch Maßnahmen zur „Bindung von Kernmitarbeitern".

(v) „Verzahnung von Führungsstrukturen und -systemen": Die „Verzahnung von Führungsstrukturen und -systemen" bündelt neben der „Entwicklung eines gemeinsamen Budgets und Mittelfristplans" und der „Verzahnung von Planungs- und Reportingprozessen" auch Maßnahmen zur „strukturellen Verzahnung der Führungsorganisation".

(vi) „Einführung von Verrechnungspreisen": Hierunter werden Maßnahmen subsummiert, die das Koordinationsproblem in erster Linie marktwirtschaftlich, d. h. über „Verrechnungspreise" zu lösen versuchen.

(vii) „Einbindung von Promotoren": Der Begriff „Promotor" kann als Ausdruck für die Summe spezifischer Leistungsbeiträge von Trägern organisatorischer Rollen betrachtet werden.[41] Die Bedeutung derartiger Promotoren bei der Durchführung von Integrationsmaßnahmen wird bereits seit langem propagiert.[42] Entsprechend geht in das Integrationsmanagement-Modell auch das Ausmaß ein, in welchem bestimmte Personen derartige Leistungsbeiträge erbringen, indem sie z.B. über herausragende koordinative Fähigkeit, ein Geflecht persönlicher Beziehungen oder spezifisches Integrationswissen verfügen.

4. Operationalisierung des Bausteins „Integrationsbarrieren"

Im Hinblick darauf, dass Interdependenzen zwischen Integrationsbarrieren durchaus möglich erscheinen, werden auch die Variablen der Integrationsbarrieren faktoranalytisch verdichtet (vgl. Tabelle A.4 im Anhang). Im Einzelnen zeigen sich folgende Barrierearten.

(i) „Nicht-Können" Barrieren: „Nicht-Können" Barrieren bündelt sowohl Fähigkeitsbarrieren als auch administrative Barrieren. Demnach bilden „Nicht-Können" Barrieren solche Integrationsbarrieren ab, die Mitarbeiter selbst bei ausreichendem „Willen" daran hindern, Leistungsbeiträge im Sinne der Integration zu erbringen

(ii) „Nicht-Wollen" Barrieren: „Nicht-Wollen Barrieren" bündeln sowohl „Willensbarrieren des Top Managements" als auch „Willensbarrieren des Middle Managements". Somit umfassen „Nicht-Wollen" Barrieren solche Integrationsbarrieren, die sich auf den geringen „Willen" von Führungskräften zurückführen lassen.

5. Operationalisierung des Bausteins „Integrationsgeschwindigkeit"

Die „Integrationsgeschwindigkeit" bemisst sich danach, wie groß der Anteil der Integrationsmaßnahmen ist, der von den Unternehmen bis zu einem bestimmten Zeitpunkt in Angriff genommen worden ist. Ausgehend vom Zeitpunkt der Vertragsunterzeichnung werden sechs Zeitpunkte unterschieden: „vor Vertragsunterzeichnung", „unmittelbar nach Vertragsunterzeichnung", „3–4 Monate nach Vertragsunterzeichnung", „6–8 Monate nach Vertragsunterzeichnung" sowie „größer als 12 Monate nach Vertragsunterzeichnung". Die Integrationsgeschwindigkeit wird dann im Sinne einer Taktfrequenz operationalisiert. Es wird gemessen, wie groß der bis zu einem bestimmten Zeitpunkt von den Unternehmen in Angriff genommene Anteil der Integrationsmaßnahmen ist. Je größer der Anteil der bis zu einem bestimmten Zeitpunkt ergriffenen Integrationsmaßnahmen ist, desto höher ist die Taktfrequenz und desto höher ist die Integrationsgeschwindigkeit.

6. Operationalisierung des Bausteins „Integrationserfolg"

Der Integrationserfolg umschließt sowohl eine Effektivitäts- als auch eine Effizienzkomponente.

Die Integrationseffektivität fragt dabei nach dem Ausmaß in dem es gelingt die angestrebte Zielsetzung – im hier unterstellten Sinne das Ausmaß des materiellen bzw. immateriellen Ressourcentransfers – zu realisieren. Die Integrationseffektivität ist damit als Grad der Zielerreichung des Ressourcentransfers bei den unterschiedlichen betrieblichen Teilbereichen zu interpretieren.

Versteht man unter Effizienz eine Relation von Output- und Inputgrößen, so erweist sich in der vorliegenden Untersuchung insbesondere die Erfassung der Inputgröße als problematisch.[43] Vor diesem Hintergrund wird die Integrationseffizienz indirekt über Effizienzkriterien erfasst.[44] Im Einzelnen sind dies: „Zufriedenheit des Managements des Erwerbers mit dem gesamten Integrationsprozess", „Zufriedenheit des Managements des erworbenen Unternehmens mit dem gesamten Integrationsprozess" sowie „Ausmaß des Zeitverzuges bei der Integration".

Da sich für die betrachteten Integrationsfälle gezeigt hat, dass nicht nur die Effizienzvariablen untereinander hoch korrelierten, sondern auch zwischen Effektivitäts- und Effizienzvariablen hohe Korrelationen bestanden, wurden die einzelnen Messvariablen zu einer einfaktoriellen Lösung verdichtet. Die entsprechenden Faktorwerte sind damit als ein Gesamterfolgsmaß zu interpretieren.

D. Ergebnisse der Hypothesenprüfung

Zur empirischen Ermittlung der Erfolgsfaktoren von Post Merger Integrationen wird auf ein pfadanalytisches Vorgehen zurückgegriffen. Die Verwendung eines pfadanalytischen Vorgehens bietet sowohl die Möglichkeit „indirekte" Erfolgseffekte erfassen als auch die Stärke variablenspezifischer Erfolgswirkungen im unmittelbaren Vergleich zueinander betrachten zu können. Abbildung 2 zeigt das detaillierte Ergebnis der Pfadanalyse, wobei durchgezogene Pfeile einen Effekt mit einer Irrtumswahrscheinlichkeit von weniger als 5% angeben und gestrichelte Pfeile solche mit einer Irrtumswahrscheinlichkeit von weniger als 10%. Überall dort wo sich keine Pfeile finden, waren die ermittelten Effekte so gering, dass sie sich vor dem Hintergrund des Stichprobenumfangs als nicht signifikant erwiesen.

Aufgrund der Komplexität des Modells werden in Tabelle A.5 im Anhang die direkten, indirekten und totalen Effekte im Hinblick auf den Integrationserfolg nochmals tabellarisch dargestellt.

I. Integrationsgeschwindigkeit als Determinante

Pfadanalytisch lässt sich eine deutlich negative Erfolgswirkung der „Integrationsgeschwindigkeit" ermitteln (−0,256). Im Gegensatz zu der vor allem in praxisnahen Beiträgen weitverbreiteten Aussage, wonach „...man rasch handeln muss, wenn man erfolgreich integrieren will..."[45], liefert der skizzierte pfadanalytische Befund Anhaltspunkte dafür, dass mögliche Vorteile eines raschen Vorgehens, wie z.B. die Ausnutzung einer positiven Veränderungserwartung der Mitarbeiter oder aber der Abbau von Unsicherheiten auf Seiten der Mitarbeiter, die Nachteile einer hohen Integrationsgeschwindigkeit nicht „wettmachen" können. Die skizzierte negative Erfolgsbeziehung der „Integrationsgeschwindigkeit" kann z.B. als Hinweis darauf gewertet werden, dass bei einem raschen Vorgehen Mitarbeiter überfordert werden. Unter der Annahme konstanter Ressourcen führt eine hohe Integrationsgeschwindigkeit ceteris paribus dazu, dass die Ar-

Erfolgsfaktoren von Post Merger Integrationen

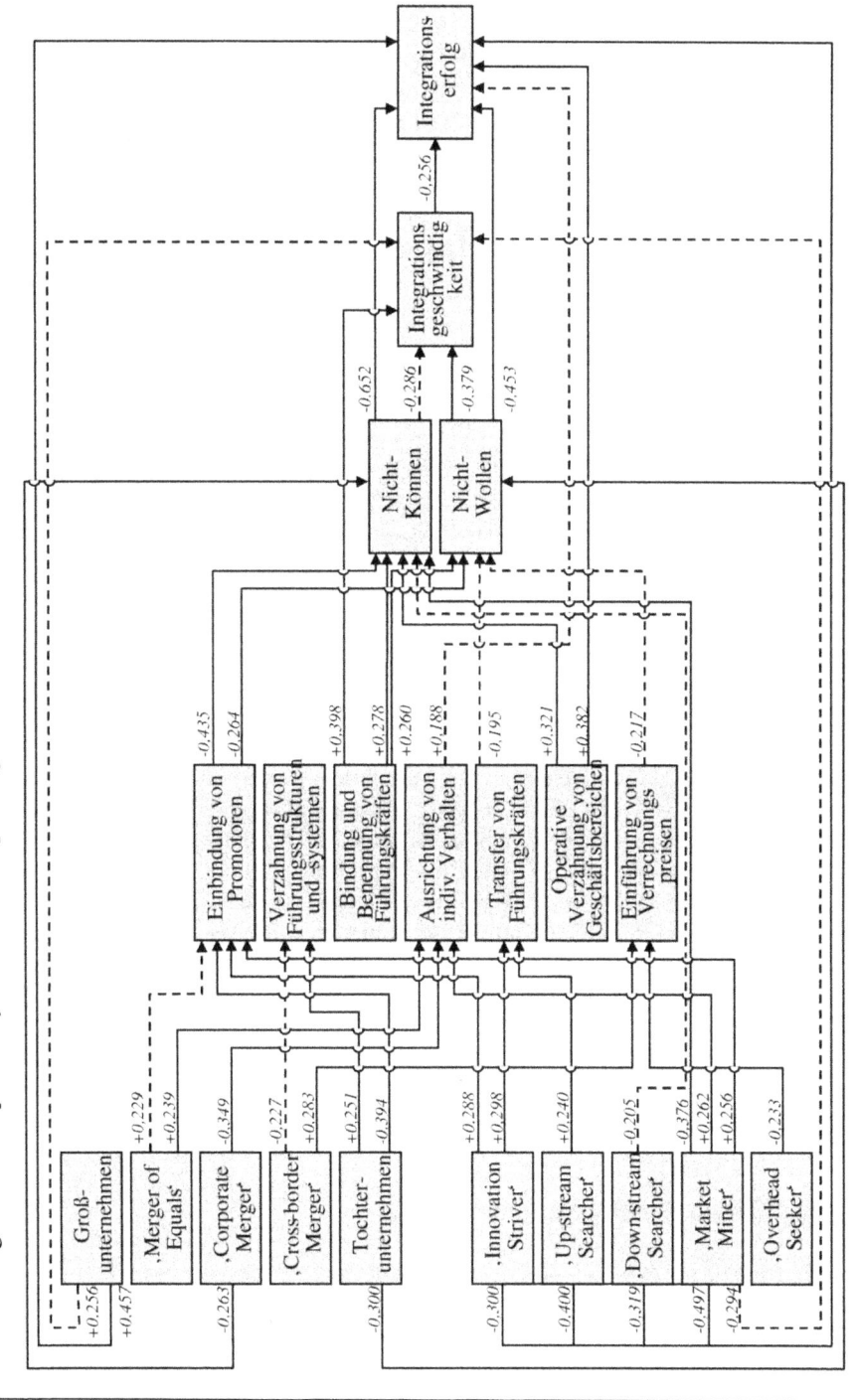

Abb. 2: Ergebnisse der pfadanalytischen Modellprüfung

beitsbelastung und damit die Gefahr einer Überlastung der Mitarbeiter zunimmt. Ähnlich kann eine hohe Integrationsgeschwindigkeit auch dazu führen, dass notwendige Arbeitsschritte nur ansatzweise oder teilweise gar nicht durchgeführt werden können. Demzufolge kann mit einer Erhöhung der Integrationsgeschwindigkeit auch das Risiko von Fehlentscheidungen zunehmen. Nicht zuletzt kann in dem skizzierten pfadanalytischen Befund auch ein Indiz dafür gesehen werden, dass mit zunehmender Geschwindigkeit die Beherrschbarkeit der Integration abnimmt. Insbesondere könnte davon auszugehen sein, dass mit zunehmender Integrationsgeschwindigkeit das Vermögen, flexibel auf unvorhergesehene Ereignisse reagieren zu können, in grundsätzlicher Weise eingeschränkt wird.

II. Integrationsbarrieren als Determinante

Sowohl „Nicht-Können" Barrieren (–0,652) als auch „Nicht-Wollen" Barrieren (–0,453) besitzen eine ausgeprägte direkte negative Erfolgswirkung. Obwohl diese direkten negativen Effekte jeweils mittelbar über eine geringere Integrationsgeschwindigkeit abgeschwächt werden, dominiert in der Gesamtbetrachtung dennoch eindeutig die negative Erfolgswirkung der Integrationsbarrieren. Dabei ist der negative Erfolgseinfluss der „Nicht-Können" Barrieren (–0,579) deutlich größer als der „Nicht-Wollen" Barrieren (–0,356). Der skizzierte pfadanalytische Befund liefert Anhaltspunkte dafür, dass für eine erfolgreiche Integration nicht nur das „Wollen", sondern auch und insbesondere das erforderliche „Können" notwendig ist. In Hinblick darauf, dass von beiden Ausprägungsformen der Integrationsbarrieren negative Erfolgswirkungen ausgehen, erscheint die Möglichkeit, z.B. mangelndes „Können" durch eine höhere Motivation auszugleichen, grundsätzlich als begrenzt. Selbst bei ausreichender Motivation der Führungsmannschaft können fehlende Fähigkeiten auf Seiten der Mitarbeiter bzw. administrative Barrieren eine erfolgreiche Integration behindern. Ähnlich können auch Widerstände auf Seiten des Managements selbst bei ausreichendem „Können" die Erfolgschancen von Integrationen deutlich verschlechtern. Nach Maßgabe der skizzierten Befunde lässt sich somit zusammenfassend festhalten, dass eine erfolgreiche Integration beides, sowohl das „Wollen" als auch das „Können", voraussetzt. In Hinblick auf die Stärke der negativen Erfolgswirkungen der Integrationsbarrieren liefern die pfadanalytischen Befunde Anhaltspunkte dafür, dass mangelndes „Können" die Erfolgsaussichten von Integrationen ceteris paribus stärker verringert als fehlendes „Wollen". Demnach scheinen – pointiert formuliert – kompatible Managementsysteme für den Erfolg von Integrationen oftmals wichtiger zu sein als die Motivation des Managements.

III. Integrationsgestaltung als Determinante

Pfadanalytisch lässt sich ein vielfältiges Geflecht direkter und indirekter Erfolgwirkungen von Integrationsmaßnahmen ermitteln. Dabei deuten die indirekten Erfolgswirkungen darauf hin, dass das Management die Erfolgsaussichten von Integrationen durch den Einsatz von Integrationsinstrumenten nicht nur unmittelbar, sondern auch mittelbar über die Ausprägung der Integrationsbarrieren bzw. der Integrationsgeschwindigkeit beeinflussen kann.

Die „Einbindung von Promotoren" weist von sämtlichen Integrationsmaßnahmen die stärkste positive Erfolgsbeziehung auf (+0,346). Diese positive Erfolgswirkung ist ausschließlich indirekter Natur und erfolgt mittelbar über die Verringerung der Integrationsbarrieren.

Die „Bindung und Benennung von Führungskräften" weist von allen untersuchten Integrationsmaßnahmen die stärkste negative Erfolgswirkung auf (−0,355). Diese stark negative Erfolgsbeziehung ist indirekter Natur und setzt sich aus drei gleichgerichteten Effekten zusammen. Einerseits verringert die „Bindung und Benennung von Führungskräften" die Erfolgsaussichten von Integrationen über die Erhöhung der Integrationsbarrieren „Nicht-Können" (−0,161) und „Nicht-Wollen" (−0,092). Darüber hinaus trägt diese Integrationsmaßnahme auch über die Erhöhung der Integrationsgeschwindigkeit zu dem letztlich negativen Effekt in Bezug auf den Integrationserfolg bei. Mangelnde Fähigkeiten bzw. administrative Barrieren sind damit die größte „Gefahrenquelle", die von der „Bindung und Benennung von Führungskräften" ausgeht.

Zwischen der „Ausrichtung von individuellem Verhalten" und dem „Integrationserfolg" besteht ein direkter positiver Wirkungszusammenhang (+0,188). Damit ist die „Ausrichtung von individuellem Verhalten" das einzige Instrument im Kanon der Integrationsmaßnahmen, von dem ausschließlich direkte Erfolgswirkungen ausgehen. Demnach kann das Management durch den Einsatz von Integrationsmaßnahmen zur „Ausrichtung von individuellem Verhalten" den Integrationserfolg positiv beeinflussen, ohne dass dadurch, wie z.B. bei Maßnahmen zur „operativen Verzahnung von Geschäftsbereichen", mittelbar negative Erfolgseffekte über die Ausprägung von Integrationsbarrieren bzw. Integrationsgeschwindigkeit verbunden wären. D.h., es handelt sich bei der „Ausrichtung von individuellem Verhalten" um ein Mittel der Integrationsgestaltung, durch das das Management gleichsam ohne „Nebenwirkungen" die Erfolgsaussichten von Integrationen verbessern kann.

Im Gegensatz zu Integrationsmaßnahmen, die auf die „Ausrichtung von individuellem Verhalten" abzielen, scheint die „operative Verzahnung von Geschäftsbereichen" nicht frei von „Nebenwirkungen" zu sein. Der direkte stark positive Erfolgseffekt (0,382) wird mittelbar über eine erhöhte Ausprägung von „Nicht-Können" Barrieren abgeschwächt (−0,186). In dem indirekten negativen Effekt lassen sich Anhaltspunkte dafür finden, dass Unternehmen die positive Erfolgswirkung der „operativen Verzahnung von Geschäftsbereichen" aufgrund von fehlendem „Können" vielfach nur teilweise ausschöpfen. Mangelnde Fähigkeiten auf Seiten der Mitarbeiter bzw. administrative Barrieren scheinen somit Unternehmen oftmals daran zu hindern, dass positive Erfolgspotenzial von Maßnahmen zur „operativen Verzahnung von Geschäftsbereichen" umfassend ausschöpfen zu können. Dies wird besonders deutlich, wenn man sich die Messvariablen anschaut, die in diesen Faktor einfließen (vgl. Tabelle A.3 im Anhang). Es sind dies die „Verzahnung von EDV-Systemen", die „strukturelle Verzahnung von Geschäftsbereichen", die „Zusammenlegung von Abteilungen" und die „Strukturierung der Führungskräfte-Interaktion".

Im Gegensatz zu den genannten Instrumenten besitzen Maßnahmen zum „Transfer von Führungskräften" (+0,069) sowie zur „Einführung von Verrechnungspreisen" (+0,077) lediglich einen wenig ausgeprägten Erfolgseinfluss.

Für Integrationsmaßnahmen, die auf die „Verzahnung von Führungsstrukturen und -systemen" abzielen, lassen sich pfadanalytisch keine signifikanten Beziehungen zum Integrationserfolg ermitteln. Dies ist sicherlich erstaunlich, wenn man auch hier die Variablen betrachtet, die hinter diesem Faktor stehen (vgl. Tabelle A.3 im Anhang). Es sind dies die „Entwicklung eines gemeinsamen Budgets und Mittelfristplans", die „Verzahnung von Planungs- und Reportingprozessen", die „strukturelle Verzahnung der Führungsorganisation" und die „Entwicklung eines Integrationsplans". Der nicht vorhandene Einfluss besagt, dass sich erfolgreiche und nicht erfolgreiche Integrationsfälle hier nicht unterscheiden. Offensichtlich werden diese Aktivitäten bei jeder Integration ergriffen. Sie gehören zumindest zum „Handwerkszeug" der zur Unterstützung herangezogenen Beratungsunternehmen. Dieses Ergebnis darf jedoch nicht dahingehend interpretiert werden, dass diese Maßnahmen unwichtig wären. Eher das Gegenteil ist der Fall. Entsprechend werden sie auch bei jeder – zumindest hier betrachteten – Integration angewandt.

IV. Integrationsziele als Determinante

Ähnlich wie Maßnahmen der Integrationsgestaltung weisen auch Integrationsziele vielfältige direkte und indirekte Erfolgswirkungen auf. Mit Ausnahme von „Overhead Seekern" zeigen sämtliche Ziel-Cluster, teilweise in beachtlicher Stärke, direkte negative Erfolgswirkungen auf. Dies trifft sich mit der bereits oben angeführten Einschätzung des Integrationserfolges. 62% der Fälle wurden als nicht erfolgreich klassifiziert. Da das Erfolgsmaß als abhängig von den Integrationszielen (Transfer von materiellen bzw. immateriellen Ressourcen) operationalisiert wurde, wären positive direkte Effekte auch überraschend, da dies ein Indiz dafür wäre, dass ein „Königsweg" der Integration existiert. Die Möglichkeit der Unternehmen durch die Wahl der Zielsetzung per se über Erfolg bzw. Misserfolg von Integrationen entscheiden zu können, scheint demzufolge grundsätzlich begrenzt zu sein. Die mit Ausnahme des Ziels „Overhead Seeker" bei sämtlichen Ziel-Clustern teilweise deutlich positiven indirekten Erfolgsbeziehungen liefern jetzt jedoch Hinweise darauf, dass das Management durch den Einsatz von Integrationsmaßnahmen die Erfolgsaussichten von Integrationen grundsätzlich verbessern kann. So verbessern z.B. „Innovation Striver" ihre Erfolgsaussichten mittelbar über eine verstärkte „Einbindung von Promotoren" (+0,120).

Darüber hinaus liefern die indirekten Effekte auch Anhaltspunkte dafür, dass Integrationsziele den Integrationserfolg auch mittelbar über die „Nicht-Können" Barrieren positiv beeinflussen. So spiegelt ein Großteil der indirekten Erfolgseffekte, die von „Market Minern" ausgehen, die verringerte Ausprägung von „Nicht-Können" Barrieren wider (−0,111). Auch „Innovations Striver" weisen einen vergleichsweise hohen negativen Effekt zu den „Nicht-Können" Barrieren auf (−0,125). Demnach lassen sich die indirekten Effekte der Integrationsziele nicht nur auf die gestalterische Tätigkeit des Managements zurückführen. Vielmehr scheinen die skizzierten Befunde auch Anhaltspunkte dafür zu liefern, dass mit verschiedenen Integrationszielen zumindest tendenziell unterschiedliche Erfolgsaussichten verbunden sind, da sie sich auf die Höhe der auftretenden Barrieren auswirken. Dies ist besonders augenfällig bei der auf die Erzielung von Synergien ausgerichteten Integrationszielsetzung „Overhead Seeker". Der negative indirekte Effekt auf den Integrationserfolg ist vor allem auf die Beziehung zu den „Nicht-Wollen" Barrieren zurückzuführen. Der Abbau von Kapazitäten im Management- und Verwaltungsbereich trifft vielfach auf Widerstand der in diesen Bereichen beschäftigten Mitarbeiter.

V. Integrationskontext als Determinante

Die Befunde der Pfadanalyse liefern Anhaltspunkte dafür, dass lediglich von der absoluten Unternehmensgröße („Großunternehmen") und von der relativen Unternehmensgröße („Merger of Equals") nachhaltige Erfolgswirkungen bei Post Merger Integrationen ausgehen; alle anderen Kontextmerkmale beeinflussen lediglich auf einem geringen Niveau die Ausprägung des Integrationserfolgs.

Demzufolge untermauern die skizzierten pfadanalytischen Befunde vor allem solche Aussagen in der Literatur nicht, wonach z.B. länderübergreifende Merger aufgrund von Sprach- und Kulturunterschieden grundsätzlich weniger Aussichten auf Erfolg haben. Möglicherweise ist dies auch ein Hinweis darauf, dass sich zumindest im höheren Management eine international wenig unterschiedliche Managementkultur durchzusetzen scheint. Dies mag insbesondere für Unternehmen aus Europa und Amerika gelten, die in der vorliegenden Stichprobe einen Anteil von 86% ausmachten.

Insbesondere das Kontextmerkmal „Großunternehmen" weist eine deutlich positive totale Erfolgswirkung (+0,392) auf. Diese positive Erfolgswirkung basiert auf einem direkten positiven Effekt (+0,457), der durch einen indirekten negativen Effekt (über die Ausprägung der Integrationsgeschwindigkeit) leicht abgeschwächt wird (−0,065). Der skizzierte pfadanalytische Befund scheint damit Anhaltspunkte dafür zu liefern, dass Klein- und mittelständische Unternehmen – selbst bei der methoden- und ressourcenseitigen Unterstützung durch externe Unternehmensberater – oftmals nicht über die ausreichenden Ressourcen für eine erfolgreiche Bewältigung von Integrationen verfügen. Die indirekten negativen Erfolgseffekte von „Großunternehmen" scheinen jedoch auch darauf hinzudeuten, dass der vermeintliche „Ressourcenvorteil" von Großunternehmen auch negative Erfolgswirkungen besitzen kann; nämlich dann, wenn sich Großunternehmen zu einer hohen Integrationsgeschwindigkeit „verleiten lassen". Möglicherweise werden dann wichtige Entscheidungen aufgrund der Vielzahl der auftretenden Probleme nicht ausreichend in ihren Konsequenzen analysiert. Der schnellen Entscheidung wird der Vorrang vor der „durchdachten" Entscheidung eingeräumt. Man ist bestrebt, das Problem „vom Tisch zu bekommen".

Die Befunde der Pfadanalyse liefern auch Anhaltspunkte dafür, dass von der relativen Unternehmensgröße eine positive Erfolgswirkung ausgeht. Das Kontextmerkmal „Merger of Equals" weist jedoch im Vergleich zu „Großunternehmen" einen weniger stark ausgeprägten positiven Erfolgseffekt auf (+0,124). Im Gegensatz zu „Großunternehmen" beruht die positive Erfolgswirkung von „Merger of Equals" ausschließlich auf indirekten Effekten, die den Integrationserfolg über Maßnahmen der Integrationsgestaltung positiv beeinflussen. Die positive Erfolgswirkung von „Merger of Equals" liefert Anhaltspunkte dafür, dass die Integration ähnlich großer Unternehmen trotz der vermeintlich größeren Komplexität nicht zwangsläufig auch weniger erfolgreich sein muss. Die indirekte positive Erfolgswirkung von „Merger of Equals" liefert vielmehr Hinweise darauf, wonach

Integrationen ähnlich großer Unternehmen deshalb gute Erfolgsaussichten besitzen, weil die Bereitschaft der Unternehmensleitung zur Bereitstellung zusätzlicher Managementkapazitäten aufgrund der großen Bedeutung der Integration für das Gesamtunternehmen besonders ausgeprägt ist.

E. Implikationen für die praktische Umsetzung

Fragt man nach den praxeologischen Konsequenzen, die aus den pfadanalytischen Ergebnissen im Hinblick auf die Ausgestaltung der Post Merger Integration zu ziehen sind, so sind diese höchst komplex und vielschichtig. Sie sind somit nicht zuletzt auch ein Grund für die vergleichsweise hohe Misserfolgsquote, die bei Post Merger Integrationen immer wieder genannt wird.

Die hohe Bedeutung der ergriffenen Post Merger Integrationsmaßnahmen für den letztendlichen Erfolg des Zusammenschlusses wird bereits dadurch unterstrichen, dass jede Integration hohe Integrationsbarrieren zu überwinden hat. Hinzu kommt, dass sich a priori auch kein Integrationstyp identifizieren lässt, von dem man sagen kann, dass das Verfolgen einer bestimmten Integrationszielsetzung – wie z.B. die Nutzung von Synergien im Managementbereich oder aber Integrationen entlang der Wertschöpfungskette – den Erfolg der Integration quasi garantiert. Mit der Formulierung der verfolgten Integrationsziele – wobei in der vorliegenden Untersuchung allerdings unberücksichtigt bleibt, ob es sich dabei um eine eher bewusste oder unbewusste Ausrichtung durch das Management handelt – nehmen die Unternehmen unterschiedliche „Startpositionen" ein. Damit einher geht das Ergreifen in ihrer Intensität höchst unterschiedlicher Integrationsmaßnahmen, die im Wesentlichen darauf gerichtet sind, die auftretenden Integrationsbarrieren zu überwinden.

In der Überwindung dieser Integrationsbarrieren scheint ein zentraler Ansatz zur Sicherung des Integrationserfolges zu liegen. Wichtig ist dabei, dass Widerstände nicht nur daraus resultieren, dass Defizite in den Fähigkeiten zur Integration der Unternehmensteile bestehen. Diese ließen sich mit Hilfe einer effizienten Informationsversorgung bzw. durch die Einschaltung integrationserfahrener Beratungsunternehmen zu einem nicht unerheblichen Teil beseitigen. Dabei ist jedoch zu berücksichtigen, dass auch bei Beraterunterstützung sich eine Barriere des „Nicht-Könnens" nicht zwangsläufig negiert. Die in der vorliegenden Untersuchung betrachteten Post Merger Integrationen wurden sämtlich durch Berater begleitet, trotzdem traten nicht unerhebliche Wissensdefizite auf.

Nichtsdestoweniger scheinen bei Post Merger Integrationen Widerstände eine zentrale Rolle zu spielen, die auf ein „Nicht-Wollen" der Integration zurückzuführen sind. Die Ablehnung der Integration kann dabei an ganz unterschiedlichen Stellen im Unternehmen angesiedelt sein. Von Seiten der Arbeitnehmer sind Widerstände ebenso zu befürchten wie von Seiten des leitenden Managements. Das zentrale Instrument zur Überwindung derartiger Integrationswiderstände sind sogenannte „Integrationspromotoren". Es muss gelingen, Personen zu finden, die eine entsprechende Rolle übernehmen und mit ihrem Engagement und den ihnen zur Verfügung stehenden Machtpotentialen den Integrationsprozess zu einem erfolgreichen Ende führen. Von besonderer Bedeutung sind hier Personen, die über hierarchisches Potenzial verfügen. Sie sind es, die im Zweifelsfall die Barriere des „Nicht-Wollens" aufgrund der ihnen zur Verfügung stehenden Anordnungskompetenz überwinden können. Ist der Entschluss zur Integration gefallen, so gilt es, Anreize zu schaffen, dass Personen, die über entsprechende Machtpotentiale verfügen, auch bereit sind die Rolle des „Integrationspromotors" zu übernehmen. Eine Aufgaben bezogene Zuweisung der Promotorenfunktion an bestimmte Personen garantiert nicht, dass die Personen auch das notwendige Engagement entfalten. Hier gilt es, Anreize zu schaffen, die entsprechend motivierende Wirkung besitzen.

Neben der mittelbaren Verbesserung der Erfolgsaussichten über eine Verringerung der Integrationsbarrieren durch die Aktivierung von „Integrationspromotoren" kann das Management mittels des Einsatzes unterschiedlicher Instrumente der Integrationsgestaltung auch unmittelbar die Erfolgsaussichten von Integrationen verbessern. Hierbei kommen Maßnahmen zur „Ausrichtung des individuellen Verhaltens" aufgrund ihres „nebenwirkungsfreien" Erfolgseinflusses eine nicht unwesentliche Bedeutung zu. Jedoch scheint die Möglichkeit, die Erfolgschancen von Integrationen unmittelbar durch Maßnahmen der Integrationsgestaltung verbessern zu können, vielfach durch mangelndes „Können" auf Seiten der Unternehmen begrenzt zu werden. In diesem Zusammenhang sind nicht zuletzt Maßnahmen zur „operativen Verzahnung von Geschäftsbereichen" ein nicht unkritischer Aspekt. Wie die vorgelegten empirischen Befunde zeigen, kann das Management durch Maßnahmen der Integrationsgestaltung die Erfolgsaussichten nicht nur verbessern, sondern auch verschlechtern. Es scheint sowohl bei der „Bindung und Benennung von Führungskräften" als auch bei der Wahl der „Integrationsgeschwindigkeit" ein umsichtiges Vorgehen erforderlich zu sein. Insbesondere bedeutet ein undifferenziertes „je schneller" nicht auch gleichzeitig ein „desto besser". Bei der Wahl der Führungskräfte sollten Aspekte der aktiven Übernahme der Rolle eines „Integrationspromotors" nicht unberücksichtigt bleiben.

Wie die empirischen Ergebnisse insgesamt gezeigt haben, sollte das Integrationsmanagement sich nicht nur auf ein singuläres Integrationsinstrument verlassen, sondern das interdependente Zusammenhangsmuster berücksichtigen, bei dem direkte und indirekte Erfolgseffekte einander oftmals kompensieren. Einen „Königsweg" für die Post Merger Integration lässt sich nicht erkennen. Wie bei vielen komplexen Prozessen kommt es auch hier auf den Einzelfall an. Nicht zuletzt den Integrationskontext gilt es ebenso zu spezifizieren wie die angestrebte Integrationszielsetzung. Nur so kann ein Prozess der Post Merger Integration davor geschützt werden, an den nicht unerheblichen Integrationsbarrieren zu scheitern.

Anhang

Tab. A.1: Rotierte Faktorladungsmatrix der Zielvariablen

Ziel-Variablen \ Ziel-Faktoren	Nr. 1: ‚Marketing & Vertriebs-Management'	Nr. 2: ‚Logistik'	Nr. 3: ‚Unterstützende Funktionen'	Nr. 4: ‚Leistungs-erstellung'	Nr. 5: ‚Forschung & Entwicklung'	Kommuna-litäten
Immat. - Verwaltung	*0,882*	-0.020	0.101	-0.010	0.160	0.814
Immat. - Marketing & Vertrieb	*0,857*	0.317	0.029	0.088	0,027	0.845
Mat. - Marketing & Vertrieb	*0,703*	-0,075	0,224	0,012	0,344	0,623
Immat. - Logistik	0.369	*0,835*	0.031	0.108	0.077	0,852
Mat. - Logistik	-0,155	*0,803*	0,251	-0,057	0.283	0.816
Mat. - Beschaffung	0,082	0.273	*0,865*	0.145	-0,086	0.858
Mat. - Verwaltung	0.052	-0,124	*0,716*	-0,248	0,343	0,709
Immat. - Beschaffung	0.423	0.412	*0,608*	0.219	-0,013	0.766
Mat. - Produktion	-0,142	-0,115	-0,014	*0,890*	0,057	0.829
Immat. - Produktion	0.284	0.220	0.058	*0,848*	0,014	0.852
Mat. - Forschung & Entwicklung	0.054	0,073	0,025	0,038	*0,896*	0.814
Immat. - Forschung & Entwicklung	0,227	0.296	0,060	0,045	*0,709*	0.647

Immat. = Immaterielle Ressourcentransfers; Mat. = Materielle Ressourcentransfers

Tab. A.2: Durchschnittliche Faktorwerte der Ziel-Cluster

Ziel-Cluster \ Ziel-Faktoren	‚Forschung & Entwicklung'	‚Leistungs-erstellung'	‚Logistik'	‚Marketing & Vertriebs Management'	‚Unterstützende Funktionen'
Nr.1: ‚Innovation Striver' (9 %)	*+ 1,205* *(0,005)*[1]	*- 1,0559* *(0,013)*	*- 0,8298* *(0,036)*	+ 0,6575 (0.123)[1]	*- 0,9460* *(0,001)*
Nr. 2: ‚Up-stream Searcher' (29 %)	*+ 0,9617* *(0,000)*[1]	*+ 0,6759* *(0,000)*[1]	*+ 0,7042* *(0,000)*[1]	- 0,0171 (0.929)	+ 0,0245 (0,925)
Nr. 3: ‚Down-stream Searcher' (10 %)	- 0,6536 (0,177)	*- 1,6689* *(0,000)*[1]	*+ 1,3544* *(0,005)*	*+ 0,7791* *(0,036)*	+ 0,3673 (0,389)
Nr. 4: ‚Market Miner' (25 %)	*- 0,6390* *(0,002)*[1]	*+ 0,5688* *(0,005)*[1]	*- 0,7267* *(0,001)*	*+ 0,7583* *(0,001)*[1]	+ 0,1401 (0,645)
Nr. 5: ‚Overhead Seeker' (27 %)	- 0,3210 (0,085)[1]	- 0,4074 (0,093)[1]	*- 0,4617* *(0,050)*[1]	*- 1,2083* *(0,000)*	+ 0,1984 (0.506)

( ) : Signifikanzniveau T-Werte; 1) „Equal Variances Assumed"

Erfolgsfaktoren von Post Merger Integrationen

Tab. A.3: Rotierte Faktorladungsmatrix der Gestaltungsvariablen

Integrationsmaßnahmen \ Gestaltungsfaktoren	Nr. 1: ‚Ausrichtung von indiv. Verhalten'	Nr. 2: ‚Operative Verzahnung von Geschäftsbereichen'	Nr. 3: ‚Transfer von Führungskräften'	Nr. 4: ‚Bindung und Benennung von Führungskräften'	Nr. 5: ‚Verzahnung von Führungsstrukturen und -systemen'	Nr. 6: ‚Einführung von Verrechnungspreisen'	Kommunalitäten
Erarbeitung einer Vision	**0,757**	-0,013	0,141	0,194	0,196	-0,058	0,673
Erarbeitung von Unternehmensleitlinien	**0,751**	-0,009	0,048	0,094	0,360	-0,163	0,731
Integrationsfördernde Gestaltung von Anreizsystemen	**0,657**	0,178	0,104	0,069	-0,012	0,300	0,569
Durchführung von Schulungen	**0,561**	0,433	0,264	-0,167	-0,105	0,398	0,769
Verzahnung von EDV-Systemen	0,073	**0,815**	-0,021	0,166	0,081	0,095	0,713
Strukturelle Verzahnung von Geschäftsbereichen	-0,091	**0,754**	0,020	-0,136	0,331	0,047	0,708
Zusammenlegung von Abteilungen	0,241	**0,588**	0,234	0,301	0,177	-0,215	0,627
Strukturierung der Führungskräfte-Interaktion	0,422	**0,469**	0,298	0,275	0,042	-0,280	0,643
Transfer von ‚Middle Managern'	0,069	0,156	**0,881**	0,157	0,076	0,108	0,847
Transfer von ‚Top Managern'	0,223	-0,005	**0,839**	0,146	0,037	0,118	0,791
Bewertung und Auswahl des ‚Top Managements'	0,114	-0,046	0,298	**0,855**	0,061	-0,098	0,849
Bewertung und Auswahl des ‚Middle Managements'	0,096	0,382	0,131	**0,825**	-0,026	0,141	0,874
Bindung von Kernmitarbeitern	0,489	-0,055	-0,219	**0,550**	0,101	0,385	0,751
Entwicklung eines gemeinsamen Budgets und Mittelfristplans	0,141	0,127	0,155	0,081	**0,744**	0,099	0,631
Verzahnung von Planungs- und Reportingprozessen	0,143	0,157	-0,118	-0,024	**0,604**	-0,011	0,424
Strukturelle Verzahnung der Führungsorganisation	-0,007	0,068	0,482	0,048	**0,541**	0,121	0,547
Entwicklung eines Integrationsplans	0,374	0,372	0,326	0,040	**0,445**	0,032	0,585
Einführung von Verrechnungspreisen	0,034	-0,005	0,224	0,070	0,138	**0,784**	0,691

Tab. A.4: Rotierte Faktorladungsmatrix der Barrierenvariablen

Integrations-barrieren \ Barrieren-Faktoren	Nr. 1: ‚Nicht-Können'	Nr. 2: ‚Nicht-Wollen'	Kommuna-litäten
Bereichs-Barrieren	*0,771*	0,165	0,621
Informationsseitige Managementsystem-Barrieren	*0,742*	0,062	0,554
Fachspezifische Fähigkeitsbarrieren	*0,737*	0,139	0,563
Integrationsspezifische Fähigkeitsbarrieren	*0,653*	0,248	0,488
Systemseitige Managementsystem-Barrieren	*0,571*	-0,025	0,327
Willensbarrieren des ‚Top Managements'	0,007	*0,924*	0,854
Willensbarrieren des ‚Middle Managements'	0,263	*0,886*	0,855

Tab. A.5: Signifikante Erfolgseffekte im Integrationsmanagement-Modell

	Integrationserfolg		
Unabhängig Variablen	Direkter Effekt	In-direkter Effekt	Totaler Effekt
Integrationskontext			
• Großunternehmen	+ 0,457	- 0,065	+ 0,392
• ‚Merger of Equals'	-	+ 0,124	+ 0,124
• ‚Corporate Merger'	-	+ 0,087	+ 0,087
• ‚Cross-border Merger'	-	+ 0,022	+ 0,022
• Tochterunternehmen	-	- 0,029	- 0,029
Integrationsziele			
• ‚Innovation Striver'	- 0,300	+ 0,120	- 0,180
• ‚Up-stream Searcher'	- 0,400	+ 0,016	- 0,384
• ‚Down-stream Searcher'	- 0,319	+ 0,119	- 0,200
• ‚Market Miner'	- 0,497	+ 0,430	- 0,067
• ‚Overhead Seeker'	-	- 0,018	- 0,018
Integrationsgestaltung			
• Einbindung von Promotoren	-	+ 0,346	+ 0,346
• Verzahnung von Führungsstrukturen u. -systemen	-	-	-
• Bindung und Benennung von Führungskräften	-	- 0,355	- 0,355
• Ausrichtung von individuellem Verhalten	+ 0,188	-	+0,188
• Transfer von Führungskräften	-	+ 0,069	+ 0,069
• Operative Verzahnung von Geschäftsbereichen	+ 0,382	- 0,186	+ 0,196
• Einführung von Verrechnungspreisen	-	+ 0,077	+ 0,077
Integrationsbarrieren			
• Nicht-Können	- 0,652	+ 0,073	- 0,579
• Nicht-Wollen	- 0,453	+ 0,097	- 0,356
Integrationsgeschwindigkeit	-0,256	-	- 0,256

Anmerkungen

1 Vgl. Livermore 1935 S. 77 bezieht sich bei dieser Aussage auf US-amerikanische „industrial mergers" der Jahre 1888-1905.
2 Für einen tabellarischen Überblick über Studien zur Misserfolgsquote von Unternehmenszusammenschlüssen vgl. z.B. Böhmcker 1995 S. 527; Frank 1993 S. 135; Lajoux 1998 S. 13 ff.
3 Vgl. z.B. Haspeslagh/Jemison 1991 S. 12; Löhner 1992 S. 37; Grüter 1993 S. 45; Gerpott 1993a S. 5; Gerpott/Schreiber 1994 S. 100; Smith/Quella 1995 S. 26; Olbrich/Alves/Reinke 1996 S. 6 ff.; Galpin/Robinson 1997 S. 24; Smith/Hershman 1997 S. 4, Baroncelli 1998 S. 377; Larsson/Finkelstein 1999 S. 1.
4 Zu dieser Einschätzung vgl. z.B. Müller-Stewens/Krüger 1993 S. 2 f.; Sirower 1997 S. 156; Larsson/Finkelstein 1999 S. 2.
5 Während beispielsweise Gerpott (1993a S. 404) keinen Erfolgseinfluss der ‚Geschäftsverwandtschaft" feststellen kann, können Larsson/Finkelstein (1999 S. 12) eine solche Erfolgsbeziehung empirisch nachweisen.
6 Vgl. Kieser/Kubicek 1993 S. 55 ff.
7 Vgl. zur Unterscheidung hierarchische und hierarchiefreie Koordination Brockhoff/Hauschildt 1993.
8 Vgl. z.B. Cartwright/Cooper 1990; Schweiger/Walsh 1990; Schweiger/Denisi 1991; Mirvis/Marks 1992; Newman/Krzystoflak 1993; Covin/Sightler/Kolenko/Tudor 1996 S. 125 ff.
9 Vgl. z.B. Walsh 1988 S. 173 ff., Walsh/Ellwood 1991 S. 201 ff., Gerpott 1993b S. 1271 ff., Gerpott 1994 S. 4 ff.
10 Vgl. z.B. Pritchett 1997 S. 44.
11 Vgl. z.B. Ivancevitch/Schweiger/Power 1987 S. 23.
12 Vgl. Witte 1973.
13 Vgl. hierzu Hauschildt/Chakrabarti 1988.
14 Vgl. z.B. De Noble/Gustafson/Hergert 1988 S. 84 f.; Freund 1991 S. 493 f.; Haspeslagh/Jemison 1991 S. 158; Dalton 1992 S. 6; Feldman 1995 S. 32; Anslinger/Copeland 1996 S. 132; Pritchett 1997 S. 130; Copeland/Koller/Murrin 1998 S. 446 f.
15 Vgl. z.B. Cox 1984 S. 25; Foster/Kantrow 1988 S. 50; Balloun/Gridley 1990 S. 96; Fisher 1994 S. 50; Gerpott/Schreiber 1994 S. 99 ff.
16 Vgl. z.B. Cannella/Hambrick 1993; Gerpott 1993b; Larsson/Finkelstein 1999.
17 Larsson/Finkelstein 1999 S. 6; für konzeptionelle Beiträge, die eine negative Erfolgswirkung von Integrationsbarrieren unterstellen vgl. z.B. Ivancevitch/Schweiger/Power 1987 S. 23; Buono/Bowditch 1989 S. 114; Haspeslagh/Jemison 1991 S. 113 f.; Schweiger/Denisi 1991 S. 110 f.; Marks 1994 S. 64 ff.; Blumenthal 1995 S. 23 ff.; Cartwright/Cooper 1995 S. 35; Reece 1996 S. 40 f.
18 Vgl. Bragado 1992.
19 Vgl. z.B. Chakrabarti 1990, Süverkrüp 1992, Canella/Hambrick 1993, Gerpott 1993a, Mitchell/Holmes 1996.
20 Das Spektrum der untersuchten Integrationsinstrumente umfasst so heterogene Ausprägungen wie z.B. „Hierarchieunterstützung der Mutter" (Süverkrüp 1992) und „Individuumszentrierte Maßnahmen zur Anpassungserleichterung" (Gerpott 1993a).
21 Vgl. AMA 1989; Schweiger/Denise 1991; Salecker 1995.
22 Vgl. Gerpott 1993a S. 166; Gerpott/Schreiber 1994 S. 108 f.
23 Vgl. z.B. Kitching 1967 S. 93; Möller 1983 S. 148; Souder/Chakrabari 1984 S. 41 f., Chakrabarti 1990.
24 Während die Studien von Kitching 1967 und auch Möller 1983 Anhaltspunkte für einen zielspezifischen Erfolgseinfluß bei Fusionen und Akquisitionen liefern, weisen die Befunde von Chakrabarti 1990 auf „…a lack of relationsship between the professed motives of acquisition and post acquisition performance" (S. 259) hin.
25 Vgl. hierzu z.B. Hunt 1990 S. 73; McCanley/Ponticas 1997 S. 6 f.
26 Vgl. hierzu z.B. Gerpot 1993a S. 111 f.
27 Vgl. hierzu z.B. Bragado1992 S. 28; Gerpott/Schreiber 1994 S. 107.

28 Während beispielsweise Gerpott 1993a keinen Erfolgseinfluss des Merkmals „Geschäftsverwandtschaft" feststellen kann, können Larsson/Finkelstein 1999 demgegenüber eine solche Erfolgsbeziehung empirisch nachweisen.
29 Vgl. z.B. Süverkrüp 1992; Gerpott 1993a; Lubattein/Calori/Very/Veiga 1998.
30 Vgl. z.B. Süverkrüp 1998.
31 Vgl. Pritchett 1997 S. 31 f.
32 Vgl. Porter 1989 S. 491.
33 Vgl. Harbison/Silver 1989.
34 Vgl. die Übersichten bei Frank 1993 S. 135; Böhmcker 1995 S. 527; Lajoux 1998 S. 13 ff.
35 Vgl. die umfangreiche Literaturauswertung bei Gerpott 1993a S. 268.
36 Vgl. z.B. Gerpott/Bloch 1993 S. 13; Datta/Pnia 1995 S. 340; Larsson/Finkelstein 1999 S. 8.
37 Vgl. Süverkrüp 1992 S. 156.
38 Vgl. Kieser/Kubicek 1993 S. 293.
39 Vgl. Baetge 1997 S. 449.
40 Vgl. z.B. die empirischen Befunde von Gerpott 1993a S. 501.
41 Vgl. Gemünden/Walter 1995 S. 971 ff.; Hauschildt/Schewe 1997 S. 506 ff.
42 Vgl. Kitching 1967 S. 91; Livermore erwähnt bereits in seinem Beitrag von 1935 ‚Promotoren' (S. 69, S. 73)
43 Vgl. z.B. Pitchett 1997 S. 129, der im Hinblick auf die Veränderung der Mitarbeiterproduktivität von einer „postmerger recovery period" spricht, wonach die „operatin effectiveness suffers from psychological shock waves and resalting reactions of employees". Ähnlich auch Kramer 1990 S. 29; Panos 1989 S. 44 ff.
44 Vgl. hierzu ausführlich Al-Laham 1997 S. 392 ff.
45 Kozlowski (Chairman und Chief Executive Officer – Tyco International) zitiert in Habeck/Kröger/Träm 1999 S. 5; ähnlich vgl. z.B. auch Searby 1969 S. 10 f.; De Noble/Gustafson/Hergert 1988 S. 84 f.; Freund 1991 S. 493 f.; Haspeslagh/Jemison 1991 S. 158; Dalton 1992 S. S. 6; Feldman 1995 S. 32; Anslinger/Copeland 1996 S. 132; Galpin/Robinson 1997 S. 25 f.; Pritchett 1997 S. 130; Copeland/Koller/Murrin 1998 S. 446 f.

Literatur

Al-Laham, A. (1997) – Strategieprozesse in deutschen Unternehmungen: Verlauf, Struktur und Effizienz, Wiesbaden.
AMA American Management Association (1989) – Tying the Corporate Knot: An American Management Association Research Report on the Effects of Mergers and Acquisitions, AMA Briefings & Surveys, New York.
Anslinger, P. L., Copeland T. E. (1996) – Growth Through Acquisitions: A Fresh Look, in: Harvard Business Review 1/74, S. 126–135.
Baetge, J. (1997) – Akquisitionscontrolling: Wie ist der Erfolg einer Akquisition zu ermitteln?, in: Claussen, C. P. (Hrsg.), Umbruch und Wandel: Herausforderungen zur Jahrhundertwende, Eine Festschrift für Prof. Dr. Carl Zimmerer zum 70. Geburtstag, S. 448–468.
Balloun, J., Gridley, R. (1990) – Post-merger management, Understanding the challenges, in: The McKinsey Quarterly 4/26, S. 91–102.
Baroncelli, A. (1998) – Telecom Italia: Merging Five Companies into One, in: Long Range Planning 31, S. 377–395.
Blumenthal, B. (1995) – The Right Talent Mix to Make Mergers Work, in: Mergers & Acquisitions 2/30, S. 26–37.
Böhmcker, A. (1995) – Post-Merger Controlling in: M&A Review 12/4, S. 527–534.
Bragado, J. F. (1992) – Setting the Correct Speed for Postmerger Integration, in: M&A Europe 4, S. 24–31.
Brockhoff, K., Hauschildt, J. (1993) – Schnittstellenmanagement: Koordination ohne Hierarchie, in: Zeitschrift Führung + Organisation 62, S. 396–403.

Buono, A. F., Bowditch, J. L. (1989) – The Human Side of Mergers and Acquisitions, San Francisco.
Cannella, A. A., Hambrick, D. C. (1993) – Effects of Executive Departures on the Performance of Acquired Firms, in: Strategic Management Journal 14, S. 137–152.
Cartwright, S., Cooper, C. L. (1990) – The Impact of Mergers and Acquisitions on People at Work: Existing Research and Issues, in: British Journal of Management 1, S. 65–76.
Cartwright, S., Cooper, C. L. (1995) – Organizational Marriage: "Hard" versus "Soft" Issues? in: Personnel Review 3/24, S. 32–42.
Chakrabarti, A. K. (1990) – Organizational Factors in Post-Acquisition Performance, in: IEEE Transactions on Engineering Management 37, S. 259–266.
Copeland, T., Koller, T., Murrin, J. (1998) – Unternehmenswert: Methoden und Strategien für eine wertorientierte Unternehmensführung, 2. Auflage, Frankfurt/New York.
Covin, T. J., Sightler, K. W., Kolenko, T. A., Tudor, R. K. (1996) – An Investigation of Post-Acquisition Satisfaction with the Merger, in: The Journal of Applied Behavioral Science 2/32, S. 125–140.
Cox, C. A. (1984) – A Blueprint for Business Integration, in: Financial Executive November/52, S. 22–28.
Dalton, R. H. (1992) – Post-Acquisition Integration, in: Frameworks for Organizational Change, New York.
Datta, D. K., Puia, G. (1995) – Cross-border Acquisitions: An Examination of the Influence of Relatedness and Cultural Fit on Shareholder Value Creation in U.S. Acquiring Firms, in: Management International Review 35, S. 337–359.
De Noble, A. F., Gustafson, L. T., Hergert, M. (1988) – Planning for Post-Merger Integration, Eight Lessons for Merger Success, in: Long Range Planning 4/21, S. 82–85.
Feldmann, M. L. (1995) – Disaster Prevention Plans after a Merger, in: Mergers & Acquisitions 1/30, No. 1, July/August 1995, S. 31–38.
Fisher, A. B. (1994) – How to make a Merger work, in: Fortune 24, S. 50–53.
Foster, R. N., Kantrow, A. M. (1988) – Making Post-Merger R & D Effective, in: Research Technology Management 28, S. 47–51.
Frank, G. M. (1993) – Probleme und Erfolgsfaktoren bei der Übernahme von Unternehmen, in: Frank, G. M., Stein, I. (Hrsg.), Management von Unternehmensakquisitionen, Stuttgart, S. 133–146.
Freund, W. (1991) – Die Integration übernommener Unternehmen: Fragen, Probleme und Folgen, in: Die Betriebswirtschaft 51, S. 491–498.
Galpin, T. J., Robinson, D. E. (1997) – Merger Integration: The Ultimate Change Management Challenge, in: Mergers & Acquisitions 4/31, S. 24–28.
Gemünden, H. G., Walter, A. (1995) – Der Beziehungspromoter, Schlüsselperson für interorganisationale Innovationsprozesse, in: Zeitschrift für Betriebswirtschaft 65, S. 971–986.
Gerpott, T. J. (1993a) – Integrationsgestaltung und Erfolg von Unternehmensakquisitionen, Stuttgart.
Gerpott, T. J. (1993b) – Ausscheiden von Top-Managern nach Akquisitionen: Segen oder Fluch? Empirische Befunde zu Zusammenhängen zwischen der Ausscheidequote von Top-Mangern und der Erfolgsentwicklung akquirierter Unternehmen, in: Zeitschrift für Betriebswirtschaft 63, S. 1271–1295.
Gerpott, T. J. (1994) – Abschied von der Spitze: Eine empirische Studie zur Höhe und zu Determinanten der Ausscheidungsquote von Top Managern akquirierter deutscher Unternehmen, in: Zeitschrift für die betriebswirtschaftliche Forschung 46, S. 4–31.
Gerpott, T. J. (1995) – Successful Integration of R & D Functions after Acquisitions: An Exploratory Empirical Study, in: R & D Management 25, S. 161–178.
Gerpott, T. J., Schreiber, K. (1994) – Integrationsgestaltungsgeschwindigkeit nach Unternehmensakquisitionen – Revolutionäre Veränderung oder evolutionäre Anpassung?, in: Die Unternehmung 48, S. 99–116.
Grüter, H. (1993) – Integrationsstrategien akquirierter Unternehmungen, in: Die Unternehmung 47, S. 45–54.
Harbison, J. R., Silver, S. J. (1989) – Post-Merger Integration: Capturing Value after the Deal, New York.

Haspeslagh, P. C., Jemison, D. B. (1987) – Acquisitions, Myths and Reality, in: Sloan Management Review 28, S. 53–58.
Haspeslagh, P. C., Jemison, D. B. (1991) – Managing Acquisitions: Creating Value Through Corporate Renewal, New York.
Hauschildt, J., Chakrabarti, A. K. (1988) – Arbeitsteilung im Innovationsmanagement – Forschungsergebnisse, Kriterien und Modelle, in: Zeitschrift Führung + Organisation 57, S. 378–388.
Hauschildt, J., Schewe, G. (1997) – Gatekeeper und Promotoren: Schlüsselpersonen in Innovationsprozessen in statischer und dynamischer Perspektive, in: Die Betriebswirtschaft 57, S. 506–516.
Hunt, J. W. (1990) – Changing Patterns Of Acquisition Behaviour In Takeovers And The Consequenses For Acquisition Processes, in: Strategic Management Journal 11, S. 69–77.
Ivancevich, J. M., Schweiger, D. M., Power, F. R. (1987) – Strategies for Managing Human Resources During Mergers and Acquisitions, in: Human Resource Planning 1/10, S. 19–35.
Kieser, A., Kubicek, H. (1993) – Organisation, 3. Auflage, Berlin.
Kitching, J. (1967) – Why do Mergers miscarry? in: Harvard Business Review, S. 84–101.
Kramer, R. J. (1990) – Organizational Aspects of Postmerger Integration, in: M & A Europe March/April 2, S. 24–32.
Lajoux, A. R. (1998) – The Art of M & A Integration: A Guide to Merging Resources, Processes, and Responsibilities, New York.
Larsson, R., Finkelstein, S. (1999) – Integrating Strategic, Organizational and Human Resource Perspectives on Mergers and Acquisitions: A Case Survey of Synergy Realization, in: Organization Science 1/10, S. 1–26.
Livermore, S. (1935) – The Success Of Industrial Mergers, in: Quarterly Journal of Economics 50, S. 68–96.
Löhner, R. (1992) – How To Create a Strong European Competitor: A Study of Success in Postmerger Integration, in: M & A Europe 2/4, S. 32–37.
Lubatkin, M. (1987) – Merger Strategies and Shareholder Value, in: Strategic Management Journal 8, S. 39–53.
Lubatkin, M., Calori, R., Very, P., Veiga, J. F. (1998) – Managing Mergers Across Borders: A Two-Nation Exploration of a Nationally Bound Administrative Heritage, in: Organization Science 9, S. 670–684.
Marks, M. L. (1994) – From Turmoil to Triumph, New Life after Mergers, Acquisitions, and Downsizing, New York.
McCauley, D., Ponticas, L. (1997) – Executing the Successsful Merger: Smart Play in a Hard Risk Game, Research Report; CSC Index, Research and Advisory Services, Cambridge.
Mirvis, P. H., Marks, M. L. (1992) – Managing the Merger, Making It Work, Prentice Hall, Englewood Cliffs.
Mitchell, D., Holmes, G. (1996) – Making Acquisitions Work: Learning from Companies' Success and Failures, Research Report, The Economist Intelligence Unit, London.
Möller, W. P. (1983) – Der Erfolg von Unternehenszusammenschlüssen: Eine empirische Untersuchung, München.
Müller-Stewens, G., Krüger, W. (1993) – Matching Acquisition Policy and Integration Style, in: Institut für Betriebswirtschaft, Diskussionsbeiträge Nr. 1, Hochschule St. Gallen.
Newman, J. M., Krzystoflak, F. J. (1993) – Changes in Employee Attitudes after an Acquisition: A Longitudinal Analysis, in: Group & Organization Management 18, S. 390–410.
Olbrich, R., Alves, R., Reinke, B. (1996) – Akquisitions- und Integrationsmanagement von Handelskonzernen, Strategien des externen Wachstums im Handel und ihre organisatorischen Gestaltungserfordernisse, in: Zeitschrift Führung + Organisation 65, S. 6–13.
Panos, J. E. (1989) – Taking the Humane Approach to Postacquisition Layoffs, in: Mergers & Acquisitions 5/24, S. 44–47.
Porter, M. E. (1989) – Wettbewerbsvorteile: Spitzenleistung erreichen und behaupten, Frankfurt a/M.
Pritchett, P. (1997) – After The Merger: The Authoritative Guide for Integration Success, 2. Auflage, New York.
Reece, R. (1996) – Easing the transition during a merger or acquisition, in: Bank Marketing August/28, S. 38–42.

Salecker, J. (1995) – Der Kommunikationsauftrag von Unternehmen bei Mergers & Akquisitions: Problemdimensionen und Gestaltungsoptionen der Kommunikation bei Unternehmensübernahmen, Bern.

Schweiger, D. M., Denisi, A. S. (1991) – Communication with Employees Following A Merger: A Longitudinal Field Experiment, in: Academy of Management Journal 34, S. 110–135.

Schweiger, D. M., Walsh, J. P. (1990) – Mergers and Acquisitions: An Interdisciplinary View, in: Research in Personnel and Human Resources Management 8, S. 41–107.

Seth, A. (1990) – Value Creation In Acquisitions: A Re-Examination Of Performance Issues, in: Strategic Management Journal 11, S. 99–115.

Sirower, M. L. (1997) – The Synergy Trap: How Companies Lose the Acquisition Game, New York.

Smith, K. W., Hershman, S. E. (1997) – Making mergers work for profitable growth: The importance of pre-deal planning about post-deal management, in: A Mercer commentary, Mercer Management Consulting.

Smith, K. W., Quella, J. A. (1995) – Seizing the Moment To Capture Value In a Strategic Deal, in: Mergers & Acquisitions 4/29, S. 25–30.

Souder, W. E., Chakrabarti, A. K. (1984) – Acquisitions: Do They Really Work Out?, in: Interfaces 4/14, S. 41–47.

Süverkrüp, C. (1992) – Internationaler technologischer Wissenstransfer durch Unternehmensakquisitionen: Eine empirische Untersuchung am Beispiel deutsch-amerikanischer und amerikanisch-deutscher Akquisitionen, Frankfurt a/M.

Walsh, J. P. (1988) – Top Management Turnover Following Mergers And Acquisitions, in: Strategic Management Journal 9, S. 173–183.

Walsh, J. P., Ellwood, J. W. (1991) – Mergers, aquisitions and the pruning of managerial deadwood, in: Strategic Management Journal 12, S. 201–217.

Witte, E. (1972) – Organisation für Innovationsentscheidungen: Das Promotorenmodell, Göttingen.

Zusammenfassung

In einer Vielzahl aktueller Beispiele von Fusionen und Akquisitionen zeigen sich Defizite in der Durchführung der Post Merger Integration. Die vorliegende empirische Untersuchung von mehr als 120 Unternehmen zielt darauf ab, zentrale Erfolgsfaktoren von Post Merger Integrationen zu identifizieren. Wie die Studie zeigt, kann das Management durch einen differenzierten Maßnahmeneinsatz wesentliche Integrationsbarrieren überwinden. Entscheidend für eine erfolgreiche Post Merger Integration ist insbesondere auch die Wahl der richtigen Integrationsgeschwindigkeit.

Summary

Many mergers and acquisition fail due to lack of Post Merger Integration. The study incorporating more than 120 companies worldwide aims to identify critical success factors of Post Merger Integration. The empirical evidence of the study indicates that the management can successfully master integration barriers by taking specific integration actions. A major key success factor in Post Merger Integration is especially to set the appropriate integration speed.

30: Allgemeine Fragen der Personalwirtschaft (JEL J21)

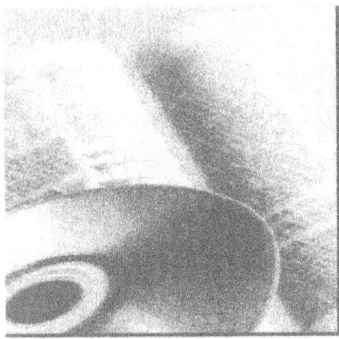

Gabler Marketing Highlights

Manfred Bruhn
Marketing interaktiv
Grundlagen für
Studium und Praxis
1999. CD-Rom DM 68,00*
ISBN 3-409-19841-5

Mit der CD-ROM „Marketing Interaktiv"
liegt zusätzlich ein multimediales Begleitmedium zum Grundlagenbuch vor. Mit Hilfe
eines interaktiven Lehrbuchs und einem
Aufgabenmodul wird ein computergestütztes Selbststudium ermöglicht.
Ziel der CD-Rom ist es, durch die beispielhafte Ergänzung, Vertiefung und Kontrolle
gelesener Inhalte eine Qualitätssteigerung
in der Marketingausbildung zu erreichen.

Manfred Bruhn
Marketing
Grundlagen für
Studium und Praxis
5., überarb. Aufl. 2001.
331 S. Br. DM 49,80
ISBN 3-409-53646-9

Studenten und Praktiker erhalten in kompakter Weise
eine systematische Einführung in die zentralen Sichtweisen, Prinzipien, Entscheidungstatbestände, Instrumente und Verfahren des Marketing.
In der 5. Auflage wurde die bewährte Gliederung des
Buches beibehalten. Alle Kapitel wurden grundlegend
überarbeitet und auf den neuesten Stand gebracht.
Dabei wurden die neuen Informations- und Kommunikationstechnologien, die den Instrumenteeinsatz im
Marketing verändern, integriert.

Manfred Bruhn
Marketingübungen
Basiswissen, Aufgaben,
Lösungen.
Selbstständiges Lerntraining
für Studium und Beruf
2001. ca. 300 S.
Br. ca. DM 48,00
ISBN 3-409-11640-0

In Ergänzung zum Lehrbuch und zum interaktiven Lernprogramm
legt Manfred Bruhn jetzt sein Übungsbuch zum Marketing vor. Anhand repräsentativer und praxisnaher Marketing-Fragestellungen
bietet es eine ideale Unterstützung bei der Prüfungsvorbereitung
und bei der Vertiefung des Grundlagenwissens. Jede Aufgabe wird
mit einer ausführlichen Musterlösung beantwortet, sodass das eigene Wissen jederzeit überprüfbar ist und leicht ergänzt werden
kann.

*unverb. Preisempfehlung
Änderungen vorbehalten. Erhältlich im Buchhandel oder beim Verlag. Abraham-Lincoln-Str. 46, 65189 Wiesbaden, Tel: 06 11.78 78-124, www.gabler.de

Ursachen und Abbau von Fehlzeiten: Analysen auf Basis einer mehrjährigen Betriebsfallstudie

Von Uschi Backes-Gellner,
Regine Schorn und Achim Krings*

Überblick

- Betriebliche Fehlzeiten stellen seit Jahren, wenn auch mit Schwankungen, ein wichtiges personalpolitisches Problem dar. Deutschland hält international einen Spitzenplatz in der Fehlzeitenstatistik, so dass im Zuge zunehmender Globalisierung die Wettbewerbsfähigkeit deutscher Unternehmen durch die Reduktion von Fehlzeiten spürbar gestärkt werden könnte.

- Der vorliegende Beitrag widmet sich der Frage, was die wesentlichen Ursachen hoher Fehlzeiten sind und welche Instrumente wirksam zur Reduktion betrieblicher Fehlzeiten eingesetzt werden können. Zur Beantwortung werden zwei alternative Erklärungsansätze herangezogen und die daraus abgeleiteten Hypothesen auf der Basis eines bisher einmaligen betrieblichen Längsschnittdatensatzes überprüft.

- Es zeigt sich, dass sowohl arbeitsmedizinische als auch personalökonomische Erklärungsansätze nur einen Teil der beobachtbaren Fehlzeiten erklären können. Für die betriebliche Praxis bieten sich dementsprechend sowohl motivationsorientierte als auch arbeitsmedizinisch orientierte Gegenmaßnahmen an. Als besonders effizient erweisen sich beispielsweise Rückkehrgespräche, aber auch gruppenbezogene Anwesenheitsprämien.

Eingegangen: 21. Mai 2000

Professor Dr. Uschi Backes-Gellner ist Direktorin des Seminars für ABWL und Personalwirtschaftslehre an der Universität zu Köln, Herbert-Lewin-Str. 2, 50931 Köln und Vorstand des Instituts für Mittelstandsforschung, Bonn.
Dr. Achim Krings ist Mitarbeiter der Allianz Versicherungs-AG, München.
Dipl.-Vw. Regine Schorn ist Personalreferentin der Cognis Deutschland GmbH, Düsseldorf.

© Gabler-Verlag 2001

A. Betriebliche Fehlzeiten: ein personalpolitischer „Dauerbrenner"

Über die Ursachen betrieblicher Fehlzeiten ist seit der Auseinandersetzung um die volle Lohnfortzahlung im Krankheitsfall ein erneuter und heftiger Streit ausgebrochen. Die Argumente des „neuen" Streits sind allerdings keine neuen, sie sind vielmehr typisch für die immer wieder aufflammende Diskussion über „betriebliche Fehlzeiten" – ohne dass bisher merkliche Erkenntnisfortschritte feststellbar wären. Auf der einen Seite wird immer wieder vermutet, dass ein Großteil der statistisch als krankheitsbedingt ausgewiesenen Fehlzeiten in der Unlust der Arbeitnehmer begründet liegt und beklagt, dass die gesetzlichen Regelungen dieses Verhalten der Arbeitnehmer noch honorieren. Auf der anderen Seite wird immer wieder auf medizinische Ursachen von Fehlzeiten verwiesen und geschlussfolgert, dass Fehlzeiten vor allem durch eine bessere medizinische Gestaltung der Arbeitswelt nicht aber durch finanzielle Sanktionen der Arbeitnehmer verringert werden könnten. Unstrittig scheint in der ganzen Diskussion nur, dass Fehlzeiten ein gravierendes betriebliches Problem darstellen. Vor allem die große Häufigkeit der Arbeitsunfähigkeitsfälle (AU-Fälle), die nur einen bis wenige Tage andauerten, stellen einen wesentlichen betrieblichen Kostenfaktor dar. Diese Kurzzeiterkrankungen führen oft zu erheblichen Störungen des Betriebsablaufs und machen teure Ad-hoc-Maßnahmen wie bspw. Änderung der Auftragsreihenfolge oder Beschaffung von Ersatzkräften notwendig (EISSING 1991: S. 54). Schwankungen der Fehlzeiten in Abhängigkeit von der Arbeitsmarktlage, wie auch ausgeprägte internationale Unterschiede, nähren die Vermutung, dass es sich bei den Ursachen betrieblicher Fehlzeiten nicht nur um gesundheitlich bedingte, sondern auch um missbräuchlich genutzte Fehlzeiten handelt.[1] Empirisch gesichertes Wissen über die Ursachen und Instrumente zur Bekämpfung von Fehlzeiten liegt allerdings kaum vor (JAUFMANN/MEZGER 1995: S. 185). Insbesondere fehlt es an betriebsnahen Daten, die genauen Aufschluss über die Determinanten des Krankenstandes und die relative Wirkung unterschiedlicher Gegenmaßnahmen geben. Genau dieses Defizits wollen wir uns im Folgenden annehmen. Wir werden zunächst kurz die beiden wichtigsten konkurrierenden Erklärungsansätze für die Höhe der betrieblichen Fehlzeiten vorstellen und Hypothesen für unsere empirischen Analysen ableiten. Anschließend untersuchen wir den empirischen Erklärungsgehalt der alternativen Ansätze auf der Basis einer mehrjährigen Betriebsfallstudie (Kap. B). Zum Schluß versuchen wir aus den empirischen Ergebnissen, Implikationen für die Gestaltung der betrieblichen Personalpolitik abzuleiten (Kap. C).

B. Ursachen variierender Fehlzeiten: theoretische Erklärungsansätze und empirische Befunde

Die in der Einleitung skizzierte kontroverse Diskussion um die betrieblichen Fehlzeiten deutet an, dass eine Differenzierung in Fehlzeiten z. B. aufgrund mangelnder Motivation der Arbeitnehmer (missbräuchliche Inanspruchnahme) oder aufgrund von Krankheiten im medizinisch-biologischen Sinne[2] (berechtigte Inanspruchnahme) angebracht sein könnte. Allerdings liegen trotz jahrelanger Diskussionen keine allseits akzeptierten Abgrenzungen und Definitionen des Begriffs „Fehlzeiten" und seiner verschiedenen Varianten vor. So werden bspw. die Begriffe Fehlzeiten, Fehlstand, Absentismus und Krankenstand teils unterschieden, oft aber auch synonym verwendet. Auch wir werden im Rahmen unseres Beitrages das Problem einer fehlenden bzw. uneinheitlichen Definition der Begriffe nicht abschließend lösen können, so dass wir uns von vornherein darauf beschränken möchten, die von uns verwendeten Begriffe sauber zu definieren. Wir werden im Folgenden den Begriff „Fehlzeiten" verwenden und dabei zunächst annehmen, dass diese einerseits aus tatsächlichen Gesundheitsbeeinträchtigungen der Arbeitnehmer und andererseits aus einem Missbrauch von Dispositionsspielräumen über die Anwesenheit am Arbeitsplatz (motivationsbedingte Fehlzeiten) resultieren können. Die in unserer betrieblichen Längsschnittstudie gewählten Operationalisierungen erläutern wir ausführlich zu Beginn des empirischen Kapitels.

I. Alternative theoretische Erklärungsansätze für systematisch variierende Fehlzeiten

1. Arbeitsmedizin

Die Analyse der auf Gesundheitsbeeinträchtigungen zurückgehenden Fehlzeiten ist traditionell ein Betätigungsfeld von Arbeitswissenschaftlern, Arbeitsmedizinern und angewandten Psychologen (JOHANSSON/PALME 1996: S. 196; DRAGO/WOODEN 1992: S. 767; BARMBY/ORME/TREBLE 1991: S. 214f). Solchen arbeitsmedizinischen Erklärungsansätzen ist gemeinsam, dass sie die wesentlichen Ursachen von Fehlzeiten in „krankmachenden" betrieblichen Bedingungen vermuten. Häufig genannte Einflussfaktoren auf die Höhe der Fehlzeiten sind die Unfallgefährdung und die ergonomische Belastung der Tätigkeit, die Höhe der Überstunden, die Qualität des Betriebsklimas oder die Art der Arbeitsnormen (SCHMIDT/STEPHAN 1998: S. 208; OPPOLZER 1994: S. 201; YANIV 1995; NEUBERGER 1997: S. 353; DRAGO/WOODEN 1992: S. 767).[3] Eine implizite Annahme der genannten Erklärungsversuche ist, dass Arbeitnehmer ihrer vertraglich vereinbarten Pflicht zur Anwesenheit am Arbeitsplatz immer dann nachkommen, wenn die betrieblichen Bedingungen so gestaltet sind, dass die Arbeitnehmer „gesund" sind (bzw. sich „gesund" fühlen) und dass sie fernbleiben, wenn „krankmachende" Bedingungen vorliegen. Bewusstes (missbräuchliches) Fernbleiben von Arbeitnehmern, wenn keine Beeinträchtigungen der Gesundheit vorliegen, der Fall der „unechten Kranken" also (OPPOLZER 1994: S. 202), spielt in dieser Perspektive keine Rolle (ebda.: S. 203; EUROPEAN FOUNDATION FOR THE IMPROVEMENT OF LIVING AND WORKING CONDITIONS 1997: S. 12).

Zur Untermauerung der arbeitsmedizinischen Hypothesen wird darauf hingewiesen, dass die Fehlzeitenquote langfristig konstant sei (Fehlzeiten also letztlich nicht zu vermeiden seien (OPPOLZER 1994: S. 201)), dass Arbeiter eine höhere Fehlzeitenquote als Angestellte aufweisen (SCHMIDT/STEPHAN 1998: S. 219; STEPHAN 1994: S. 46) und dass eine stabile positive Korrelation zwischen der Zahl der Überstunden und der Höhe der Fehlzeiten zu beobachten ist (THEIS 1985: S. 55; MAIB 1981: S. 18).[4] Statistisch gesicherte Befunde sind allerdings dürftig, da betriebliche Fehlzeitendaten bisher nicht zur Verfügung standen.

Für unsere empirischen Untersuchungen auf der Basis einer mehrjährigen Betriebsfallstudie lassen sich zwei empirisch testbare Hypothesen ableiten. Erstens müssten nach arbeitswissenschaftlichen Erklärungsansätzen finanzielle Sanktionen von Abwesenheiten ungeeignet oder sogar kontraproduktiv zur Erreichung des Ziels einer Verringerung von Fehlzeiten sein.[5] Zweitens müsste eine nachhaltige Verringerung der Fehlzeiten von einem „systematischen Arbeits- und Gesundheitsschutz" ausgehen (OPPOLZER 1994: S. 201; EUROPEAN FOUNDATION FOR THE IMPROVEMENT OF LIVING AND WORKING CONDITIONS 1997: S. 19ff). Als konkrete Maßnahmen werden beispielsweise regelmäßige betriebsärztliche Betreuung und Untersuchungen der Arbeitnehmer, die ergonomische Gestaltung der Arbeitsplätze oder die Flexibilisierung und Verkürzung der Arbeitszeiten genannt (HILLA/TILLER 1996: S. 102, oder auch NEUBERGER 1997: S. 370; SCHNABEL 1996b: S. 32).

2. Personalökonomik

Im Unterschied zu arbeitsmedizinischen Überlegungen gehen auf Prinzipal-Agenten-Modellen basierende personalökonomische Erklärungsversuche von der Annahme aus, dass Fehlzeiten zurückgehen auf eigennutzorientierte Arbeitnehmer. Diese nutzen die ihnen eingeräumten Spielräume über die Anwesenheit am Arbeitsplatz immer dann missbräuchlich aus, wenn Fehlanreize bestehen und keine ausreichenden Kontrollmöglichkeiten existieren (vgl. hierzu ausführlich ALEWELL/NELL 1997: S. 175). Für unsere empirischen Untersuchungen lassen sich aus diesem einfachen Modell wiederum zwei testbare Hypothesen ableiten. Erstens müsste die Einführung innerbetrieblicher Kontrollinstrumente und zweitens der Einsatz von finanziellen Anreizen einen fehlzeitenmindernden Effekt haben.

Der vermutete fehlzeitenmindernde Effekt finanzieller Sanktionen wurde in der Vergangenheit bereits mit unterschiedlichen Studiendesigns – mit mehr oder weniger Erfolg – auf die Probe gestellt. BARMBY/ORME/TREBLE (1991: S. 226) stellen in einer Analyse von Mikrodaten fest, dass ein anwesenheitsabhängiges Bonussystem einen signifikanten Effekt auf die Länge der individuellen Fehlzeiten hat. JOHANSSON/PALME (1996: S. 210f) ermitteln ebenfalls auf der Basis von Mikrodaten, dass eine Reduktion der Lohnfortzahlung im Krankheitsfall um 1% eine Reduktion der Fehlzeitenquote um etwa 4,6% nach sich zieht. Gleichzeitig hatten Anwesenheitskontrollen von Arbeitnehmern nicht die von der Prinzipal-Agenten-Theorie vorhergesagte fehlzeitenmindernde Wirkung. Eine Untersuchung auf Basis des Hannoveraner Firmenpanels ergab einen überraschend geringen Erklärungsgehalt personalökonomischer Erklärungsansätze, da keine der getesteten Anreizvariablen einen signifikanten Einfluss auf den Krankenstand hatte (SCHMIDT/STEPHAN 1998: S. 221). Mit personalökonomischen Erklärungsansätzen vereinbar ist dagegen wiederum eine zu beobachtende negative Korrelation von Entlohnungsniveau und Fehlzeitenquote (SCHMIDT/STEPHAN 1998: S. 212). Dem liegt der effizienzlohntheoretische Gedanke zugrunde, dass hohe Löhne disziplinierend wirken, weil Arbeitnehmer im Falle einer Aufdeckung von missbräuchlichem Fehlen und einer daraus (möglicherweise) resultierenden Entlassung viel zu verlieren haben (BARMBY/SESSIONS/TREBLE 1994: S. 562; STEPHAN 1994: S. 45, 56; DRAGO/WOODEN 1992: S. 766). Ein weiteres Indiz für die fehlzeitenmindernden Effekte finanzieller Sanktionen liefert auch die Entwicklung der Fehlzeiten in Schweden, wo sich im Anschluss an die Einführung eines Karenztages und die Reduzierung der weiteren Entgeltfortzahlung der Krankenstand um etwa zwei Prozentpunkte verringerte (ALEWELL/NELL 1997: S. 172; SCHNABEL 1996a: S. 34). Insgesamt sind jedoch auch die empirischen Ergebnisse zur Wirkung von Kontroll- und Anreizinstrumenten bisher noch wenig eindeutig. Der Vorteil der hier vorgelegten Studie ist nicht nur, dass sie auf

Betriebsdaten statt auf aggregiertes Datenmaterial zurückgreifen kann[6], sondern auch dass sie ein quasi-experimentelles Design aufweist (d.h. im Untersuchungszeitraum gab es Phasen bspw. mit und ohne Anreizinstrument), das es erlaubt, den Einfluss unterschiedlicher Einflussfaktoren direkt an der Entwicklung der Fehlzeiten abzulesen.

II. Empirische Befunde auf der Basis einer mehrjährigen Fallstudie in einer Motorenfabrik der DEUTZ AG

1. Datengrundlage

Die empirische Studie wurde durchgeführt in Zusammenarbeit mit der DEUTZ AG, einem weltweit operierenden Unternehmen mit insgesamt 7629 Mitarbeitern und einem Schwerpunkt in der Herstellung von Motoren (63% des Gesamtumsatzes). Die Daten für unsere Untersuchung stammen aus der 1991 fertiggestellten Motorenfabrik in Köln-Porz.[7] Die Untersuchung bezieht sich auf den Zeitraum November 1993 bis Dezember 1998. In der Motorenfabrik der DEUTZ AG in Köln-Porz sind 456 Arbeitnehmer beschäftigt, davon sind 153 Angestellte[8] und 303 Arbeiter im gewerblichen Bereich[9], wobei auch die im Erhebungszeitraum beschäftigten Aushilfen und befristet eingestellten Arbeitnehmer mit einbezogen wurden. Da die Arbeitsbereiche der beiden Arbeitnehmergruppen sich deutlich unterscheiden, können die Fehlzeiten nicht gemeinsam, sondern nur getrennt voneinander analysiert werden. Wir beschränken uns im folgenden deshalb auf den Bereich der gewerblichen Arbeiter, einerseits weil er mit 66% den größten Teil der Belegschaft ausmacht und andererseits der Krankenstand im Angestelltenbereich im Vergleich zum gewerblichen Bereich in dem untersuchten Werk eher ein vernachlässigbares Problem darstellt. Die Arbeiter des gewerblichen Bereichs gliedern sich in die Gruppe der „direkten" und der „indirekten" Arbeiter. Als direkte Arbeiter werden die Mitarbeiter der Montage und des Prüffeldes bezeichnet (sie sind „direkt" dem Bauprogramm zugerechnet). Bei den indirekten Mitarbeitern handelt es sich um die Gruppe der Instandhalter, deren Hauptaufgabe es ist, Störungen im Betriebsablauf zu beseitigen und eine planmäßige „Vorbeugende Instandhaltung" zu betreiben. Die Fabrik in Köln-Porz wurde von vorneherein so geplant, dass selbst im Produktionsbereich Staub, Schmutz, Gestank oder Hitze keine Rolle und Lärm nur eine sehr untergeordnete Rolle spielen. Gearbeitet wird in der lose getakteten Fließmontage und der Standmontage. Dabei bedeutet „lose getaktete" Fließmontage, dass das Montageband zwar mit einer vorgegebenen Geschwindigkeit die Montagearbeitsplätze durchläuft, es kann aber jederzeit von jedem Mitarbeiter angehalten werden, d.h. es ist den Mitarbeitern möglich, jederzeit in den Produktionsprozess einzugreifen. In der Standmontage wird ein bestimmter Grundmotor auf die speziellen Kundenbedürfnisse zugeschnitten.

2. Operationalisierungen der relevanten Variablen

a) Die abhängige Variable „Fehlzeiten"

Als abhängige Variable verwenden wir den betrieblichen Krankenstand gemessen am Anteil der Arbeitnehmer, die innerhalb der attestfreien Zeit von eins bis drei Tagen nicht am Arbeitsplatz waren und/oder die mit Attest[10], aber noch innerhalb der Lohnfortzahlung (also nicht länger als 6 Wochen), abwesend waren. Die Einbeziehung der kurzen Fehlzeiten von bis zu drei Tagen ist deshalb wichtig, weil vermutet wird, dass für diesen Teil der Fehlzeiten mangelnde Motivation, also missbräuchliche Verwendung, eine besonders wichtige Rolle spielt (vgl. hierzu auch ALEWELL/NELL 1997: S. 183). Auf die kurzen Fehlzeiten entfielen in unserer Stichprobe 44% aller Krankheitsfälle, was die quantitative Bedeutung dieser Teilmenge der Gesamtfehlzeiten zusätzlich unterstreicht.

b) Arbeitsmedizinisch relevante Einflussgrößen
In einem ersten Schritt muss aus arbeitsmedizinischer Perspektive sichergestellt werden, dass „echte Krankheitsfälle", die auf systematisch verzerrende exogene Einflüsse wie Unfälle oder Wetter zurückgehen, in der Fehlzeitenstatistik kontrolliert werden. Hierzu verwenden wir erstens die Variable „Krankenstand des Vormonats", um damit die Krankheitsfälle, deren Abwesenheit sich über einen Kalendermonat hinweg erstreckt und die mit größter Wahrscheinlichkeit auf ernsthaften Erkrankungen basiert, zu erfassen. Andererseits verwenden wir die Variable „Krankenstand vor 12 Monaten", um jahreszeitlichen Schwankungen von Fehlzeiten (durch Grippeepidemien u.ä.) gerecht zu werden. Darüber hinaus beziehen wir Variablen ein, die die Belastungen am Arbeitsplatz und Schutzmaßnahmen zur Reduktion von Krankheitsfällen abbilden sollen.

Als eine vorbeugende Schutzmaßnahme im Sinne arbeitsmedizinischer Erklärungsansätze kann das Vorhandensein eines Sanitäters angesehen werden, da dieser bei leichteren Arbeitsunfällen und Befindensbeeinträchtigungen direkt vor Ort helfen und Schlimmeres vermeiden kann. Aus arbeitsmedizinischer Perspektive ist zu vermuten, dass die Möglichkeit der schnellen, unkomplizierten Hilfe (Verabreichung von Standard-Medikamenten wie bspw. Kopfschmerztabletten oder Versorgung von kleineren Verletzungen) die Zahl der erforderlichen Arztbesuche und die Fehltage reduziert. Dementsprechend müssten durch die Anwesenheit eines Sanitäters die Fehltage zurückgehen. Da im Werk Köln-Porz nicht im gesamten Untersuchungszeitraum ein Sanitäter beschäftigt war, haben wir im Hinblick auf diese Variable den Vorteil eines quasi-experimentellen Designs. D.h. wir können den Einfluss des Sanitäters über die Dummy-Variable „Anwesenheit eines Sanitäters" messen.

Als eine Variable zur Abbildung der Belastungen am Arbeitsplatz wird die aktuelle Schichtlänge herangezogen, da nach arbeitsmedizinischen Erkenntnissen die körperliche Belastung und das Krankheitsrisiko mit zunehmender Schichtlänge ansteigt. Als weitere Variablen zur Abbildung der unterschiedlichen Arbeitsbelastungen werden Abteilungs-Dummies herangezogen. Unterschieden wird nach Arbeitnehmern im direkten Bereich in der Montage und im Prüffeld und im indirekten Bereich (Instandhaltung). Dabei ist davon auszugehen, dass Arbeiter des direkten Bereichs (sowohl in der Montage als auch im Prüffeld) größeren körperlichen Strapazen ausgesetzt sind als Arbeiter in der Instandhaltung. Ein wesentlicher Grund dafür kann in den deutlich unterschiedlichen Anforderungsprofilen der einzelnen Tätigkeiten gesehen werden. Die „direkten Arbeitnehmer" üben teilweise Tätigkeiten aus, die eine sehr geringe Qualifikation erfordern[11] und eintönig im Arbeitsablauf sind. Die „indirekten Arbeitnehmer" benötigen hingegen als Voraussetzung für ihre Tätigkeit eine höher qualifizierte technische Ausbildung bspw. als Energieanlagenelektroniker und haben weniger eintönige und einseitig belastende Arbeitsplätze.[12] Es kann also aus arbeitsmedizinischer Perspektive vermutet werden, dass der

Krankenstand der „direkten Arbeitnehmer" größer ist als derjenige, der „indirekten Arbeitnehmer", d.h. die Dummy-Variablen für die direkten Bereiche müssten positiv mit der Fehlzeitenquote korreliert sein.

c) Personalökonomisch relevante Einflussgrößen

Eine der Einflussgrößen gemäß personalökonomischer Erklärungsansätze ist die Reduktion individueller Handlungsspielräume über gezielte Kontrollmaßnahmen. In unserer Fallstudie wurde in einem Teil des Untersuchungszeitraums (2½ von 5 Jahren) das Anwesenheitsverhalten mittels der Durchführung von Rückkehrgesprächen kontrolliert. Der Vorgesetzte führt ein solches Gespräch mit jedem von einer Abwesenheit zurückkehrenden Arbeitnehmer nach Kriterien, die vorher in Zusammenarbeit mit dem Betriebsrat und der Personalabteilung festgelegt worden sind.[13] Je nach Einzelfall entscheidet der Vorgesetzte, ob die Personalabteilung zu dem Rückkehrgespräch hinzugezogen wird oder nicht. Ein wichtiges Ziel des Rückkehrgespräches ist es, dem Mitarbeiter durch das Gespräch zu verdeutlichen, dass seine Abwesenheit registriert wurde und er dem Unternehmen gefehlt hat.[14] Da im Untersuchungszeitraum in dem Werk in Köln-Porz nicht die ganze Zeit Rückkehrgespräche geführt wurden, haben wir auch im Hinblick auf die Variable „Rückkehrgespräche" ein quasi-experimentelles Design. D.h. wir können den Einfluss der Rückkehrgespräche direkt über eine entsprechende Dummy-Variable messen.

Mindestens ebenso wichtig wie Kontrollmaßnahmen sind aus personalökonomischer Perspektive Anreizinstrumente zur Reduktion „missbräuchlicher" Nutzung von Fehlzeiten. Solche Anreize existieren für einen Teil der Untersuchungsperiode in Form von gruppenbezogenen Anwesenheitsprämien.[15] Als Bemessungsgrundlage für die Prämie wurde in der DEUTZ AG der durchschnittliche Krankenstand einer bestimmten Referenzperiode verwendet.[16] Wurde dieser Durchschnittswert von einer Gruppe bzw. einem Team nicht überschritten, so erhielt jedes Mitglied DM 200 Brutto zusätzlich zum Gehalt am Ende der Berechnungsperiode.[17] Die Einführung der Anwesenheitsprämie wurde über die Dummy-Variable „Anwesenheitsprämie" abgebildet, die gemäß personalökonomischer Analysen negativ mit der Fehlzeitenquote korreliert sein müsste.

Weitere Anreize können gemäß effizienzlohntheoretischer Überlegungen daraus resultieren, dass durch missbräuchliche Inanspruchnahme von Fehlzeiten Einkommensverluste drohen und zwar in dem Sinne, dass durch Missbrauch von Fehlzeiten das Entlassungsrisiko steigt und dadurch – in Abhängigkeit von den erwartbaren Alternativ-Einkommen – mehr oder weniger spürbare Verluste in den erwarteten Einkommen einkalkuliert werden müssen. D.h. die Fehlzeiten müssten systematisch in Abhängigkeit von den zu erwartenden Einkommensverlusten schwanken. Zur Abbildung des aus einer Entlassung resultierenden potentiellen Einkommensverlustes ziehen wir die Variable „Allgemeines Geschäftsklima" heran, das die allgemeine Wirtschaftslage und damit auch die Wiederbeschäftigungschancen und die Einkommenserwartungen im Falle einer Entlassung abbilden soll. Der aus der Ifo-Konjunkturberichterstattung stammende Indikator wurde berechnet aus den Salden der positiven und negativen Firmenerwartungen zur gegenwärtigen Geschäftslage und zu der in den nächsten 6 Monaten erwarteten Geschäftslage (Ifo Wirtschaftskonjunktur 1993 bis 1998). Je schlechter das so gemessene Geschäftsklima ist, um so größer sind die drohenden Einkommensverluste, um so niedriger müsste also der betriebliche Krankenstand in der betrachteten Periode sein.

3. Ergebnisse: Determinanten der Fehlzeiten im Werk Köln-Porz der DEUTZ AG

Die Höhe der Fehlzeiten der gewerblichen Arbeitnehmer wurde monatlich für einen Zeitraum von 5 Jahren analysiert. Der Beobachtungszeitraum umfasst 61 Monate. Es wurden jeweils drei Abteilungen des gewerblichen Bereichs berücksichtigt, so dass die Zahl der Beobachtungspunkte das dreifache (also N = 183) beträgt. Eine OLS-Schätzung erbrachte die in Tabelle 1 abgebildeten Ergebnisse. Das Bestimmtheitsmaß der Schätzgleichung beträgt etwa 44%, so dass insgesamt von einem vergleichsweise hohen Erklärungsgehalt des geschätzten Modells auszugehen ist.

Tab. 1: Determinanten der Fehlzeitenquote gewerblicher Arbeitnehmer im Werk Köln-Porz der DEUTZ AG

Unabhängige Variable	Koeffizient	t-Wert
Konstante	13,140	2,629
Rückkehrgespräch	-1,110*	-2,521
Geschäftsklima	,01614	1,298
Anwesenheitsprämie	-1,235*	-1,974
Anwesenheit Sanitäter	,008582	0,789
Krankenstand vor einem Monat	0,284**	3,960
Krankenstand vor 12 Monaten	,01251	0,198
Direkt/Montage	1,411**	3,253
Direkt/Prüffeld	1,207**	2,726
Schichtlänge	0,599*	2,310
abhängige Variable: Fehlzeitenquote N=183 F-Wert =12,154 R^2 = 0,439 **: $p < 0,01$; *: $p < 0,05$		

Quelle: Eigene Berechnungen

Der Koeffizient der Variablen „Rückkehrgespräch" ist auf dem 5%-Niveau signifikant von Null verschieden. Das negative Vorzeichen bestätigt die personalökonomische Hypothese, dass verstärkte Kontrollen dazu beitragen, den Krankenstand zu verringern. Auch die Variable „Anwesenheitsprämie" ist signifikant negativ korreliert, was die personalökonomische Vermutung unterstützt, dass finanzielle Anreize missbräuchliche Inanspruchnahme von Fehlzeiten verhindern können. Das Geschäftsklima als Indikator für den Erwartungswert der zu befürchtenden Verluste im Falle eines aufgedeckten Missbrauchs hat entgegen den Erwartungen personalökonomischer Erklärungsansätze keinen signifikanten Einfluss auf den Krankenstand. Allerdings sollte dieser Befund nicht überbewertet werden, da der Erwartungswert nicht nur von den Einkommensverlusten bei Entlassung, sondern auch von der Entlassungswahrscheinlichkeit, d.h. von der Wahrscheinlichkeit der Aufdeckung des Missbrauchs und der Wahrscheinlichkeit der daraus begründbaren Entlassung abhängt. Möglicherweise sind die Entlassungswahrscheinlichkeiten als so gering einzuschätzen, dass die potentiellen Einkommensunterschiede irrelevant werden. Vernachlässigt man also den fehlenden Einfluß des Geschäftsklimas, kann insgesamt festgehalten werden, dass finanzielle Anreize und Beschränkungen der Handlungsspielräume wie von personalökonomischen Erklärungsmodellen vermutet, einen signifikanten Effekt auf die Höhe der betrieblichen Fehlzeiten ausübt. Insofern widersprechen die Ergebnisse einer konsequent arbeitswissenschaftlichen Erklärung, die davon ausgeht, dass Fehlzeiten grundsätzlich auf Kranksein bzw. Krankfühlen zurückgehen.

Andererseits zeigt sich aber auch, dass ein Teil der von arbeitswissenschaftlichen Erklärungsansätzen vermuteten Einflüsse eine nicht unbedeutende Rolle spielen. So hat der Krankenstand des Vormonats einen hoch signifikanten Einfluss auf die Fehlzeitenquote. D.h. es handelt sich offensichtlich bei vielen Krankmeldungen um ein Monatsgrenzen überschreitendes Phänomen. Es muss also davon ausgegangen werden, dass ein beträchtlicher Teil der Fehlzeiten durch das Vorliegen langwieriger und damit wohl auch „echter" Erkrankungen verursacht wird. Die Schätzergebnisse bestätigen außerdem die arbeitswissenschaftlich begründete Vermutung, dass die Arbeiter des direkten Bereichs häufiger krank sind, als die des indirekten Bereiches. Die Koeffizienten für die direkten Arbeiter der Montage und des Prüffeldes sind auf dem 1%-Niveau signifikant positiv. Die Variable „Schichtlänge" beeinflusst den betrieblichen Krankenstand ebenfalls in der von der Arbeitswissenschaft vorhergesagten Richtung.[18] Dagegen hat die Anwesenheit des Sanitäters im Werk keinen signifikanten Einfluss auf den Krankenstand. Die arbeitsmedizinische Vermutung, dass durch die Anwesenheit eines Sanitäters die Zahl der Krankmeldungen negativ beeinflusst wird, kann also nicht bestätigt werden. Auch jahreszeitlich bedingte Schwankungen der Fehlzeiten lassen sich nicht nachweisen, da der Koeffizient der Variable „Krankenstand vor 12 Monaten" nicht signifikant von Null verschieden ist.

C. Schlussfolgerungen und Implikationen für die betriebliche Praxis

Die empirischen Ergebnisse zeigen also, dass sowohl arbeitsmedizinische als auch personalökonomische Erklärungsansätze jeweils nur einen Teil der beobachtbaren betrieblichen Fehlzeiten erklären können. D.h. Fehlzeiten sind offenbar sowohl motivations- als auch krankheitsbedingt. Für die betriebliche Praxis können aufgrund der Resultate der Fehlzeitenanalyse der DEUTZ AG folgende Handlungsempfehlungen abgeleitet werden. Grundsätzlich scheinen Rückkehrgespräche ein geeignetes Instrument zur Vermeidung unnötiger Fehlzeiten darzustellen. Der Regressionskoeffizient in Höhe von −1,11 zeigt an, dass der Krankenstand um über einen Prozentpunkt niedriger ist, wenn Rückkehrgespräche durchgeführt werden. Diese Zahl gewinnt an Bedeutung, wenn man das gesamte Einsparvolumen betrachtet, das mit diesem Instrument beispielsweise im Werk Köln-Porz der DEUTZ AG erzielt werden konnte. Für das Jahr 1997 fielen für das Unternehmen bei einem durchschnittlichen Krankenstand von 5,4% im gewerblichen Bereich rund DM 1.055.510 an Lohnfortzahlungskosten an.[19] Eine Verringerung des Krankenstandes um 1,1% würde für das Unternehmen, nach Abzug der mit dem Rückkehrgespräch verbundenen Kosten, eine Ersparnis von ca. DM 98.892 mit sich bringen,[20] was einer Senkung der Lohnfortzahlungskosten um ca. 9,4% gleichkommt. Ebenso wie das Rückkehrgespräch stellt auch die Anwesenheitsprämie ein geeignetes Mittel zur Senkung motivationsbedingter Fehlzeiten dar, wobei der absolute Effekt bei einem Regressionskoeffizienten von –1,235 vergleichbar hoch ist. Eine mit der Einführung einer Anwesenheitsprämie einhergehende Senkung des Krankenstandes von beispielsweise 5,4% auf 4,2% bedeutet im Falle der DEUTZ AG eine Nettoersparnis von ca. DM 180.000,[21] was eine Senkung der Lohnfortzahlungskosten um nahezu 17% bedeutet. Darüber hinaus zeigte sich, dass auch verbesserte Arbeitsbedingungen einen positiven Einfluss auf die Fehlzeitenquote ausüben, wobei an dieser Stelle aufgrund der Schwierigkeiten der Kostenschätzungen von Arbeitsplatzverbesserungen leider keine Abschätzungen der Nettoersparnisse möglich sind. Es kann aber vermutet werden, dass Verbesserungen der Arbeitsbedingungen und des Gesundheitsschutzes ungleich teurer sind, als die o.g. Anreiz- und Kontrollinstrumente, so dass bei in etwa gleich hohem Bruttoeinsparungspotential (vergleichbare Höhe der Regressionskoeffizienten) die Nettoersparnisse deutlich geringer ausfallen. Nichts desto trotz dürfen die Arbeitsbedingungen und der Gesundheitsschutz nicht vernachlässigt werden, da ein Teil der Fehlzeiten nicht über Anreizinstrumente sondern nur über Verbesserungen der Arbeitsbedingungen und des Gesundheitsschutzes zu reduzieren ist. Dass dabei nicht jede Verbesserung der Arbeitsbedingungen bzw. des Gesundheitsschutzes gleichermaßen effizient ist, zeigt der fehlende Einfluss der Einführung eines Sanitäters auf die Fehlzeitenquote. Wichtig sind und bleiben also weitere empirische Untersuchungen auf Betriebsebene, um den Einfluss unterschiedlichster Instrumente zur Reduktion betrieblicher Fehlzeiten besser abschätzen zu können.

Anmerkungen

* Wir danken der Deutz AG, Köln-Porz für die hervorragende Kooperation und den Vertrauensvorschuss, den sie uns während der Erhebungsphase gewährt haben.
1 Deutschland rangiert im internationalen Vergleich in der „Spitzengruppe" der betrieblichen Fehlzeiten und wurde im europäischen Vergleich im Jahre 1996 nur von den Niederlanden übertroffen (FAZ v. 25.04.1996: S. 15). Auch 1998 lag der für deutsche Verhältnisse historisch niedrige Krankenstand im europäischen Vergleich immer noch im oberen Drittel (BDA 1998: S. 2). Auffällig ist, dass 33,2% der Krankheitsfälle an einem Montag beginnen (ZOIKE 1991: S. 42), außerdem machten die außerordentlich hohen Fehlzeiten im öffentlichen Dienst (BALLIER 1998: S. 92), die nur schwer durch eine höhere Gesundheitsgefährdung am Arbeitsplatz zu erklären sind, stutzig.
2 Der Begriff der Krankheit wird dabei oft nur in einem subjektiven Sinne verstanden: Ein Arbeitnehmer ist krank, wenn er sich nicht in der Lage fühlt, seiner Arbeit nachzukommen. Wie verschiedene Untersuchungen zeigen, müssen dazu nicht notwendigerweise „objektive" medizinische Indikationen vorliegen. Umgekehrt werden Arbeitnehmer in dieser Definition als „gesund" bezeichnet, bei denen „objektive" medizinische Beeinträchtigungen vorliegen, die aber dennoch zur Arbeit gehen, weil sie sich selbst nicht als „krank" definieren (ALEWELL/NELL 1997: S. 175; NEUBERGER 1997: S. 340; WEGGE/KLEINBECK 1993: S. 453).
3 Daneben spielen für die Wahrscheinlichkeit, krank zu werden, auch individuelle Faktoren, wie Alter, Geschlecht, Gesundheitsverhalten u.ä. eine Rolle (OPPOLZER 1994: S. 202). Diese werden hier vernachlässigt, weil die Wirkung von Instrumenten zur Fehlzeitenbekämpfung im Vordergrund des Interesses steht.
4 Die positive Korrelation zwischen Überstunden und Fehlzeiten lässt sich allerdings auch dahingehend interpretieren, dass Arbeitnehmern nach einer Periode der Mehrarbeit nach eigener Einschätzung ein höheres Arbeitsunfähigkeits-„Einkommen" zusteht, so dass durch Überstunden möglicherweise der Anreiz zu (missbräuchlichem) Fernbleiben vom Arbeitsplatz ansteigt (EISSING 1991: S. 74).

5 Finanzielle Sanktionen im Krankheitsfall erhöhen naturgemäß die Kosten des Arbeitnehmers bei Abwesenheit vom Arbeitsplatz. Infolgedessen würde die Hemmschwelle heraufgesetzt, ab der ein Arbeitnehmer sich hinreichend krank fühle, um von der Arbeit fernzubleiben. Dies habe zwar auf der einen Seite tatsächlich einen fehlzeitenmindernden Effekt, auf der anderen Seite gäbe es aber gleichzeitig einen mindestens ebenso bedeutsamen fehlzeitenerhöhenden Effekt. Dieser entstünde durch eine höhere Toleranz gegenüber sog. Bagatelle-Erkrankungen. Arbeitnehmer gingen trotz einer leichten Beeinträchtigung der Gesundheit häufiger ihrer Arbeit nach, wodurch sich beispielsweise die Gefahr von Arbeits- und Wegeunfällen und damit die Gefahr von ernsteren Erkrankungen oder die Gefahr einer Verschleppung von Bagatelleerkrankungen und damit eine Verschlimmerung („Chronifizierung") des Krankheitsbildes und langfristige Abwesenheiten ergäben (OPPOLZER 1994: S. 204; O. V. 1993).
6 Auch Schnabel (1998, 229) geht davon aus, dass sicherere Erkenntnisse über die Determinanten des Krankenstandes am besten über mehrjährige Betriebsfallstudien zu gewinnen seien.
7 Vgl. Geschäftsbericht 1997.
8 Der Bereich der Angestellten unterteilt sich in Einkauf, Logistik/Disposition, Qualitätssicherung und Produktion.
9 Im folgenden werden für die Arbeitnehmer des gewerblichen Bereichs die Begriffe „gewerblicher Arbeitnehmer" und „Arbeiter" synonym verwendet.
10 Durch die Einbeziehung der durch Attest belegten Fehlzeiten wird der Überlegung Rechnung getragen, dass auch durch ärztliches Attest belegte Fehlzeiten nicht missbrauchsfrei und insofern grundsätzlich krankheitsbedingt sind. Wir gehen also davon aus, dass ärztlich attestierte Fehlzeiten nicht nur durch „echte" Krankheiten, sondern auch durch fehlende Motivation der Arbeitnehmer hervorgerufen sein können.
11 Eine typische geringfügige Tätigkeit ist bspw. das Abkleben. Beim Abkleben sind die Arbeitnehmer den ganzen Tag damit beschäftigt, Motorteile, die nicht lackiert werden dürfen, abzudecken. Während für diese Tätigkeit keine spezielle Ausbildung erforderlich ist, benötigt der Bandmonteur eine spezifische technische Ausbildung als Voraussetzung.
12 Zum Einfluss des Qualifikationsniveaus auf den Krankenstand vgl. auch CLEGG (1983:88).
13 Dabei gibt es folgende Ausnahmen: Kur, Krankheit durch Arbeitsunfall, erneute Krankheit bei dem vorzeitigen Versuch der Arbeitsaufnahme, obwohl noch eine gültige Arbeitsunfähigkeitsbescheinigung vorliegt.
14 Grundlegend zur Thematik des Rückkehrgesprächs vgl. BITZER (1994), SOBULL (1996) und SCHMILINSKY (1988).
15 Zu unterschiedlichen Formen der Anwesenheitsprämie vgl. PILLAT/WILKE (1986).
16 Laut der gültigen Betriebsvereinbarung gelten für die Bemessung der Entwicklung des Krankenstandes für die Jahre 1998 bis 2000 als Referenzperiode die Monate von Mai 1996 bis April 1997. Der Krankenstand lag in diesem Zeitraum bei 5,13%. Als Dividend wird dann der Krankenstand der letzten 12 Monate, also Mai des Vorjahres bis April des laufenden Jahres, zur Berechnung herangezogen.
17 Zur kritischen Auseinandersetzung mit dieser Form der Anreizgewährung vgl. BAYER/TROSCHKE/ZIMMERMANN (1992).
18 Das signifikant positive Vorzeichen steht auch in Übereinstimmung mit anderen Untersuchungen, die eine positive Korrelation der Schichtlänge mit dem Krankenstand feststellen (vgl. bspw. DERR 1995; STEERS/RHODES 1990).
19 Dabei wird für die Berechnung ein durchschnittliches Gehalt von 4.330 DM zugrunde gelegt. Dazu müssen dann nochmals ca. 43% an Zusatzkosten dazugerechnet werden. Diese Kosten umfassen die Beiträge des Arbeitgebers zur Sozialversicherung, das Weihnachts- und Urlaubsgeld, die Beiträge zur Berufsgenossenschaft sowie die Pensionsrückstellungen.
20 Der direkte Vorgesetzte, also der Meister, führt das Gespräch mit dem Mitarbeiter. Das Gespräch dauert durchschnittlich 20 Minuten. Die Meisterstunde kostet ca. 61 DM, die des gewerblichen Arbeitnehmers ca. 39 DM. Die Kosten eines Rückkehrgesprächs belaufen sich somit insgesamt auf 33 DM. Bei 3578 Rückkehrgesprächen im Jahr 1997 sind für das Unternehmen rund 118.074 DM an Kosten entstanden.
21 Dabei ist berücksichtigt worden, daß an alle gewerblichen Arbeitnehmer die Anwesenheitsprämie in Höhe von 200 DM ausgezahlt wurde.

Literatur

Alewell, Dorothea; Nell, Martin (1997): Karenztage versus prozentuale Selbstbeteiligung. Zeitschrift für Betriebswirtschaft, Ergänzungsheft 3/1997: S. 169–188.
Allen, Steven (1981): An Empirical Model of Work Attendance. Review of Economics and Statistics 63(1981)1: S. 77–87.
Ballier, Roland (1998): Analyse betrieblicher Fehlzeiten aus arbeitsmedizinischer Sicht: S. 89–97. In: Nieder, Peter (Hrsg.): Fehlzeiten wirksam reduzieren. Wiesbaden. Gabler
Barmby, Tim; Orme, Chris; Treble, John (1991): Worker Absenteeism: An Analysis Using Microdata. Economic Journal 101(1991)405: S. 214–229.
Barmby, Tim; Sessions, John; Treble, John (1994): Absenteeism, Efficiency Wages and Shirking. Scandinavian Journal of Economics 96(1994)4: S. 561–566.
Bitzer, Bernd (1994): Das Rückkehrgespräch: Ein Instrument zum Abbau von Fehlzeiten. In: Personalführung 2/94: S. 158–159.
Brown, Sarah; Fakhfakh, Fathi; Sessions, John G. (1996): Absenteeism and Employee Sharing: An Empirical Analysis based on French Panel Data, 1981–1991. Industrial and Labor Relations Review 52(1999)2: S. 234–251.
Bundesvereinigung der deutschen Arbeitgeberverbände (1998): Ausschuß Betriebliche Personalpolitik: Minderung von Fehlzeiten, Arbeitsberichte 17
Clegg, Chris W. (1983): Psychology of Employee Lateness, Absence, and Turnover: A Methodological Critique and an Empirical Study. In: Journal of Applied Psychology, Vol. 68: S. 88–101.
Derr, Dietmar (1995): Fehlzeiten im Betrieb. Ursachenanalyse und Vermeidungsstrategien. Köln: Bachem.
Deutz AG (1993): Arbeitsordnung. Punkt für Punkt. Köln.
Deutz AG (1997): Geschäftsbericht für das Jahr 1997. Köln.
Drago, Robert; Wooden, Mark (1992): The Determinants of Labor Absence: Economic Factors and Workgroup Norms across Countries. Industrial and Labor Relations Review 45 (1992) 4: S. 764–778.
Eissing, Günter (1991): Fehlzeiten. Betriebliche Ursachenanalyse und Maßnahmen. In: Zeitschrift für Arbeitswissenschaft, Nr. 130. Köln: Bachem: S. 44–104.
European Foundation for the Improvement of Living and Working Conditions (1997): Preventing Absenteeism at the Workplace. Luxemburg: Office for the Official Publications of the European Communities.
Frankfurter Allgemeine Zeitung (1996): Deutschland: Zweithöchster Krankenstand Europas, 25.04.1996: S. 15.
Hilla, Wolfgang; Tiller, Eike (1996): Krankenstand aus arbeitsmedizinischer Sicht. In: Marr, Rainer (Hrsg.): Absentismus. Der schleichende Verlust an Wettbewerbspotential: S. 91.
Institut für Wirtschaftsforschung (Hrsg.): Wirtschaftskonjunktur: Monatsberichte des Ifo-Instituts für Wirtschaftsforschung. Analysen, Perspektiven, Indikatoren. Monate 09/93 bis 09/98. München.
Jaufmann, Dieter; Mezger, Erika (1995): Fehlzeiten: Zwischen „Missbrauch" und der „richtigen Inanspruchnahme". In: Jaufmann, Dieter; Mezger, Erika; Pfaff, Martin (Hrsg.): Verfällt die Arbeitsmoral?. Zur Entwicklung von Arbeitseinstellungen, Belastungen und Fehlzeiten. Frankfurt: Campus.
Johansson, Per; Palme, Mårten (1996): Do Economic Incentives Affect Work Absence? Empirical Evidence Using Swedish Micro Data. Journal of Public Economics 59(1996): S. 195–218.
Maib, Johannes (1981): Eine Untersuchung zu Begriff, Struktur und Bedingungen des Abwesenheitsverhaltens von Arbeitnehmern. Oldenburg/Göttingen.
Neuberger, Oswald (1997): Personalwesen 1. Stuttgart: Enke.
Oppolzer, Alfred (1994): Karenztage – kein geeignetes Mittel zur Senkung des Krankenstandes. WSI-Mitteilungen (1994)3: S. 200–207.
Pillat, Rüdiger; Wilke, Karl H. (1986): Probleme bei krankheitsbedingten Fehlzeiten. Eine Fibel für den Betrieb. Köln: Deutscher Instituts Verlag.
Schmidt, Elke Maria/Stephan, Gesine (1998): Krankenstand und Unternehmenserfolg: S. 204–226. In: Gerlach, Knut/Hübler, Olaf/ Meyer, Wolfgang (Hrsg.) (1998): Ökonomische Analysen betrieblicher Strukturen und Entwicklungen. Frankfurt a. M. u.a.. Campus.

Schmilinsky, Michael (1988): Das Rückkehrgespräch trainieren. In: Der Arbeitgeber 17/40: S. 94–96.

Schnabel, Claus (1997): Betriebliche Fehlzeiten. Ausmaß, Bestimmungsgründe und Reduzierungsmöglichkeiten. Köln: Deutscher Instituts-Verlag.

Schnabel, Claus (1996a): Krankenstand im internationalen Vergleich. IW-Trends (1996)1: S. 27–38.

Schnabel, Claus (1996b): Betriebliche Fehlzeiten in der deutschen Wirtschaft. IW-Trends (1996)4: S. 24–35.

Schnabel, Claus (1998): Korreferat zu „Krankenstand und Unternehmenserfolg": S. 227–229. In: Gerlach, Knut/Hübler, Olaf/ Meyer, Wolfgang (Hrsg.) (1998): Ökonomische Analysen betrieblicher Strukturen und Entwicklungen. Frankfurt a. M. u.a.. Campus.

Sobull, Dagmar (1996): Gesprächstherapie soll „Blaumacher" abschrecken. In: VDI nachrichten, 30.08.1996, Nr. 35.

Spagnolo, Giancarlo (1999): Social Relations and Cooperation in Organizations. Journal of Economic Behavior and Organization 38(1999): S. 1–25.

Statistisches Bundesamt (Hrsg.): Statistisches Jahrbuch für die Bundesrepublik Deutschland, Jahrgänge 1991 bis 1997. Wiesbaden.

Steers, Richard M.; Rhodes, Susan R.(1990): Managing Employee Absenteeism. The Addison-Wesley Series on Managing Human Resources: Addison-Wesley Publishing.

Stephan, Gesine (1991): Fehlzeiten: Eine theoretische und empirische Untersuchung mit Individualdaten. In: Mitteilungen aus der Arbeitsmarkt- und Berufsforschung, Nr. 3/91: S. 583–594.

Stephan, Gesine (1994): Fehlzeiten im Unternehmensvergleich: Wirkt sich die Entlohnung aus? Ifo-Studien 40(1994)1: S. 43–61.

Theis, Karl-Heinz (1985): Fehlzeiten und psychische Beschwerden – Reaktionsformen auf Belastungen im Betrieb. Spardorf: René F. Wilfer.

Wegge, Jürgen / Kleinbeck, Uwe (1993): Motivationale Faktoren betrieblicher Fehlzeiten: Zum Einfluss leistungs- und anschlußthematischer Variablen auf die Abwesenheit am Arbeitsplatz. In: Zeitschrift für experimentelle und angewandte Psychologie, Band XI, Heft 3: S. 451–486.

Yaniv, Gideon (1995): Burnout, Absenteeism, and the Overtime Decision. Journal of Economic Psychology 16(1995)2: S. 297–309.

Zoike, Erika (1991): Krankenstand – Einflussfaktoren und Steuerungspotentiale. In: Arbeit und Sozialpolitik, 12/91: S. 41–48.

Zusammenfassung

Die Fehlzeiten in deutschen Betriebe nehmen seit Jahren einen internationalen Spitzenplatz ein. Als konkurrierende Erklärungen werden Gesundheitsbelastungen am Arbeitsplatz einerseits und mangelnde Motivation bzw. Missbrauch andererseits angeboten. Der Beitrag versucht auf der Basis einer Längsschnittstudie mit quasi-experimentellem Design den relativen Erklärungsgehalt der konkurrierenden Ansätze abzuschätzen. Es zeigt sich, dass Schwankungen in den Fehlzeiten sowohl auf unterschiedliche Gesundheitsbelastungen und Vorsorgemaßnahmen als auch auf variierende Anreizstrukturen zurückgehen. Ein Abbau der Fehlzeiten kann also durchaus mit Hilfe veränderter Anreiz- und Kontrollstrukturen erfolgen. Als besonders effizient erweisen sich Rückkehrgespräche oder gruppenbezogene Anwesenheitsprämien, die in unserer Fallstudie das Potential hatten, die Lohnfortzahlungskosten netto um ca. 9% bzw. 17% zu senken.

Summary

Absenteeism has for a long time been a severe problem of German firms in comparison to their international competitors. Explanations for the persisting differences vary according to the explanatory models used: health and safety problems at the workplace on one hand side compete with explanations drawing on incentives, resp. the absence of incentives on the other hand side. Based on a longitudinal set of company data the paper analyses the explanatory power of health and safety issues in comparison to changes in the incentive structure. Regression results show that variations in absenteeism are to a great extent determined by differences in the incentive structure. Therefore, attempts to reduce absenteeism should not only target at working conditions but also on the respective incentive structure. Highly efficient seem to be the so called "Rückkehrgespräche" (back to work-dialogues) and team based attendance-bonuses. In our case study these two measures had the potential to reduce the company's sick pay costs by 9% resp. 17%.

30: Allgemeine Fragen der Personalwirtschaft (JEL J21)

Die Rolle der Zeit im Prozeß organisationalen Lernens

Von Christiana Weber

Überblick

- Vor dem Hintergrund der sich für Organisationen immer schneller verändernden Rahmen- und Wettbewerbsbedingungen, stellt die Zeit in organisationalen Veränderungs- und Anpassungs-, d.h. Lernprozessen einen Faktor mit zunehmender Bedeutung dar. Gleichzeitig finden sich in der Literatur kaum Aussagen zur Zeit in organisationalen Lernprozessen, auch werden eindeutige Definitionen von Zeit vermieden.

- Dieser Beitrag arbeitet sechs wesentliche Zeitdimensionen im organisationalen Lernprozeß heraus und verdeutlicht deren Relevanz sowie Interaktion am Beispiel der Treuhandanstalt.

- Das Hauptergebnis dieses Beitrags ist, daß organisationale Lernprozesse hinsichtlich der für sie benötigten Zeit variieren können und daß es dem Management m.E. möglich ist diese Lernprozesse sowohl zu beschleunigen als auch zu verlangsamen. Die Voraussetzungen dazu können vom Management z.T. bewußt herbeigeführt bzw. gefördert werden.

Eingegangen: 12. August 2000

Dr. Christiana Weber, Jungfrauenthal 22, 20149 Hamburg. Forschungsschwerpunkte: Organisationales Lernen, Organisationskultur, Zeit, Beziehung zwischen Venture Capital Gesellschaften und Portfoliounternehmen.

A. Einleitung

Zeit verkörpert einen allgegenwärtigen Bestandteil des sozialen Lebens und stellt generell eines der fundamentalsten Konzepte unserer Erfahrungswelt dar. Gleichzeitig fällt auf, daß in der Literatur m.E. klare und eindeutige Definitionen von Zeit vermieden werden. Vielmehr werden entweder einzelne Aspekte betrachtet, Fragen aus unterschiedlichen Forschungsrichtungen bzw. Perspektiven aufgeworfen oder es wird sich ihr in Form von Metaphern genähert. Ganz allgemein ist Zeit universal, relational und mehrdimensional.

Die Vorstellungen hinsichtlich der Zeit entstehen in ständiger Auseinandersetzung von Mensch und Welt und sind damit in erster Linie und in hohem Maße gedankliche Konstruktionen. Zeit wird in Abhängigkeit von der jeweiligen Weltanschauung sowie Kulturform unterschiedlich aufgefaßt, d.h. zwischen unterschiedlichen und innerhalb von Gesellschaften variiert sie erheblich. Mit dem Begriff der „Vielzeitigkeit" erklärt Nowotny (1992: 484) beispielsweise die Existenz einer Vielzahl verschiedener Zeitmodi innerhalb von Gesellschaften. Keller (1999) spricht von zahllosen Eigenzeiten, einem gleichzeitigen Nebeneinander einer Vielzahl verschieden beschleunigter Zeiten. „Echtzeit, Eigenzeit, Weltzeit, Hyperzeit, Zeitzonen und Zeitinseln" (S. 8). Hall (1983) geht sogar so weit zu erklären „that there are as many different kinds of time as there are human beings on this earth" (S. 13).

Vor dem Hintergrund immer kürzerer Lebenszyklen und dem damit verbundenen Anpassungs- bzw. grundlegenden Veränderungszwang von Organisationen, kommt der dafür aufzuwendenden Zeit in den organisationalen Lern- und Verlernprozessen eine immer zentralere Bedeutung zu. Im folgenden wird Lernen definiert als ein Prozess der Wissenskreation und Verlernen als ein Prozess des Verwerfens von obsoletem und irreführendem Wissen. Verlernen kann damit ebenfalls als ein Teil der Wissenskreation verstanden werden, denn der Lernende gewinnt die Erkenntnis, daß jenes Wissen, welches er zu einem früheren Zeitpunkt bereits gewonnen hatte, nun nicht länger angemessen ist. Die Kernthese dieses Beitrags ist, daß organisationale Lernprozesse hinsichtlich der für sie benötigten Zeit variieren können und daß es unter bestimmten Voraussetzungen möglich ist diese Lernprozesse sowohl zu beschleunigen als auch zu verlangsamen, abhängig von der Art des erwünschten oder benötigten Lernens. Diese Voraussetzungen können vom Management z.T. bewußt herbeigeführt bzw. gefördert werden. Die zu beantwortende Frage lautet demnach: welche Prozesse oder Faktoren innerhalb des Gesamtprozesses organisationalen Lernens erfordern Zeit und welche Prozesse oder Faktoren können diese benötigte Lern- und Verlern-Zeit für bzw. innerhalb der Organisation reduzieren?

Der Beitrag stellt den Versuch dar, diese grundlegende Frage zu beantworten. Zunächst werden wesentliche Zeitdimensionen im Prozess organisationalen Lernens herausgearbeitet. Der erste Abschnitt behandelt generelle Zeitkonzepte in den Sozialwissenschaften sowie in Organisationstheorien. Von diesem allgemeinen Ansatz ausgehend, konzentriert sich der zweite Abschnitt auf Zeit und Lernprozesse – insbesondere innerhalb von Organisationen – mit der Fragestellung wie Lernprozesse beschleunigt oder verlangsamt werden können. Im dritten Abschnitt werden dann eine Reihe von Zeitdimensionen näher erläutert, welche für den Prozess organisationalen Lernens von Bedeutung sind bzw. sein können. Im vierten Abschnitt wird anhand des Fallbeispiels Treuhandanstalt (THA) die Interaktion dieser Zeitdimensionen verdeutlicht. Der Beitrag endet mit einer Auseinandersetzung darüber welche Möglichkeiten dem Management an die Hand gegeben sind, organisationale Lernprozesse hinsichtlich ihrer zeitlichen Dimension zu beeinflussen, d.h. zu beschleunigen oder zu verlangsamen.

B. Zeit in den Sozialwissenschaften und in Organisationen

Bei dem Versuch, die Rolle der Zeit im Prozeß organisationalen Lernens näher zu untersuchen, fällt auf, daß sich in der Literatur kaum relevante Aussagen zu dieser Thematik finden lassen. Wenn die Zeitthematik Erwähnung findet, dann bei den meisten Autoren lediglich in der allgemeinen Aussage, *daß* Lernen Zeit benötigt. Aufgrund dieses Mangels an substantiellen Aussagen zur Zeit im Prozeß organisationalen Lernens, wurde der Suchrahmen zur Zeitthematik in der Literatur auf das große Feld der Sozialwissenschaften ausgedehnt, wo zahlreiche Veröffentlichungen zu finden sind. Umfassende konzeptionelle Betrachtungen zur Zeit in Organisationen sind nach wie vor jedoch recht dünn gesät (Bleicher 1985; Clark 1985; Gherardi/Strati 1988; McGrath/Rotchford 1983; Perich 1992).

Ein entscheidendes Moment in der Betrachtung von Zeit ist die Unterscheidung zwischen einer „objektiven" Zeitanschauung zum einen, die einem äußerlichen, chronologischen, weitgehend mit der Uhren- und Kalenderzeit übereinstimmenden Zeitkonzept anhängt. Und der „subjektiven" Zeitaspekte zum anderen, welche der Zeit „zusätzlich aufgrund von Wertvorstellungen der Aktivitätsträger, von zugewiesenen Bedeutungsgehalten, eingrenzenden Bedingungen, situativen Begleitumständen usw. ein spezifisches und jeweils weitgehend individuelles Gepräge verleihen" (Perich 1992: 245). Clark (1985) bezeichnet diese beiden unterschiedlichen Ansätze als „even time" (S.41), charakterisiert durch die Teilbarkeit in gleiche, kumulierende/kumulierbare Einheiten und „event time" (S.41), was sich auf bedeutende Ereignisse bezieht, die das Leben nachhaltig beeinflussen.

Die „objektive Zeit" ist weitgehend standardisiert und vom eigenen Erleben losgelöst, gleichförmig, beliebig teilbar, mathematisch-numerisch ausdrückbar, linear und irreversibel. Der „subjektiven Zeit" hingegen kommt im wesentlichen ein qualitativer und symbolischer Charakter zu; sie ist nicht beliebig teilbar und ihre Teile sind von unterschiedlichem Bedeutungsgehalt. Zeit fließt mitunter unregelmäßig und weist Lücken, Zäsuren und Verdichtungen auf. So können Zeiteinheiten, welche von einem quantitativ-formalen („objektiven") Standpunkt aus völlig identisch erscheinen, von einem qualitativ-humanen („subjektiven") Standpunkt aus gänzlich divergierende Bedeutungs- und Erlebnisinhalte aufweisen. „What goes into an hour (…) differs greatly from hour to hour, from place to place, from person to person, from age to age, from day to night, from weekday to weekend, and across all of the other dimensions of human variation and experience" (McGrath/Rotchford 1983: 59).

Im Zeiterleben spiegelt sich das subjektive Empfinden von Zeitabschnitten wider. Es handelt sich dabei um persönliche Eigenarten – situativer (z.B. Stimmung, Aufmerksamkeit, Motivation, körperliche Verfassung) wie konstitutiver (z.B. Erfahrungsschatz, Lebensalter) Art –, die in uns das Gefühl aufkommen lassen, daß Zeitabschnitte unterschiedlich schnell verstreichen können. Bei jedem Menschen ist das subjektive Empfinden zeitlicher Dauer ständigen Schwankungen unterworfen. Entsprechend werden Zeitabschnitte im Kontinuum von Ruhe und Hektik, des Ausgefülltseins und der Leere erlebt. So scheint Zeit schneller zu verlaufen, wenn sie mit vielen Aktivitäten bzw. Stimuli „gefüllt" ist.

(Wirtschafts-)Organisationen sind soziale Systeme, die in ein sozio-ökonomisches Umfeld eingebettet sind. Demnach ist das Konzept der „organisationalen Zeit" primär der „sozialen Zeit" zuzuordnen. Die Art und Weise wie Zeit gesehen und wie mit ihr innerhalb einer Organisation umgegangen wird, wurde von der Organisation selbst im Laufe von Zeit gelernt und entwickelt; Zeit ist deshalb eins der Elemente, welche die Einzigartigkeit und Unverwechselbarkeit einer Organisation ausmachen (Schein 1991). Denn jede Organisation – vergleichbar jeder Gesellschaft – entwickelt eigene, mithin auch subjektive Vorstellungen hinsichtlich der Zeit. Organisations- oder auch organisationale Zeit bezeichnet laut Gherardi/Strati (1988) „a plurality of internal and particular times within each individual organization" (S. 149).

In immer dynamischeren Umwelten geraten Organisationen zunehmend unter Zeitdruck, da ihnen von der Umwelt zumeist nur beschränkte Reaktionszeiten zugebilligt werden. Daraus folgt, daß sich die Sicherung notwendiger zeitlicher Dispositionsfreiheiten nicht ohne eine rasche und flexible organisationale Verhaltensweise und damit auch organisationale Lernprozesse realisieren läßt (Weber 1996).

C. Lernprozesse und Zeit

Eine Hauptfrage ist die nach der Dauer der organisationalen Lernprozesse sowie deren Beeinflußbarkeit von außen. D.h. in welchem zeitlichen Rahmen findet der von Nonaka/Takeuchi (1995) beschriebene Prozeß der Wissenskreation – Sozialisation, Externalisation, Kombination, Internalisation – statt, wie lange dauert es, bis gemeinsam Gelerntes in den diversen Speichermöglichkeiten gespeichert und für alle Organisationsmitglieder wieder zugänglich gemacht wird?

Grundsätzlich wird zahlreichen sozialen Aktivitäten und Prozessen – trotz prinzipieller Variabilität ihres Zeitbedarfs – eine bestimmte, als angemessen betrachtete Dauer zugewiesen bzw. angenommen (Perich 1992). Wenn dies stimmt, darf man davon ausgehen, daß dies auch auf Lernprozesse zutrifft. D.h. im Hinblick auf organisationales Lernen, daß ein Lernprozeß wahrscheinlich bereits im Vorfeld von Mitgliedern einer Organisation mit einer erwarteten zeitlichen Dauer verknüpft wird. Dies könnte dann nach dem Konzept der „self-fulfillig prophecy" Einfluß auf das Tempo der unterschiedlichen Lernprozesse in Organisationen haben.

Bisher gibt es in der Literatur jedoch sehr wenig Aussagen darüber welche organisationalen Lernprozesse unter welchen Bedingungen mehr oder weniger Zeit in Anspruch nehmen. Die wenige existierende Literatur in dieser Frage behandelt primär Individual- z.T. aber auch Gruppenlernen. Die Übertragbarkeit der dort gemachten Aussagen auf organisationale Lernprozesse ist bisher noch nicht untersucht. Deshalb werden im folgenden lediglich in Form eines kurzen Überblicks die Aussagen zusammengetragen, welche die Dimension der Zeit in Lernprozessen berücksichtigen.

Die Rolle der Zeit im Prozeß organisationalen Lernens

Grundsätzlich läßt sich sagen, daß Lernprozesse dann länger dauern, wenn das Lernsubjekt die Konsequenzen seines Verhaltens unkorrekt zuordnet und mögliche Veränderungen in seinem Umfeld nicht oder nur langsam wahrnimmt. Lernen wird ebenfalls verlangsamt, wenn es durch negatives Feedback erfolgt, da es dem Handelnden lediglich signalisiert welches Verhalten nicht funktioniert. Es eröffnet jedoch nicht, welches Verhalten das richtige wäre. Darüberhinaus hat ein mit der negativen Erfahrung von Angst oder Schmerz verbundenes Verhalten den Nachteil, daß es u. U. nur noch deshalb erfolgt, weil es einmal erlernt war und nicht weil die negative Erfahrung nach wie vor dieses Verhalten nach sich ziehen würde. Der Lernprozeß wird somit verlangsamt, da der Lernende gar nicht mehr testet, ob die befürchtete Sanktion aufgrund veränderter Umweltbedingungen noch erfolgen würde bzw. wird.

Hinsichtlich einzelner Lernprozesse ist zu sagen, daß diejenigen mehr Zeit benötigen, welche einer gewissen Übungsdauer bedürfen und deshalb wiederholt werden müssen, bis sie korrekt funktionieren. Hedberg/Starbuck (in Press) erklären, daß dann langsam gelernt wird, wenn die Verstärkung innerhalb eines Lernprozesses nicht nach allen korrekten Wiederholungen erfolgt, sondern eher zufällig nur nach einigen. Sozialisation, d.h. der (soziale) Lernprozess, um Mitglied irgendeiner Art von Gemeinschaft zu werden, benötigt grundsätzlich Zeit. D.h. es ist erforderlich, daß unterschiedliche Personen zusammenkommen, um ihre Sicht der Realitäten austauschen und ver- bzw. abgleichen zu können.

Eine wichtige Feststellung im Hinblick auf Zeit ist, daß es ausgerechnet der wiederholte Erfolg sein kann, der Lernprozesse verlangsamt, da der Erfolg das aktuelle Verhalten verstärkt und damit die Aufmerksamkeit vom Umfeld und seinen möglichen Veränderungen ablenkt (Levitt/March 1988).

Lernprozesse werden dann beschleunigt, wenn das Lernsubjekt die Konsequenzen seines Verhaltens korrekt zuordnet und mögliche Veränderungen in seinem Umfeld schnell wahrnimmt. Dies gilt insbesondere dann, wenn das bisherige Verhalten immer positiv beantwortet bzw. verstärkt wurde. Bleibt die positive Verstärkung aus, wird dies sofort bemerkt, so daß das Verhalten den neuen Gegebenheiten entsprechend schnell angepaßt werden kann.

Wenn der Lernende keine eigenen Erfahrungen benötigt, sondern profitieren kann vom Lernen Dritter, um das „richtige" Handeln zu erkennen und auch zu erlernen, können Lernprozesse grundsätzlich schneller erfolgen. Dies ist beispielsweise beim Beobachtungslernen der Fall (Bandura 1976). Obwohl weiter oben erklärt wird, daß negative emotionale Erfahrungen Lernprozesse verlangsamen können, ist es gleichermaßen korrekt, daß sie Lernprozesse auch beschleunigen können, sofern das Verhalten beispielsweise durch emotional negativ besetzte Erfahrungsbereiche oder durch Sanktionierung hervorgerufen wird, da für die erneute Ingangsetzung des Prozesses i.d.R. keine Wiederholung erforderlich ist. D.h. in diesem Fall bestimmt der Kontext, innerhalb dessen die negativen emotionalen Erfahrungen erfolgen, ob der Lernprozeß beschleunigt oder verlangsamt wird. Grundsätzlich läßt sich sagen, daß die negativen emotionalen Erfahrungen kurzfristig den Lernprozeß eher beschleunigen, langfristig wird er eher verlangsamt.

Sozialisation oder soziales Lernen kann dann beschleunigt werden, wenn die Qualität und Quantität sozialer Interaktion auf einem hohen Niveau erfolgt, d.h., wenn innerhalb einer gegebenen Dauer relativ viele (unterschiedliche) Personen zusammenkommen und ihre verschiedenen Perspektiven und Wahrnehmungen vergleichen und gegenüberstellen. Ein beschleunigender Effekt tritt auch dann ein, wenn die neuen Gemeinschaftsmitglieder eine zielgerichtete und in sich widerspruchsfreie Sozialisation erfahren, d.h. wenn die Informationen und Signale, welche sie aus der Organisation wahrnehmen, homogen sind und wenn sich ihre persönlichen bisherigen Lerninhalte aus der Primärsozialisation mit den neuen der Sekundärsozialisation in Deckung bringen lassen.

Bemerkenswert ist wiederum die Feststellung, daß geringfügige (moderate) Fehlschläge den Lernprozeß beschleunigen können, indem sie die Aufmerksamkeit auf potentielle Probleme lenken, der Lernende ist weiterhin angeregt, sein Umfeld auf mögliche Veränderungen hin zu beobachten, um dann alternative Verhaltensweisen auszutesten (Levitt/ March 1988).

D. Zeitfaktoren/-Dimensions im Prozeß organisationalen Lernens

Im folgenden werden sechs wesentliche Zeitdimendionen betrachtet, welche den organisationalen Lernprozeß hinsichtlich seiner Zeitlichkeit beeinflussen: (a) die Zeitperspektive sowie die Zeitorientierung innerhalb einer Organisation und die diesen zugrunde liegende, spezifische Organisationsgeschichte, (b) intern durch die Organisation selbst ausgelöster sowie durch externe Kräfte erzeugter Zeitdruck, (c) die Simultanität von Ereignissen und die damit zusammenhängende Zeitknappheit bzw. eingeschränkte Zeitautonomie einer Organisation, (d) die Synchronisation der (Re-)Aktionen auf diese Vielzahl an Ereignissen sowie die sich ergebenden Zeitfenster, (e) die zyklische Natur der Zeit hinsichtlich Lernen (Lernzyklen) sowie Organisationen (Organisationszyklen), (f) Geschichte als ein bedeutender Aspekt in der Betrachtung von Zeit und Organisationslernen. Diese sechs Dimensionen erheben nicht den Anspruch auf Vollständigkeit. Sie fassen jedoch fast alle relevanten Aspekte der Rolle der Zeit im Prozeß organisationalen Lernens zusammen bzw. mögliche weitere Aspekte ließen sich diesen sechs Dimensionen zu- bzw. unterordnen.

I. Zeitperspektive und Zeitorientierung

Die Zeitperspektive definiert die temporalen Grenzen der von Organisationen bzw. den Organisationsträgern im Rahmen ihrer Entscheidungs- und Handlungsprozesse einbezogenen Realitätsausschnitte. Durch sie wird der relevante Rahmen für organisationales Denken und Handeln abgesteckt. Die Zeitperspektive ist somit deutlicher Ausdruck der subjektiven Rationalität der organisationalen Zeit (Perich 1992). D.h. je nachdem, aus welcher Zeitperspektive ein Ereignis reflektiert wird, erscheint es in unterschiedlichem Licht (Kontext) und erfordert dabei andere Handlungsnotwendigkeiten. Die Zeitperspektive einer Organisation fungiert also als Verhaltensfilter.

Innerhalb einer Organisation lassen sich bei den verschiedenen Organisationsträgern, -gruppen und -bereichen unterschiedliche, z.T. stark voneinander abweichende Zeitperspektiven feststellen. Entscheidend für Organisationen und Gruppen im allgemeinen ist primär der Konsens im Hinblick auf das für eine bestimmte Situation angemessene Zeitverständnis (Schein 1995). Bleicher (1985) legt deshalb nahe, gesamtorganisatorisch eine gemeinsame, handlungsleitende „Organisationszeit" (S. 102) zu etablieren, welche sicherstellt, daß die einzelnen Zeitperspektiven harmonisiert und aufeinander bezogen sind. Diese ist in der Regel die des (Top-)Management. Von ihr geht eine symbolische Funktion auf die Organisationskultur aus, sie leitet strategische Entscheidungsprozesse und nimmt damit Einfluß auf organisationale Veränderungsprozesse. Jede Organisation hat somit *eine* dominante Zeitkonzeption, was entsprechend Auswirkungen auf den Prozeß organisationalen Lernens hat.

Von Bedeutung ist die jeweilig dominante Zeitorientierung innerhalb der Zeitperspektive, d.h. ist eine Organisation eher zukunfts-, vergangenheits- oder gegenwartsorientiert. Die Typologie von Miles/Snow (1978) läßt erkennen, daß eine Organisation mit einer Zukunftsorientierung „nach vorne gerichtet" denkt und handelt. Sie antizipiert frühzeitig zukünftige Veränderungen und wird ihr Verhalten daran ausrichten. Damit werden organisationale Lernprozesse schneller erfolgen als in solchen Organisationen, deren Zeitorientierung in die Vergangenheit weist (Traditionsbewußtsein) und die Veränderungen eher zögerlich gegenüberstehen.

II. Zeitdruck

Zeitdruck kann innerhalb der Organisation aufgebaut werden – i.d.R. erfolgt dies top-down, aber auch bottom-up ist grundsätzlich möglich und denkbar. Zeitdruck kann allerdings ebensogut von außen – beispielsweise durch Kunden, politische Akteure, Wettbewerber oder Bürgerbewegungen – an die Organisation herangetragen werden und wirkt nur dann verhaltensändernd, wenn er auch innerhalb der Organisation als solcher wahrgenommen wird. Der von den Organisationsmitgliedern empfundene Außendruck, z.B. in Form von Leistungs-, Erwartungs- oder Handlungsdruck, führt letztlich zu Zeitdruck hinsichtlich der Veränderung einer vorhandenen Situation. Hierbei spielt u.a. die Sichtbarkeit einer Organisation eine entscheidende Rolle. Je sichtbarer die Organisation sowie ihr Handeln für die Öffentlichkeit und je größer und kritischer die Aufmerksamkeit, die einer Organisation von ihrer Umwelt zukommt, desto stärker fühlt sich diese zum Handeln verpflichtet (Weber 1996).

Zeitdruck kann Lernprozesse sowohl beschleunigen als auch verlangsamen. Eine Beschleunigung tritt ein, wenn der Zeitdruck entweder als motivationsfördernd oder als bedrohend empfunden wird. Wird das Gefühl der Bedrohung jedoch zu stark, kann dies innerhalb der Organisation zu einer Lernverlangsamung bzw. zum -stillstand führen. Kelly/McGrath (1985) fanden heraus, daß Gruppen mit sehr knappen Deadlines schneller arbeiten als solche, die ausgedehnte oder keine spezifische Deadline haben. Sie entdeckten ebenfalls, daß Zeitdruck oft eine geringere Qualität zur Folge hat. Das Gegenteil berichten Peters/O'Connor/Pooyan/Quick (1984), die erklären, daß empfunder Zeitdruck nicht nur eine erhöhte Arbeitsrate, sondern ebenso ein erhöhtes Performance-Level mit sich bringt. Die Erkenntnisse hinsichtlich dieser Frage sind somit nicht eindeutig. Kelly/McGrath (1985) stellten ebenfalls fest, daß die Gruppen, die unter enormem Zeitdruck stehen, dazu tendieren einen Großteil ihrer Kommunikationsaktivitäten einzustellen bzw. herunterzufahren. Dies wiederum hat zum einen einen niedriges „level of well-being" und damit einhergehend geringen Zusammenhalt sowie Unterstützung innerhalb der Gruppe(nmitglieder) zur Folge. Es ist zu berücksichtigen, daß alle hier erwähnten Erkenntnisse auf Individual- bzw. Gruppenforschung basieren, so daß ihre Übertragbarkeit auf Organisationen erst noch zu prüfen ist.

III. Simultanity

Simultanität beschreibt die zeitliche Parallelität von Ereignissen, woraus häufig Zeitknappheit mit diesen Ereignissen umzugehen sowie die Gefahr des Verlustes an Zeitautonomie resultieren. Die Quantität und Vielfalt an vorhandenem Wissen in einer Organisation sowie die Vielzahl an potentiellen Lernoptionen einerseits und die (individuell zwar variable, aber trotzdem grundsätzlich limitierte) Aufnahme- und Verarbeitungskapazität der Individuen andererseits, begrenzen die Anzahl der Lernprozesse, die simultan innerhalb einer Organisation erfolgen können. D.h. einer Organisation sind allein schon aufgrund der zahlreichen und z.T. komplexen Lernoptionen Grenzen in ihrem Lerntempo gesetzt.

Eine Organisation wird selten oder nie über ausreichende Ressourcen verfügen, um gleichzeitig auf alle sich ihr bietenden Lernoptionen angemessen reagieren zu können. Es kommt also zu Zeitknappheit, welche u. U. die Zeitautonomie einer Organisation in Frage stellen kann. Die Selektions- und Selbststeuerungskapazität einer Organisation sind jedoch eine Voraussetzung für erfolgreiche Lernprozesse, denn nachdem ihre Mitglieder eine Situation wahrgenommen und analysiert haben, werden sie eine angemessene Handlungsoption wählen wollen. Dafür ist es erforderlich, daß eine Wahl- und Handlungsautonomie besteht.

IV. Synchronisation – Zeitfenster

Synchronisation umfaßt die Abstimmung von Ereignissen, d.h. zu erkennen wann etwas getan werden soll bzw. muß und dies dann auch entsprechend zu realisieren. Entscheidend für Synchronisation ist die Konstellation; in ihr laufen die zu einem bestimmten Zeitpunkt (bzw. einem definierten Zeitraum) aktuellen Ereignisse und Aktivitätssequenzen zusammen und in ihr bündeln sich Erfahrungen.

Innerhalb des vielschichtigen und im Zeitablauf unablässig sich verändernden Geschehensflusses, ist für Organisationen entscheidend, „die zu ihrer Zielverfolgung förderlichen Ereignisknoten aufzufinden bzw. anzupeilen und sich dementsprechend jeweils zur ‚rechten Zeit' in den Ereignisstrom „einzuhängen"' (Perich 1992: 274). Anknüpfend an die griechische Vorstellung des „kairos" (Gunst der Stunde), verweist auch die moderne Managementlehre auf die Existenz spezifischer Zeitpunkte bzw. begrenzter Zeitdauern für die erfolgreiche Einleitung von organisationalen Handlungsprozessen. Dabei kennzeichnen Begriffe wie „strategic window" (Abell 1978) oder „window of opportunity" optimale „Zeitfenster" des Handelns (S. 21). Die Hauptschwierigkeit bei diesen Zeitfenstern ist, daß man sie im entscheidenden Moment oft nicht als solche erkennt, sondern erst im Nachhinein, wenn es zu spät ist.

Die Rolle der Zeit im Prozeß organisationalen Lernens

Zeitfenster sind auch im Prozeß organisationalen Lernens von Bedeutung, denn auch hier existieren Zeiträume, innerhalb derer eine Organisation besonders offen bzw. aufnahmefähig für Lernprozesse und somit in der Lage ist schneller zu lernen. In diesem Zusammenhang beschreiben Zeitfenster potentielle Lernsituationen, die sowohl innerhalb der Organisation (Austausch oder Rotation von Mitarbeitern, neue IuK-Technologien, Veränderung der Organisationsstruktur etc.) als auch im Austausch mit ihrem Umfeld (Einstellung neuer Mitarbeiter mit dem Ziel neues Wissen zu akquirieren, Umweltbeobachtung, Produktlaunches etc.) stattfinden. Erkennt eine Organisation ihre Zeitfenster und ist sie hinsichtlich ihrer Ressourcen in der Lage auf sie zu reagieren, so kann die Organisation innerhalb kurzer Zeit große Lernpotentiale realisieren. Das Resultat mißlungener zeitlicher Synchronisation kann für eine Organisation Warten (auf die nächste günstige Konstellation) bedeuten, was den organisationalen Lernprozeß verlangsamen würde. Diese Hypothese wird durch Gersick's (1988) Erkenntnis gestützt. Demnach ist die Wahrscheinlichkeit, daß sich eine Organisation an sich verändernde Umweltbedingungen anpaßt, in Phasen des Wandels größer als in Phasen der Stabilität. Denn Zeiten des Wandels und der Übergänge stellen extrem günstige Gelegenheiten für Veränderungen dar, sind also einmalige Zeiträume, welche auch entsprechend genutzt werden sollten, bevor sie verstrichen sind.

V. Zyklizität, Lernzyklen und Lebenszyklen

Zyklizität beschreibt eine spezielle Form der Ordnung von Geschehensabläufen. Der Zyklusbegriff hat in den Lerntheorien eine lange Tradition; so beschreibt bereits Lewin (1947) seinen kognitiven Lernzirkel wie folgt: „A person continually cycles through a process of having a concrete experience, making observations and reflections on that experience, forming abstract conceps and generalizations based on those reflections, and testing those ideas in a new situation, which leads to another concrete experience" (S. 38). Dieser Basis-Zyklus erscheint in der Literatur immer wieder in vielfältigen Variationen. Die meisten betreffen Individuallernen: Argyris/Schön (1978) nennen es den „discovery-invention-production-generalization" Zyklus; Kofman (1992) spricht über den „observe-assess-design-implement (OADI)" Zyklus; Kolb (1984) bezeichnet es den „concrete experience-reflective observation-abstract conceptualization-active experimentation" Zyklus; und Schein (1985) schließlich nennt es den „observation-emotional reaction-judgement-intervention" Zyklus. Darüber hinaus gibt es noch weitere Forscher, die versucht haben Modelle organisationalen Lernens zu entwickeln (siehe Kim 1993).

Von besonderem Interesse im Rahmen von Zeit und Lernen sind soziale Lernprozesse, welche sich mit dem Erlernen von Zeitmustern, der Zeitperspektive etc. innerhalb der Organisation befassen. Individuen beginnen durch ihre Mitgliedschaft in unterschiedlichen Arten formaler Organisationen wie Familie und Schule sehr früh diese Zeitdisziplinen zu erlernen.

Die regelmäßige Wiederkehr von einzelnen Zyklen beschreibt die Verankerung zeitlicher Ereignis- bzw. Aktivitätsmuster, welche maßgeblich zur Verhaltenssicherheit unter den Systemaktoren beitragen und Voraussetzung für die Routinisierung sozialer Prozesse sind. In dieser Routinisierung durch Wiederholung liegt sowohl das Erfolgspotential als auch die Gefahr im Prozeß organisationalen Lernens. Denn das häufige Wiederholen eines Verhaltens führt i.d.R. dazu, daß dieses Verhalten mit der Zeit sowohl schneller als auch mit weniger Fehlern behaftet ausgeführt wird. Die Organisation entwickelt also über die Zeit Standards und Gewohnheiten. Diese funktionieren jedoch nur so lange wie die organisationalen Rahmenbedingungen, unter welchen das Verhalten stattfindet, gleich bleiben. In dem Moment, wo diese sich ändern, stellen in der Organisationskultur verankerte Zyklen eine Verlangsamung für den organisationalen Lernprozess dar. Die Organisation ist dann gezwungen so schnell wie möglich wieder zu verlernen und neu zu lernen.

Auch der Lebenszyklus einer Organisation als Ganzes scheint in diesem Kontext von Bedeutung. Hierbei wird im allgemeinen angenommen, daß Organisationen – in Analogie zum biologischen Entwicklungsprozeß des Individuums – einen irreversiblen, graduell verlaufenden Zyklus mit den Grobphasen Geburt, Wachstum, Reife, Degeneration und Tod durchlaufen. Schließt man sich auch nicht dieser engen Idee einer prädeterminierten, endogenen Entwicklungslogik von Organisationen an, so kann man dennoch in der Betrachtung von Organisationen über die Zeit bestimmte Phasen erkennen, die sowohl mit dem Alter als auch – oft damit einhergehend – mit der Größe einer Organisation zusammenhängen. Im Gegensatz zu den biologischen Lebenszyklen, hat der Entwicklungsprozeß von Organisationen jedoch keinen fixierten und prädeterminierten Startpunkt. Genausowenig durchläuft eine Organisation zwangsläufig die gesamte Palette der möglichen Entwicklungsstufen. Und die Dauer jeder Prozeßphase scheint eher durch die Länge des Gesamtprozesses als durch ihr eigenes inherentes Zeitlimit determiniert. Da es verschiedene mögliche Startpunkte für organisationale (Weiter-)Entwicklungen gibt und da einige Phasen möglicherweise übersprungen bzw. ausgelassen werden (können), ist dieser Prozeß der Veränderungen und organisationalen Lernens flexibel und kann entsprechend beschleunigt werden.

Ganz allgemein kann man sagen: die Zeit, die wahrscheinlich für organisationale Lernprozesse benötigt wird, ist sowohl vom Alter als auch von der der Größe und damit der Lebensphase einer Organisation abhängig. Darüber hinaus gibt es selbstverständlich viele weitere Faktoren, wie Organisationsstrukturen, Strategien, Kulturen, Managmentstile, Informations- und Kommunikationssysteme sowie externe Konstellationen (Berthoin Antal/Dierkes/Marz 1998). Es hat den Anschein und würde einer impliziten Logik folgen, daß jüngere und kleinere Organisationen leichter lernen und verlernen können als solche, die älter und größer sind. Denn in den älteren wurden mit der Zeit immer mehr Routinen und Standards entwickelt und verankert, welche in den jüngeren Organisationen in der Intensität aufgrund der Kürze der Zeit noch nicht ausgeprägt sein können.

VI. Geschichte

Die Geschichte einer Organisation kann als bzw. zur Orientierung gegenwärtiger und zukünftiger Handlungen genutzt werden. Das Zurückgreifen auf Vergangenes – und damit auch auf Lernerfahrungen – erfolgt dabei primär mit dem Ziel Kontinuität zu sichern und wirkt somit identitätsbildend. Dabei sollte berücksichtigt werden, daß in der Vergangenheit Geschehenes bei seiner Vergegenwärtigung (Erinnerung) selektiven Prozessen so-

Die Rolle der Zeit im Prozeß organisationalen Lernens

wie sinnhafter Deutung (Interpretationen) unterliegt. D.h. verschiedene Lernsubjekte interpretieren u.U. in der Vergangenheit gemeinsam Erfahrenes auf unterschiedliche Weise und leiten entsprechend unterschiedliche Verhaltensweisen für die Zukunft daraus ab. Zusätzlich besitzt jede Organisation auch noch ihre eigene individuelle Geschichte, welche sich auf die Entstehung und fortlaufende Entwicklung der Organisation bezieht. Organisationale Zeit ist dann „the interpretative dimension of history employed by organizational actors to give a social structure to reality" (Gherardi/Strati 1988: 152).

Die jeweils spezifische Vorgeschichte – u.a. geprägt durch zahlreiche organisationale Lernprozesse – manifestiert sich in diverser Speicherform innerhalb der Organisation. Die Organisationskultur kann als *das* zentrale Speichermedium organisationalen Lernens verstanden werden. Denn sie stellt in der weiteren Entwicklung der Organisation einen Schlüsselaspekt dar, da sie die Organisation nicht nur in der Vergangenheit nachhaltig geprägt hat, sondern auch die Wahrnehmung der Organisation beeinflußt sowie bei zukunftsbezogenem Handeln und Entscheiden maßgeblich mitwirkt (Dierkes 1988; Schein, 1985). Einzelne Elemente der Organisationskultur – wie organisationale Regeln, Verfahren, Konventionen, Strategien, Technologien, Glaubensstrukturen, Kodes, Paradigmen sowie die Zeitperspektive und Zeitorientierung einer Organisation – sind also nicht nur Ergebnis vergangenen, sondern gleichzeitig auch Basis zukünftigen organisationalen Lernens.

Dabei darf jedoch nicht die Tatsache vernachlässigt werden, daß dieser Einfluß der Geschichte für die Organisation sowohl vorteilhaft als auch nachteilig sein kann. Denn das identitätsprägende, akkumulierte, gelernte und gespeicherte Wissen der Organisation ist zum einen ihr Erfolgspotential im Wettbewerb. Zum anderen aber kann dieses Wissen, sofern es sich als obsolet herausstellt, organisationale Trägheit bewirken, da Organisationen die Tendenz haben, Bestehendes konservieren zu wollen und automatisch gemäß ihrer Standards und Gewohnheiten zu re(agieren). Folglich kann akkumuliertes Wissen eine Behinderung und damit eine Verlangsamung des Prozesses organisationalen Lernens bedeuten. Dies gilt insbesondere dann, wenn es sich bei den anstehenden Veränderungen um radikale Abweichungen von dem in der Vergangenheit als funktional bzw. hilfreich gespeicherten Wissen handelt.

Obwohl die aufgeführten Dimensionen separat diskutiert wurden, wurde gleichzeitig deutlich, daß sie stark miteinander verbunden sind, gewissermaßen ein Geflecht oder Netz ergeben. Denn die Zeitperspektive und -orientierung der Organisation resultieren zu großen Teilen aus der vorangegangenen, gemeinsamen Geschichte. Sie wurden via Lernprozesse und Lernzyklen in der Organisation verankert. Ebenso wie die geteilte Organisationsgeschichte in Form von Organisationskultur hat auch die Zeitperspektive Einfluß auf das Erkennen von Zeitfenstern, da sie die in die Wahrnehmung einbezogenen Realitätsausschnitte definiert. Die aus der Simultanität hervorgehende Zeitknappheit und der Zeitdruck bedingen sich i.d.R. gegenseitig, d.h. die Anforderung, mehrere Dinge gleichzeitig zu bearbeiten bzw. zu erledigen führt zu Zeitknappheit und damit i.d.R. zu Zeitdruck, sofern keine andere zeitökonomische Lösung für das Problem der Zeitknappheit gefunden werden kann. Darüber hinaus hat die zeitliche Simultanität von Ereignissen und Aufgaben i.d.R. die Notwendigkeit einer entsprechenden Synchronisation dieser (Re-)Aktionen zur Folge, um zum einen die temporale Unsicherheit so weit wie möglich zu reduzieren und zum anderen eine weitestgehende Planungs- und Voraussagesicherheit zu gewährleisten. Schließlich macht die Position einer Organisation in ihrem Lebenszyklus zum einen Aussagen über das Ausmaß an Geschichte, welche die Organisationsmitglieder bisher gemeinsam erlebt und erfahren haben. Zum anderen läßt sie die Größe sowie das Ausmaß und den Grad der Etablierung und Bürokratisierung der Organisation und damit ihr potentielles Lerntempo vermuten. Wie diese unterschiedlichen Dimensionen in ihrer Interaktion organisationales Lernen beeinflussen, soll das folgende Fallbeispiel erläutern.

E. Treuhandanstalt (THA)-Fallbeispiel

Nach dem Berliner Mauerfall im November 1989, wurde zum 1.7.1990 die THA für von vorn herein begrenzte 4,5 Jahre in Berlin ins Leben gerufen. Sie hatte den gesetzlichen Auftrag das ehemals volkseigene Vermögen entweder zügig in marktwirtschaftliche Strukturen zu transformieren (Privatisierung, Sanierung) oder zu liquidieren. Die Tatsache, als eine Organisation auf Zeit angelegt zu sein, macht die THA zu einem besonders interessanten Fall in der Frage nach Zeit und organisationalem Lernen, weil sie nicht nur sich selbst und ihre Beziehungen zu ihrem gesellschaftlichen sowie wirtschaftlichen Umfeld in kürzester Zeit aufbauen mußte, sondern ebenso das Instrumetarium zur Bewältigung ihres komplexen Auftrags. Gleichzeitig gab es in der bekannten Geschichte keine vergleichbaren Organisationen oder vergleichbare Aufträge, auf die hätte zurückgegriffen werden können. Die gesamte THA-Tätigkeit startete 1990 vor dem Hintergrund einer sich zunehmend verschärfenden Krise in der ostdeutschen Wirtschaft, welche in der neueren Wirtschaftsgeschichte ohne Beispiel ist. Mit dieser kurzen Einleitung sollte die enorme Lernherausforderung der THA bereits ausreichend umrissen sein.

Zeitperspektive

Die Zeit spielte in der THA bzw. in den Köpfen aller Mitglieder von Beginn an eine zentrale Rolle (Weber 1996). Die dominante Zeitperspektive innerhalb der Organisation wurde eindeutig von den jeweiligen Präsidenten der THA bestimmt. Beide wurden auf ihre Art als sehr charismatische und dominante Menschen mit einer klaren Zeitorientierung nach vorne, entscheidungs- und handlungsfreudig beschrieben. Die Arbeitsdevise lautete angesichts des durch die ökonomische Dringlichkeit aufgebauten Zeitdrucks sowie der Kenntnis, daß die Auftragserfüllung der THA auf Zeit angelegt war: „Im Zweifelsfall schnell vor gut" bzw. „Lieber grob und schnell als filigran und langsam". Alle Mitarbeiter kannten diese Devise und handelten danach, was der gesamten Organisation eine unbeschreibliche Dynamik verlieh und ihre junge Organisationskultur prägte. Dieses Motto implizierte nicht nur, daß Fehler im Rahmen der Lernprozesse gemacht werden durften, es wurde sogar explizit immer wieder von den Präsidenten nach innen wie nach außen formuliert und gelebt.

Zeitdruck

In der THA wurde der Zeitdruck eindeutig und überwiegend als motivierend empfunden und wirkte damit lernbeschleunigend. Überträgt man die Erkenntnisse von Kelly/

McGrath auf die Organisation THA, so konnten diese nur z.T. bestätigt werden: Bestätigt wurde, daß Gruppen, die unter zeitlichem Druck stehen, ihre Aufgaben schneller erledigen als solche mit mehr Zeitsouveränität. Der Zeitdruck innerhalb bzw. auf die THA führte jedoch weder zu stark eingeschränkten Kommunikationsaktivitäten noch zu einem niedrigen „level of well-being" oder einem geringen Zusammenhalt innerhalb der Organisation(-smitglieder). Im Gegenteil, es wurde gezeigt, daß gerade unter den gegebenen Bedingungen die Kommunikationsaktivitäten besonders intensiv waren und daß sich im Laufe unerwartet kurzer Zeit eine Organisationskultur herausbildete (Weber 1996).

Keine Aussage läßt sich hingegen über die Qualität des Outputs der THA machen, da es sich nicht um eine vergleichende Studie handelte. Mit anderen Worten, es fehlt der Maßstab, um zu beurteilen, welche Qualität bei geringerem Zeitdruck hätte erreicht werden können.

Zeitfenster

Vor dem Hintergrund der sich rasant verändernden Rahmenbedingungen während des Prozesses der Wiedervereinigung, in dem staatliche und unternehmerische Lernprozesse simultan in wechselseitiger Interdependenz abliefen (Albach 1995, Witt 1998), spielten Zeitfenster im organisationalen Lernprozeß der THA eine entscheidende Rolle. Denn allein die Konstellation, welche zum Fall der Mauer führte, kann als *das* Zeitfenster schlechthin betrachtet werden, welches das Entstehen der THA überhaupt ermöglichte und damit ein riesiges Lernpotential, nicht nur für die THA, sondern für alle involvierten Organisationen und Institutionen in Deutschland eröffnete. Im Zuge der Privatisierungsbemühungen der THA gab es für fast jedes noch privatisierungsfähige ostdeutsche Unternehmen zumindest ein Zeitfenster (ca. ein Drittel der Unternehmen waren von Beginn an Liquidationsfälle und damit hoffnungslos). Insbesondere in den ersten drei Jahren wurden diese fast immer erkannt und konnten aufgrund der hohen Flexibilität der Organisation auch genutzt werden, was das organisationale Lernen in der THA begünstigte. Teilweise – beispielsweise im Fall Interflug – kam es allerdings aufgrund des beschriebenen Zeitdrucks zu Ressourcenengpässen auf Seiten der THA (Tiedge 1998), so daß Zeitfenster nicht genutzt werden und damit organisationale Lernerfahrungen nicht gemacht werden konnten. Der Prozeß organisationalen Lernens wurde somit z.T. verzögert.

Simultanität, Zeitknappheit und Zeitautonomie

Sowohl der Zeitdruck als auch die simultan sich ergebenden Zeitfenster hatten zur Folge, daß Zeitknappheit eins der größten Probleme der THA darstellte. Begegnet wurde der Problematik in erster Linie durch eine extreme Beschleunigung von Handlungs- sowie Entscheidungsprozessen, indem beispielsweise auf formale Abstimmungsrunden verzichtet und die Entscheidungskompetenzen stark delegiert wurden – auch auf die Gefahr hin, daß dabei Fehler gemacht würden. Mit dieser Herangehensweise konnte die THA in sehr kurzer Zeit auf eine große Anzahl gemeinsamer Lernerfahrungen zurückgreifen.

Die Zeit- sowie Handlungsautonomie der THA wurde insbesondere in den ersten zwei Phasen ihres Bestehens z.T. gegen enormen Öffentlichkeits- sowie Regierungsdruck aufrechterhalten, da sie von den Präsidenten früh als entscheidende Erfolgsfaktoren für das Gelingen des THA-Auftrags erkannt worden waren.

Zyklen

Das Entwickeln von Standards durch Wiederholen von entsprechenden Lernzyklen gehörte nicht zu den Hauptgründen für das schnelle Lernen innerhalb der THA, obwohl dies auch (automatisch) stattfand. Zum einen veränderten sich die Rahmenbedingungen zu schnell, als daß dies als Priorität hätte sinnvoll sein können, zum anderen war der Zeithorizont innerhalb der THA absehbar, so daß man seine knappe Zeit nicht auf Ausarbeitungen dieser Art konzentrieren wollte.

Entscheidender war vielmehr, daß sich die THA, als eine für diesen Transformationszweck neu gegründete Organisation, 1990 am Anfang ihres kurzen und verdichteten Lebenszyklus befand. Der Lebenszyklus der THA läßt sich in drei Phasen unterteilen: (a) eine Aufbauphase mit Pioniercharakter (1.7.1990 bis Frühjahr 1991, Ermordung des 1. THA-Präsidenten), (b) eine Umsetzungsphase (Frühjahr 1991 bis Jahreswechsel 1992/93) und (c) eine Reifephase, in der Erfahrungen genutzt und der Abbau eingeleitet wurde (Januar 1993 bis 31.12.1994) (Weber 1996).

Die THA war zunächst eine vergleichsweise kleine, sehr agile, flexible Organisation, in der die Mitarbeiter in hohem Maße motiviert und lernbereit waren, was hervorragende Voraussetzungen für das Lerntempo der Organisation bedeutete. Insbesondere die ostdeutschen Mitarbeiter brachten – nicht zuletzt auch aufgrund einer enormen Arbeitsplatzangst – eine herausragende Bereitschaft mit Altes zu verlernen und Neues dazuzulernen.

Geschichte

Die THA konnte hinsichtlich ihrer Aufgabe nicht auf in der Vergangenheit erworbenes, bewährtes Wissen oder Standards ihrer Mitglieder zurückgreifen, da der THA-Auftrag eine Dimension erreichte, die noch kein Mitglied der gesamten THA jemals erfahren hatte. Einerseits erschwerte dies das Arbeiten, da in der Anfangsphase nahezu sämtliche Erfahrungen via Versuch-Irrtums-Lernen gemacht werden mußten. Jedoch nicht ausschließlich, denn aufgrund der anfänglich engen räumlichen Verhältnisse teilten sich Vorgesetzte und ihre Mitarbeiter jeweils einen Raum, so daß Letztere auch in hohem Maße durch Beobachtung lernten, was auf den organisationalen Lernprozeß beschleunigend wirkte. Zum anderen bedeutete das Nicht-Vorhandensein von Erfahrungswerten für die THA, daß sie nicht unter dem Ballast obsoleten Wissens, verkrusteter Strukturen oder anderer lernhemmender Kräfte litt. Die positive Folge war, daß Verlernen zum Beginn überhaupt kein Thema war, da es kein gemeinsames, geteiltes Wissen gab, welches es zu verlernen galt. Mit zunehmenden Privatisierungs-, Sanierungs- sowie Liquidationserfahrungen wurden die Mitarbeiter routinierter und sicherer. Das so in der kurzen Geschichte erlernte und bewährte Wissen wurde insbesondere in der Form von Kultur, aber auch in Form von Handbüchern, Datenbanken, Regeln, Standards etc. gespeichert und an neue Organisationsmitglieder weitergegeben. Die unterschiedlichen Konstellationen dieser zeitlichen Dimensionen in den drei THA-Phasen brachten unterschiedliche Auswirkungen für den jeweiligen Lernprozeß mit sich.

Die Rolle der Zeit im Prozeß organisationalen Lernens

Phase I

- Noch keine gemeinsame Zeitperspektive aufgrund starker Unterschiede in der Wahrnehmung zwischen Ost- und Westdeutschen, dennoch eindeutige Vorgabe einer Zeitperspektive durch den Präsidenten mit einer klaren nach vorne gerichteten Zeitorientierung
- Fehlende gemeinsame Geschichte
- Verlernen war noch kein Thema
- Zeitknappheit bei Aufrechterhaltung der Zeit- und Handlungsautonomie
- Zunächst sehr wenig Leute. Die Kombination aus Personal- und Zeitknappheit führten zu einer außergewöhnlichen Delegation von Verantwortung. Die kleine Mannschaft erfuhr innerhalb der ersten neun Monate ein Personalzuwachs von ursprünglich ca. 100 Mitarbeitern auf gut 2000
- Schneller Personalzuwachs eröffnete ein großes Ausmaß an neuem Wissen, welches in die Organisation hineingetragen wurde
- Es herrschte ein enormer externer Erwartungsdruck und damit auch Zeitdruck
- Sehr große Anzahl an Zeitfenstern im Sinne des THA-Auftrags, sehr guter Markt (Verkäufermarkt) und hohes Maß an Wahrnehmung bzw. Reaktion auf die sich ergebenden Zeitfenster

Phase II

- Mehr gemeinsame Geschichte
- Weiterhin schneller Personalzuwachs (von 2000 auf 4000), dadurch nach wie vor großes Ausmaß an neuem, in die Organisation hineingetragen Wissen
- Vermehrtes Sozialisation(-slernen), gleichzeitig Verlangsamung des Sozialisationsprozesses durch die ständig und schnell ansteigende Zahl an neuen Mitarbeitern, da einmal erworbenes und als gut befundenes Wissen nicht mehr so schnell innerhalb der gesamten Organisation verbreitet werden konnte.
- Die Zeitperspektive wurde zunehmend eine geteilte. Sie war charakterisiert durch eine nach vorne gerichteten Zeitorientierung, aber z.T. auch schon mit Blick auf das Ende der THA-Tätigkeit
- Anstieg des Außendrucks aufgrund erster großer Mißerfolge der THA sowie aufgrund gestiegener Arbeitslosigkeit; der Zeitdruck blieb weiterhin bestehen
- Trotz Zeitknappheit Aufrechterhalten der Zeit- und Handlungsautonomie
- Nach wie vor große Anzahl an Zeitfenstern, die auch entsprechend wahrgenommen wurden.
- Zum Ende der Phase Auftreten erster Bürokratisierungstendenzen: mehr Strukturen, Hierarchien, formalere Prozesse

Phase III

- Gemeinsame Organisationsgeschichte wurde zunehmend aufgebaut. Die Mitarbeiter konnten auf immer mehr geteilte Erfahrungen zurückgreifen – in der Mehrheit waren dies positive. Nach wie vor Neueinstellungen, gleichzeitig zum Ende der Phase Beginn des Personalabbaus. Dies führte insbesondere bei den Ostdeutschen zu Entlassungsängsten.

- Zunahme der Bürokratisierung, Verlangsamen der Entscheidungsprozesse und Lerntempo
- Zeitorientierung war zwar nach wie vor nach vorne gerichtet, der Zeithorizont von Ost- und Westdeutschen jedoch sehr unterschiedlich, Ostdeutsche blickten mit Sorge auf das nahende Ende der THA-Tätigkeit
- Zeitknappheit war bis zum Schluß ein Hauptthema; teilweise mußte die THA einen Verlust an Zeit- und Handlungsautonomie aufgrund zunehmender Einflußnahme von Bund und Ländern in Kauf nehmen
- Zahl der Zeitfenster war stark rückläufig, insbesondere aufgrund einer veränderten Marktsituation (Käufermarkt). D.h. die THA konnte sich ihre potentiellen Investoren nicht mehr aussuchen, sondern mußte diese aufgrund sich immer weiter verschlechternden Verhältnisse in der ostdeutschen Wirtschaft aggressiv umwerben. Desweiteren erkannten potentielle Investoren, daß viele der ostdeutschen Unternehmen in deutlich schlechterem Zustand waren als zunächst angenommen und daß ihre originären Märkte weggebrochen waren.
- Außendruck und Zeitdruck blieben nach wie vor hoch, insbesondere mit Blick auf den sich nähernden 31.12.1994

Anhand der Phasenaufteilung wurde deutlich, daß die Konstellation der zeitlichen Dimensionen entscheidenden Einfluß auf das Lerntempo einer Organisation hat. Es wird erkennbar, daß die THA während der ersten 2,5 Jahre ihres Bestehens sowohl in Relation zur dritten Phase als auch im Hinblick auf das in der OL-Literatur als realistisch betrachtete Lerntempo extrem schnell lernte. Der von Beginn bis Ende andauernde Zeitdruck alleine konnte das hohe Lerntempo genausowenig aufrechterhalten wie die Zeitknappheit. Ebenfalls interessant ist, daß die gemeinsame Geschichte offensichtlich nicht notwendig war um schnelles Lernen zu ermöglichen. Sehr entscheidend waren hingegen sowohl die Anzahl der Zeitfenster, die flachen Hirarchien, die schnellen Entscheidungswege, das hohe Maß an Eigenverantwortung und Entscheidungsfreiheit sowie auch die anderen Faktoren, welche die frühe Phase im Lebenszyklus der Organisation charakterisierten. Einen umfassenden Überblick über weitere Transformations- und Lernprozesse in ostdeutschen bzw. –europäischen Betrieben und die dabei zur Untersuchung angewandten Methoden liefert Albach (1998, 1995, 1994).

F. Einfluß des Managements auf die Geschwindigkeit organisationalen Lernens

Anhand des Fallbeispiels der THA wurde deutlich, daß organisationale Lernprozesse hinsichtlich ihrer Dauer stark variieren können. In Abhängigkeit von der Organisation und ihren speziellen Lernbedürfnissen oder -erfordernissen, hat das Management einen gewissen Einfluß auf die Beschleunigung bzw. Verlangsamung des jeweiligen Lernprozesses. Denn beide Handlungsoptionen können unter entsprechenden Umständen angemessen sein. In der Regel wird zwar schnelleres Lernen als der für eine Organisation anzustrebende Zustand dargestellt, dennoch wird sich hier der sehr relevanten Einschränkung Marchs sowie anderer Autoren angeschlossen, daß schnelles Lernen nicht grundsätzlich und automatisch gut bzw.besser sein muß. March (1991) betont, daß „Slow learning on the part of individuals maintains diversity longer, thereby providing the exploration that allows the knowledge found in the organization code to improve. (...) the fact that fast individual learning from the code tends to have a favorable first-order effect on individual knowledge but an adverse effect on improvement in organizational knowledge and thereby on long-term individual improvement suggests that there might be some advantage to having a mix of fast and slow learners in an organization" (S. 76).

Dieser Vorschlag wird hier in der Form erweitert als es nicht nur sinnvoll erscheint eine gute Mischung aus schnell und langsam Lernenden in einer Organisation zu bilden, sondern ebenso bewußt schnelle und langsame Lernprozesse zu etablieren. Denn es gibt ohne Zweifel zahlreiche Situationen, in denen es angemessen und hilfreich ist Lernprozesse innerhalb der Organisation zu beschleunigen. Genauso treten allerdings auch Konstellationen auf, die es ratsam erscheinen lassen, einzelne, ausgewählte Lernprozesse bewußt zu verlangsamen bzw. sich ausreichend Zeit für sie zu nehmen.

Denn durch die Verlangsamung besteht die Möglichkeit, die Qualität des Lernprozesses zu erhöhen, was beispielsweise in der THA z.T. hätte hilfreich sein können. Nach dem Motto: „weniger ist mehr" kann es also besser sein, die Qualität statt der Quantität der Lernprozesse in den Vordergrund zu stellen, so daß lieber weniger Lernprozesse sinnvoll durchdacht und abgeschlossen werden, als daß viele Prozesse bzw. Lernzyklen angeschoben und angesichts der Ressourcen- bzw. Zeitknappheit innerhalb der Organisation nicht abgeschlossen werden können. Dadurch kann sowohl oberflächliches als auch „superstitious" Lernen vermieden werden; letzteres tritt ein „when the subjective experience of learning is compelling, but the connections between actions and outcomes are misspecified" (Levitt/March 1988: 325).

Schnelles Lernen kann auch im Hinblick auf Sozialisationsprozesse von Nachteil sein. So erklärt March (1991): „(...) a major threat to the effectiveness of such learning is the possibility that individuals will adjust to an organizational code before the code can learn from them. Relatively slow socialization of new organizational members and moderate turnover sustain variability in individual beliefs, thereby improving organizational and average individual knowledge in the long run"(S. 325). Carley (1992) erklärt dazu, daß „a crucial irony in a fast changing world, then, is that slow individual learners accelerate organizational learning" (S. 27).

Wie kann und sollte nun das Management bei welchen Lernprozessen beschleunigend oder verlangsamend Einfluß ausüben? Angesichts der organisationalen Realitäten scheint die Beschleunigung von Lernprozessen m.E. öfter von Relevanz zu sein als deren Verlangsamung. Auf Basis der Erkenntnis, daß Beobachtungslernen qua definitionem beschleunigt stattfindet, da sich individuelle Versuch-und-Irrtum-Prozesse erübrigen, ist es ratsam, daß das Management zum einen die entsprechenden Rahmenbedingungen schafft, um Modellernen zu ermöglichen. Zum anderen aber auch immer wieder den Anspruch an sich erhebt, selbst als Modell zu fungieren, d.h. Vorbild zu sein für andere.Versuch-Irrtums-Lernen ist grundsätzlich ein langsamerer Lernprozeß. Er kann nur dann zum Ziel führen, wenn Fehler innerhalb der Organisation kein Tabu sind, sondern im Gegenteil – wie in der THA – als Teil effektiven Lernens betrachtet und gutgeheißen werden. Management kann somit einen erheblichen Beitrag zu schnellerem Lernen leisten, indem dieses Statement nicht nur propagiert, sondern tatsächlich konsequent umgesetzt wird (z.B. via Entlohnungssysteme, Incentivesysteme, interne Kommunikation etc.).

Eine bekannte, viel verbreitete Maßnahme zur Beschleunigung von (Lern-)Prozessen ist der vom Management bewußt aufgebaute Zeitdruck. Diese ist bis zu einem gewissen Grad wirkungsvoll und effektiv – wie auch das Beispiel THA gezeigt hat – ab einem bestimmten Punkt allerdings wirkt Zeitdruck auf das Individuum kontraproduktiv, er kann dann zu Paralyse, Angst oder Aggressionen führen. Wann dieser Punkt erreicht ist, hängt zum einen von der Persönlichkeit des einzelnen, zum anderen der Organisationskultur oder der Kombination aus beidem ab. McGrath/Rotchford (1983) sind der Auffassung, daß diese Schwelle, ab der ein Individuum sich überfordert fühlt bzw. eine Überflutung oder Überreizung durch zu viele Stimuli innerhalb eines bestimmten Zeitraums empfindet, zumindest in Teilen verschoben werden kann, indem das Management „gradually increases the stimulus rate at a rate that lets adaption wash out the impact of the changes" (S. 94). Dieser Managementansatz ist nicht nur auf individueller Ebene anwendbar, sondern scheint auch auf Organisationen übertragbar.

Die durch Zeitdruck oft hervorgerufene Zeitknappheit zwingt eine Organisation zu einer ökonomisch-rationalen Zeitbewirtschaftung. Diese kann auf unterschiedliche Weise erfolgen. Entweder durch einen intensivierten Gebrauch von Zeit, d.h. eine Beschleunigung von Entscheidungs- und Handlungsprozessen, was wiederum den Prozeß organisationalen Lernens beschleunigen kann. Dies war eindeutig die Strategie der THA. McGrath/Rotchford (1983) schlagen vor die kulturell verankerte „*One-thing-at-a-time*"-Vorstellung abzulegen und das Management zu drängen „to seek ways to do more than one thing in at least some segments of time" (S. 96) – und dadurch das Potential an organisationalen Lerngelegenheiten zu erhöhen.

Einen weiteren Ansatz stellt die Priorisierung von einzelnen (Re-)Aktionen dar, sofern es sich bei den potentiellen Lernsituationen nicht um extrem drängende und offensichtlich die Organisation bedrohende Krisen oder Probleme handelt, was eine gewisse Fremdbestimmtheit bzw. -priorisierung zur Folge hätte. Die Tatsache der multiplen Lernoptionen und der Wunsch nach klaren Prioritäten zwingt also zur Selektion von Lernprozessen. Wenn beide Varianten nicht dazu führen alle Handlungsoptionen abzudecken, kann die Zeitknappheit dazu führen, daß Lernpotentiale nicht genutzt, Erfahrungen und Erkenntnisse nicht gemacht werden, was den organisationalen Lernprozeß verlangsamt.

Eine weitere Möglichkeit dieser Zeitknappheit zu begegnen ist die Planung. Die beiden Hauptaufgaben für das Management in der Planung sind Vorhersage und Vorbereitung. Entsprechend können zwei Arten von Fehlern auftreten: falsche Vorhersagen sowie inadäquate Vorbereitungen. Für die Vorbereitung bietet sich eine bekannte, allerdings seltener konsequent praktizierte Maßnahme an: die gezielte und systematische Umfeldbeobachtung sowie die Ausarbeitung eines darauf aufbauenden Konsequenzen-Katalogs. Denn eine Organisation muß nicht zwangsläufig von Konstellationen überrascht werden, man kann davon ausgehen, daß manche Konstellationen bereits im Vorfeld z.B. via Szenario-Technik antizipert werden können. Denkbar mögliche Zukunftsentwicklungen werden auf Basis der Gegenwart heraus entwickelt, somit im voraus antizipiert und entsprechende Verhalten und Maßnahmen für die Organisation daraus abgeleitet. Auf diese Weise ist es der Organisation möglich, den Lernprozeß für diese Ereignisse gewissermaßen vorweg-

Die Rolle der Zeit im Prozeß organisationalen Lernens

zunehmen und zeitlich auszudehnen, d.h. im Vorfeld unter zeitlich entspannteren Bedingungen zu lernen. Die Organisation erhält so die Möglichkeit,

(1) sich rechtzeitig in Zeitfenster „einzuhängen" und entsprechend auf sie zu reagieren
(2) ihren immer wieder auftauchenden Zeitdruck zu reduzieren, indem sie im Falle unerwarteter Veränderungen bereits einen fertigen Plan „in der Schublade" hat.
(3) ihre für Lernprozesse notwendige Handlungsautonomie aufrechtzuerhalten
(4) plötzliche Ressourcenengpässe zu umgehen und damit das größtmögliche Quantum an potentiellen Lernsituationen zu nutzen
(5) überstürzte und unüberlegte Reaktionen zu vermeiden.

Mit Blick auf Lernzyklen kann das Management entscheidend Einfluß auf das Lerntempo ausüben. Das Management kann Zyklen, d.h. Routinen durch zahlreiche Wiederholung bewußt kreieren und konsequent verfolgen, um Lernkurveneffekte zu erzielen sowie Standards aufzubauen oder zu verändern. Gleichzeitig kann und sollte Management aber auch gezielt obsolete Zyklen, in der Vergangenheit erworbene und in der Gegenwart nicht mehr zielführende Routinen, aufbrechen und damit Verlernen hervorrufen.

Ein weiterer Ansatzpunkt für das Management das organisationale Lerntempo zu beeinflussen liegt in der Berücksichtigung des Zeithorizonts bzw. der Zeithorizonte des Managements sowie der einzelnen Organisationsmitglieder, innerhalb derer gedacht, ausgewählt, entschieden und sich verhalten wird, da dies –wie gezeigt wurde – Einfluß hat auf den Lernprozeß. Auch ist es wichtig, sich die Zeitperspektive der einzelnen Mitglieder zu verdeutlichen. Denn die gleiche Situation hat –wahrgenommen auf verschiedenen Ebenen und in unterschiedlichen Subkulturen – unterschiedliche Bedeutung. Dies bedeutet, daß auf Basis ein und desselben Ereignis unterschiedliche Entscheidungen gefällt werden können, die zu unterschiedlichen Lernergebnissen führen. Es ist somit mehr als ratsam, die Vielzahl an Zeitperspektiven immer wieder abzugleichen und zu versuchen, eine dominante, handlungsleitende Zeitperspektive innerhalb der Organisation zu etablieren.

Zusammenfassend läßt sich sagen, daß sofern die aufgeführten Zeitdimensionen sowie deren Einfluß auf organisationale Lernprozesse vom Management berücksichtigt werden, dies einer Organisation helfen kann,

(1) die für angestrebte organisationale Lernprozesse veranschlagte Zeit aufgrund der jeweiligen Rahmenbedingungen realistischer einzuschätzen
(2) Frustrationen oder überzogene Erwartungshaltungen im Vorfeld zu dämpfen
(3) Explizit die notwendigen Rahmenbedingungen zu schaffen, um organisationale Lernprozesse nicht nur hinsichtlich des eigentlichen Prozeßablaufes, sondern auch hinsichtlich der dafür benötigten Zeit zu beeinflussen.

Dieser Beitrag über die Rolle der Zeit im Prozeß organisationalen Lernens hat gezeigt, daß es auf diesem Gebiet noch einen erheblichen Bedarf sowohl an theoretischer als auch an empirischer Forschung gibt. Konkret wäre es insbesondere wünschenswert die Übertragbarkeit der bisherigen Erkenntnisse über Zeit im Individual- und Gruppenlernen auf Organisationales Lernen zu überprüfen sowie vergleichende Lern-Studien in Organisationen durchzuführen, um das Ausmaß an Tempovarianz zu ermitteln.

Literatur

Abell, D. F. (1978): ‚Strategic Windows'. *Journal of Marketing*, 7/78: 21–6.
Albach, H. (1998): ‚Kreatives Organisationslernen', in H. Albach/M. Dierkes/A. Berthoin Antal/K. Vaillant (Hrsg.) *Organisationslernen – institutionelle und kulturelle Dimensionen*. WZB-Jahrbuch, Berlin: Ed Sigma, 55–77.
Albach, H. (1995): ‚Learning and Organization in Transformation', in H. Rudolph (Hrsg.), *Geplanter Wandel, ungeplante Wirkungen*. WZB-Jahrbuch, Berlin: Ed Sigma, 253–265.
Albach, H. (1994): ‚Schrumpfung und Wachstum von Humankapital im Transformationsprozeß ostdeutscher Betriebe', in H. Albach (Hrsg.) *Globale Soziale Marktwirtschaft*. Wiesbaden, 141–181.
Argyris, C./Schön, D. A. (1978): *Organizational Learning: A Theory of Action Perspective*. Reading, MA: Addison-Wesley.
Bandura, A. (Hrsg.) (1976): ‚Die Analyse von Modellierungsprozessen', in A. Bandura (Hrsg.), *Lernen am Modell: Ansätze zu einer sozial-kognitiven Lerntheorie*. Stuttgart: Klett-Cotta, 9–68.
Berthoin Antal, A./Dierkes, M./Marz, L. (1998): *Implizite Theorien des Organisationslernens. Ergebnisse empirischer Untersuchungen in China, Deutschland und Israel*, in H. Albach/M. Dierkes/A. Antal/K. Vaillant (Hrsg.): Organisationslernen – institutionelle und kulturelle Dimensionen. Berlin: Ed. Sigma.
Bleicher, K. (1985): *Zeitkonzeptionen der Entwicklung und Gestaltung von Unternehmungen*. St. Gallen: Diskussionsbeiträge des Instituts für Betriebswirtschaft an der Hochschule St. Gallen, No. 11.
Carley, K. (1992): ‚Organizational Learning and Personnel Turnover'. *Organization Science*, 3/1: 20–46.
Clark, P. (1985): ‚A Review of the Theories of Time and Structure for Organizational Sociology', in S. B. Bacharach/S. M. Mitchell (Hrsg.), *Research in the Sociology of Organizations* (Vol. 4). Greenwich, CT: JAI Press, 35–79.
Dierkes, M. (1988): *Unternehmenskultur und Unternehmensführung, Konzeptionelle Ansätze und gesicherte Erkenntnisse*. ZfB, 58: 554–575.
Dierkes, M./Alexis, M./Berthoin Antal, A./Hedberg, B./Pawlowsky, P./Stopford, J./Tsui-Auch, L. S. (1999): *The Annotated Bibliography of Organizational Learning*. Berlin: Ed Sigma.
Gersick, C. J. G. (1988): ‚Time and Transition in Work Teams: Toward a New Model of Group Development'. *Academy of Management Journal*, 31: 9–41.
Gherardi, S./Strati, A. (1988): ‚The Temporal Dimension in Organization Studies'. *Organization Studies*, 9: 149–64.
Hall, E. T. (1983): *The Dance of Life: The Other Dimension of Time*. Garden City, NY: Anchor Press.
Hedberg, B./Starbuck, W. H. (in Press): How Organizations Learn from Success and Failure, in Dierkes, M./Berthoin-Antal, A./Child, J./Nonaka, I. (Hrsg.) Handbook of Organizational Learning and Knowledge. Oxford, UK: Oxford University Press.
Keller, U. (1999): *Zeitsprünge*. Berlin: Verlag Vorwerk.
Kelly, J. R./McGrath, J. E. (1985): ‚Effects of Time Limits and Task Types on Task Performance and Interaction of Four-person Groups'. *Journal of Personality and Social Psychology*, 49: 395–407.
Kim, D. H. (1993): ‚The Link between Individual and Organizational Learning'. *Sloan Management Review*, 35/3: 37–50.
Kofman, F. (1992): Lecture Slides. Cambridge, MA: MIT Sloan School of Management.
Kolb, D. A. (1984): *Experiential Learning*. Englewood Cliffs, NJ: Prentice Hall.
Levitt, B./March, J. G. (1988): ‚Organizational Learning'. *Annual Review of Sociology*, 14: 319–40.
Lewin, K. (1947): ‚Frontiers in Group Dynamics'. *Human Relations*, 1: 2–38.
March, J. G. (1991): ‚Exploration and Exploitation in Organizational Learning'. *Organization Science*, 2: 71–87.
McGrath, J. E./Rotchford, N. L. (1983): ‚Time and Behavior in Organizations', in L. L. Cummings/ B. M. Staw (Hrsg.), *Research in Organizational Behavior. An Annual Series of Analytical Essays and Critical Reviews* (Vol. 5). Greenwich, CT: JAI Press, 57–101.
Miles, R. E./Snow, C. C. (1978): *Organizational Strategy, Structure, and Process*. New York: McGraw-Hill.

Nowotny, H. (1992): ‚Time in the Social Sciences – Theoretical and Empirical Approaches', in M. Dierkes/B. Bievert (Hrsg.), *European Social Science in Transition*. Frankfurt a. Main: Campus, 481–525.

Perich, R. (1992): *Unternehmungsdynamik. Zur Entwicklungsfähigkeit von Organisationen aus zeitlich-dynamischer Sicht* (2. Aufl.). Stuttgart: Haupt.

Peters, L. H./O'Connor, E. J./Pooyan, A./Quick, J. C. (1984): ‚The Relationship between Time Pressure and Performance: A Field Test of Parkinson's Law'. *Journal of Occupational Behavior*, 5/5: 293–99.

Schein, E. H. (1985): ‚How Culture Forms, Develops, and Changes', in R. H. Kilmann/M. J. Saxton/R. Sherpa (Hrsg.), *Gaining Control of the Corporate Culture*. San Francisco: Jossey-Bass, 17–43.

Schein, E. H. (1995): *Unternehmenskultur: Ein Handbuch für Führungskräfte*. Frankfurt a. Main: Campus.

Tiedge, J. (1998): *Systemtransformation und Wettbewerbsentwicklung*. Wiesbaden: Gabler

Weber, C. (1996): *Treuhandanstalt – Eine Organisationskultur entsteht im Zeitraffer*. Wiesbaden: Gabler

Witt, P. (1998): ‚Strategies of Technical Innovation in Eastern European Firms'. *Management International Review*, 38/2: 161–182.

Zusammenfassung

Angesichts der gravierenden Entwicklungen durch die New Economy sowie des damit einhergehenden erhöhten Wettbewerbs- und Veränderungsdrucks für Organisationen, steigen die Managementanforderungen in der Weise, daß nicht nur die richtigen Entscheidungen, sondern diese auch möglichst schnell – am besten als erster – getroffen und realisiert werden. Gleichzeitig muß eine zunehmende Flut von Informationen zur abgesicherten Entscheidungsfindung bewältigt werden. Damit stellt die Zeit in den erforderlichen organisationalen Veränderungs- und Anpassungs-, d.h. Lernprozessen einen, wenn nicht den zentralen Faktor dar. Dieser Beitrag arbeitet sechs wesentliche Zeitdimensionen für organisationale Lernprozesse heraus und verdeutlicht deren strategische Relevanz sowie Interaktionen am Beispiel der Treuhandanstalt.

Das Hauptergebnis dieses Beitrags ist, daß organisationale Lernprozesse hinsichtlich der für sie benötigten Zeit variieren können und daß es dem Management m.E. möglich ist diese Lernprozesse sowohl zu beschleunigen als auch zu verlangsamen. Die Voraussetzungen dazu können vom Management z.T. bewußt herbeigeführt bzw. gefördert werden.

Summary

Due to the significant developments taking place in the New Economy, which go along with substantial pressure for organizations to compete and to adapt, management is forced to not only take and realize the right decisions but to also do so as fast as possible/or: in a timely manner – ideally as first-mover. At the same time, an increasing flood of information needs to be searched through in order to base the decision making process on profound/sustainable? grounds. As a result, time is a, if not *the* key factor in the required organizational process of change and adaptation, i.e. in the learning processes. In this article, six essential dimensions of time for organizational learning processes are discussed and their strategic relevance as well as interaction is illustrated using the example of the Treuhandanstalt, the agency set up by the German government in 1990 to sell off or close down the business owned by the government of the former German Democratic Republic.

The main conclusion of this research is that processes of organizational learning can vary significantly in regard to their time requirements, and that management is – to a certain extent – in a position to influence the speed of learning, i.e. to accelerate as well as to slow down organizational learning processes. Management can partially consciously determine the necessary preconditions for shaping these processes.

20: Allgemeine Fragen der Organisationstheorie (JEL M60)

Hebeleffekte in der Wissensgenerierung: Die Rolle von technischen Dienstleistern als externe Wissensquelle

Von Oliver Gassmann und Christiane Hipp

Überblick

- Technologieintensive Unternehmen organisieren ihren Innovations- und Lernprozess neu, um die zunehmend komplexeren technologischen Entwicklungen sowie rasant beschleunigten Produktlebenszyklen zu beherrschen.

- Der Beitrag fokussiert sich auf spezialisierte technische Dienstleister als externe Innovationsquelle im Wissensgenerierungsprozess und untersucht deren Beitrag zur Leistungsfähigkeit ihrer industriellen Kunden.

- Empirische Basis liefern 50 Interviews mit F&E-Managern aus deutschen und schweizerischen Unternehmen der Branchen Maschinen-/Anlagenbau, Elektrotechnik, Elektronik sowie der Computerindustrie. Zwei schriftliche Umfragen zum Innovationsverhalten von 291 bzw. 210 technischen Dienstleistern runden die Analyse empirisch ab. Die technischen Dienstleister werden in einem situativen Ansatz charakterisiert und typologisiert.

- Als Ergebnis werden Handlungsempfehlungen für eine erfolgreiche Integration externer technischer Dienstleister in den industriellen Innovationsprozess abgeleitet.

Eingegangen: 23. Juni 2000

Dr. Oliver Gassmann leitet das Technologiemanagement des Schindler Konzerns und ist Lehrbeauftragter für Technologiemanagement an der Universität St. Gallen, Schindler Aufzüge AG, CH-6031 Ebikon.
Dr. Christiane Hipp ist Habilitandin an der Technischen Universität Hamburg-Harburg, Arbeitsbereich Technologie- und Innovationsmanagement und freie Mitarbeiterin bei Mannesmann Pilotentwicklung.

A. Einleitung und Untersuchungsmethodik

I. Herausforderung für technologieintensive Unternehmen

Heutzutage stehen technologieintensive Unternehmen vor verschiedenen Herausforderungen:

- Globalisierung der Märkte und demzufolge Verschärfung des Wettbewerbs,
- rasches Zusammenwachsen verschiedener Technologie- und Wissenschaftszweige (z.B. Biotechnik, Multimedia),
- dynamische Entwicklung neuer Kommunikations-, Informations- und Logistiktechnologien.

Diese Tendenzen haben Auswirkungen auf den Innovationsprozess der Unternehmen und lassen sich mit kürzeren Innovationszyklen, komplexeren und variantenreicheren Produkten, der Trennung zwischen integralem Niedrigkostendesign und modularen Hochtechnologie-Erzeugnissen sowie dem wachsenden Druck zur Kostensenkung – bei gleichzeitiger Erhöhung von Qualität und Zuverlässigkeit – beschreiben. Diese sich ständig steigernden Anforderungen setzen eine effiziente Produkt- und Verfahrensentwicklung voraus, die sich auf einer zielgerichteten Organisation der Forschung und Entwicklung (F&E) abstützen muss (Boutellier et al., 2000). Dabei führt vor allem die Konzentration auf Kernkompetenzen zu neuen Dimensionen unternehmensexterner und -interner Vernetzung verschiedener Innovationsprozesse. Beispielsweise verlagern Unternehmen Teile ihrer F&E auf Universitäten, private Forschungseinrichtungen oder spezialisierte technische Dienstleister. Die Integration der kooperativ erarbeiteten Wissensbausteine und Lernprozesse ist für die langfristige Wettbewerbsfähigkeit der involvierten Unternehmen von großer Bedeutung und erfordert spezifische Mechanismen, um den Transfer zwischen den verschiedenen Organisationen sicherzustellen.

Die folgende Abhandlung verdeutlicht die Rolle von technischen Dienstleistungen in industriellen F&E-Aktivitäten. Dabei schließt die Untersuchung Motive und Grenzen der externen Verlagerung („Outsourcing") von Wissensgenerierungsprozessen mit ein, um abschließend Erfolgsfaktoren für eine optimale Integration technischer Dienstleistungen in interne Innovationsnetzwerke zu erarbeiten.

II. Untersuchungsmethodik

Basis dieser Untersuchung bildeten 50 semistrukturierte Tiefeninterviews mit F&E-Managern über Chancen und Risiken des Outsourcing von Teilbereichen der F&E sowie die Rolle von technischen Dienstleistern in diesem Prozess. Der Zeitraum der Befragung lag zwischen 1998 und 1999. Die Unternehmen lassen sich den Branchen Elektrotechnik/Elektronik, Maschinen-/Anlagenbau sowie der Computerindustrie zuordnen und haben ihren Hauptsitz entweder in Deutschland oder in der Schweiz.

Um zu einer umfassenden Analyse zu gelangen, wurden zusätzlich Daten aus zwei Innovationserhebungen im deutschen Dienstleistungssektor ausgewertet. Diese wurde im Auftrag des Bundesministeriums für Bildung und Forschung (BMBF) erstellt und durch das

Zentrum für Europäische Wirtschaftsforschung (ZEW), das Fraunhofer Institut für Systemtechnik und Innovationsforschung (FhG-ISI) sowie INFAS durchgeführt. Für den ersten Bericht wurde im Jahr 1995 ein Fragebogen zum Innovationsverhalten an über 11 000 deutsche Dienstleistungsunternehmen unterschiedlichster Branchen versandt. 2900 Unternehmen schickten den Fragebogen zurück (Licht et al., 1997). 1997 wurde in Deutschland eine zweite Umfrage mit einem überarbeiteten, auf europäischer Ebene standardisierten Fragebogen durchgeführt. 1997 konnten 2100 Unternehmen in die empirische Auswertung mit aufgenommen werden (Hipp, 1998). Für die vorliegende Untersuchung wurde ein Subsample mit technischen Dienstleistern (z.B. Ingenieurbüros) gebildet, ohne andere Dienstleistungsbranchen einzubeziehen (siehe Tabelle 1). Die Datenbasis enthält damit 291 technische Dienstleister aus der Umfrage von 1995 und 210 technische Dienstleister von 1997.

Tab. 1: Definition technischer Dienstleistungen[1]

WZ 1979 Umfrage von 1995	Beschreibung
751	Wissenschaft, Forschung, Ausbildung
784	Technische Beratung und Planung
WZ 1993 Umfrage von 1997	**Beschreibung**
731	Forschung und Entwicklung
742	Architekten und beratende Ingenieure
743	Technische Beratung und Planung

B. Die Rolle technischer Dienstleistungen in Innovationsprozessen

I. Technische Dienstleister als fester Bestandteil nationaler Innovationssysteme

Zwei der dynamischsten Branchen für Beschäftigungswachstum in Deutschland sind die wissensintensiven, technischen und strategischen Unternehmensberater (Licht et al., 1997). Dies verdeutlicht deren wachsende gesamtwirtschaftliche Bedeutung und unterstreicht die zunehmende Verflechtung verschiedener Industrien mit Teilbereichen des Dienstleistungssektors. Andere Studien zeigen ferner, dass wissensintensive Dienstleistungen eine immer wichtigere Rolle im nationalen Innovationssystem spielen und zur Hauptquelle nachhaltig hoher Wertschöpfung werden (Hauknes und Miles, 1996; Miles, 1996; Smith, 1995; Strambach, 1994; Wood, 1996), da sie spezifisches Fachwissen für Problemlösungen bereitstellen und für ihre Kunden nutzbar machen können (Gibbons et al., 1994).

Abb. 1: Die Rolle technischer Dienstleister im Prozess der Wissensgenerierung und Problemlösung

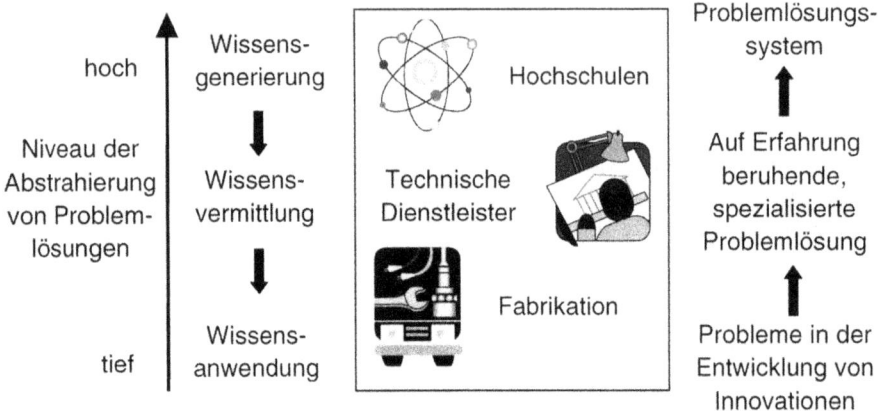

Ingenieurbüros übernehmen beispielsweise eine Transferrolle zwischen Hochschulen, Forschungsinstituten und ihren Kunden, indem sie technisches Wissen problemspezifisch zusammenstellen, weiter entwickeln und zur Verfügung stellen. Abbildung 1 erläutert die idealtypische Rolle technischer Dienstleister im industriellen Innovationssystem.

Die Abbildung zeigt, dass technische Dienstleister Probleme im industriellen Innovationsprozess erkennen, um mit Hilfe von wissenschaftlichem Know-how und eigenem Erfahrungswissen eine kundenorientierte Lösung zu entwickeln. Daher können technische Dienstleister aufgrund ihrer Wissenstransferfunktion als hochproduktiv für eine Volkswirtschaft betrachtet werden, ihr Potential wird jedoch in der originären Wissensgenerierung unterschätzt (z.B. Machlup, 1962). Die erste Grundannahme lautet demnach:

Technische Dienstleister sind mit Hochschulen verbunden, um aktuelles wissenschaftliches und technologisches Know-how für ihre eigenen Dienstleistungsprodukte zu nutzen. Zudem sind sie stark in den Innovationsprozess des Kunden integriert, für den sie das theoretische Wissen der Wissenschaft spezifisch weiterleiten, transferieren und damit wirtschaftlich nutzbar machen.

II. Technische Dienstleister als flexibel nutzbare Innovationsquelle

Da technologische Entwicklungen immer komplexer werden, sind Firmen verstärkt dazu gezwungen, sich untereinander auszutauschen, um Innovationen durchführen zu können. Innovation in flexiblen Netzwerken ist eine Organisationsform, um zunehmende Komplexität sowie kürzere Produktzyklen zu bewältigen (Carl und Kiesel, 1996; Rothwell, 1994). Vertiefende Analysen unternehmensübergreifender technologischer Entwicklungen (z.B. F&E-Kooperationen) wurden erstmals in den 80er Jahren durchgeführt (Chesnais, 1988). Es konnte gezeigt werden, dass die verschiedenen Partner auf die sich ergänzenden Erfahrungen und Fähigkeiten jedes anderen angewiesen sind (Coombs et al.,

1996). Blitzer (1991) beispielsweise verdeutlicht, dass interdisziplinäre Lernteams eher dazu neigen, Neuerungen und unkonventionelle Problemlösungen anzustoßen, als monodisziplinär zusammengesetzte Innovationsteams. Für Unternehmen wie Hitachi ist beispielsweise Vielfalt der Haupttreiber für Innovationen.

Im Gegensatz zu manchen Experten, die ihr Wissen als ihre Machtbasis oder ihr Monopol verteidigen, sind Generalisten mit dem Bruch von Konventionen und erprobten Methoden weniger zurückhaltend. Technische Dienstleister können die Rolle des ergänzenden Generalisten übernehmen; diese sind zwar mit internen Wissensgrundlagen und Verfahren weniger vertraut, können jedoch eigenes, breites Know-how zur Verfügung stellen und intern eingefahrene Denkstrukturen aufbrechen helfen. Dies kann radikale Innovationen fördern.

Im Technopark in Zürich, in der Nähe von Europas grösster Technischer Hochschule (ETH), gibt es zahlreiche Beispiele für erfolgreiche Bindungen zwischen technischen Dienstleistungsunternehmen und Hochschulen. Die Firma Tribecraft ist ein gelungenes Beispiel, wie ehemalige Wissenschaftler als Spin-off ihre eigene Ingenieurfirma aufgebaut haben.[2]

ABB und Hilti integrieren beispielsweise Mechatronikwissen von Ingenieurfirmen, die als Spin-offs aus der ETH hervorgegangen sind. Und Schindler entwickelte das revolutionäre „SchindlerMobile" – den ersten industriell vorgefertigten Aufzug mit selbstangetriebener Aufzugskabine auf selbsttragender Konstruktion – gemeinsam mit den technischen Dienstleistern von Porsche, Alusuisse und Zühlke Engineering. Demzufolge verlassen sich diese produzierenden Unternehmen auch bei Neuproduktentwicklungen auf externe Entwicklungsdienstleistungen (STEP group, 1996).

Diese Beispiele zeigen, dass technische Dienstleister als Teil innovativer Netzwerke neues Wissen generieren, welches nicht in den Kernkompetenzbereich des nachfragenden Unternehmens fällt, das aber für zukünftige Geschäftsfelder von Bedeutung wird. Dadurch können die externen „Know-how-Lieferanten" durchaus in die Rolle kritischer Erfolgsfaktoren für zukünftige Geschäftserfolge beim nachfragenden Unternehmen schlüpfen. Dies führt zu der zweiten Grundannahme:

Hersteller profitieren von externen technischen Dienstleistungen in zweifacher Hinsicht: A) Besonders in einem Umfeld dynamischen technologischen Wandels ist eine starke Bindung an externe Wissensquellen eine gute Möglichkeit, um Komplexität und Unsicherheit zu bewältigen – ohne dabei an Flexibilität zu verlieren. B) Zudem erleichtern externe Verbindungen, gegenwärtige interne Praktiken und Routinen zu überdenken. Dies eröffnet neue Möglichkeiten für den Aufbau von Wissen und der Durchsetzung radikaler Innovationen.

C. Die Rolle technischer Dienstleister für die industrielle Forschung und Entwicklung

I. Charakteristische Merkmale technischer Dienstleister

Basierend auf der Innovationserhebung im Dienstleistungssektor zeigt sich, dass technische Dienstleistungsfirmen im Jahre 1996 in Deutschland im Durchschnitt etwa 100 Personen beschäftigten und einen Umsatz von 19 Millionen DM erzielten. Die Unternehmen haben keine ausgesprochene Preisstrategie. Für mehr als 50 Prozent der befragten technischen Dienstleister sind niedrige Preise nicht sehr wichtig bzw. überhaupt nicht relevant. Dagegen ist für mehr als 90 Prozent der Firmen eine hohe Qualität ihrer Produkte und Leistungen wichtig bis sehr wichtig. Im Vergleich zu anderen Dienstleistungsbranchen ist eine vielfältige Produktpalette weit weniger bedeutsam. Technische Dienstleister operieren mit ihrem Spezialistenwissen in Marktnischen. Zudem sind die meisten dieser Firmen regional orientiert. Nur etwa ein Viertel von ihnen ist auf internationalen Märkten aktiv. Das bedeutet, dass geographische wie kulturelle Kundennähe für erfolgreiche Projekte von großer Bedeutung sind. Für die Innovationsprozesse der befragten Unternehmen sind unterschiedliche Technologien relevant (siehe Abbildung 2). An erster Stelle stehen bei den befragten technischen Dienstleistungsunternehmen Informations- und Kommunikationstechnologien (Bürosoftware, Personal Computer etc.). Auffällig ist, dass Kommunikationsnetzwerke mit über 40 Prozent an dritter Stelle rangieren. Das unterstreicht, wie bedeutsam technische Netzwerke für Kommunikationsprozesse sowie die Integration von Wissen sind. Zwischen 30 und 40 Prozent der befragten Unternehmen nutzen Umwelt- und Automatisierungstechnologien für ihre Innovationsaktivitäten. Das zeigt, dass sich viele technische Dienstleister im Umwelt- bzw. im Produktionsbereich spezialisiert haben.

35 Prozent der befragten innovativen technischen Dienstleister betreiben eigene Forschung und Entwicklung. Das ist deutlich mehr als der Durchschnitt aller befragten innovativen Dienstleistungsunternehmen (23 Prozent). Nur die EDV-Dienstleister halten

Abb. 2: Nutzung verschiedener Technologien für die Innovationsaktivitäten technischer Dienstleistungsunternehmen

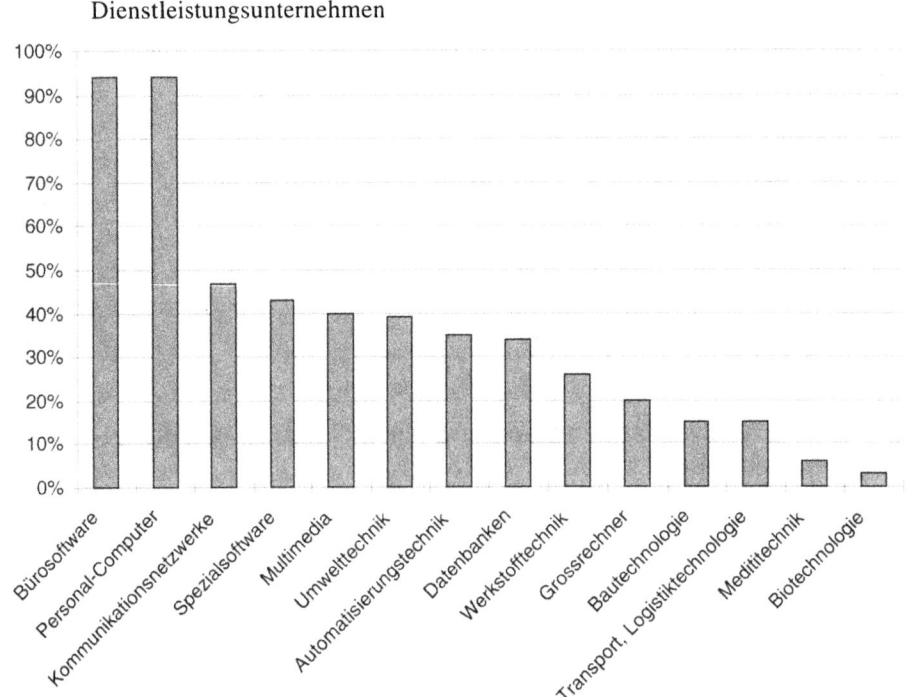

einen noch höheren Anteil mit 46 Prozent. Dies lässt die Fähigkeit der technischen Dienstleister zur Generierung eigenen internen Wissens erkennen. Der hohe Anteil an Angestellten mit einem akademischen Grad in Ingenieurs- oder Naturwissenschaften (im Durchschnitt 41 Prozent aller Beschäftigten) sowie die Bedeutung interner Schulungs- und Weiterbildungsmaßnahmen unterstreichen die Wissensintensität und das Wissenspotential, welches anderer Dienstleistungsunternehmen sowie Unternehmen aus dem Produzierenden Gewerbe bei weitem übersteigt.

Kunden sind für technische Dienstleister die wichtigste externe Wissensquelle. Es ist auffällig, dass Kunden aus dem Dienstleistungssektor eine größere Rolle spielen als Kunden aus dem Produzierenden Gewerbe. Dies zeigt, dass technische Dienstleistungen sowohl von technologie-, als auch von weniger technologieintensiven Branchen nachgefragt werden. Interessant ist auch, dass sich technische Dienstleister der verschiedenartigsten Wissensquellen bedienen. Einerseits spielen kodifizierte Informationen eine bedeutsame Rolle (Zeitschriften, Patentschriften), andererseits werden Wettbewerber und Hochschulen als externe Wissensquelle genutzt. Vor allem der Anteil der mit Hochschulen zusammenarbeitenden Unternehmen ist sehr hoch im Vergleich zu anderen Dienstleistungsbranchen: 25 Prozent aller technischen Dienstleister nutzt Wissen aus der wissenschaftlichen Forschung – verglichen mit 13 Prozent in anderen Dienstleistungszweigen.

Die Daten der Innovationserhebung zeigen zusammenfassend, dass technische Dienstleister im Gegensatz zu anderen Dienstleistungsbranchen eher fähig sind, Dienstleistungsprodukte anzubieten, die die Leistungsfähigkeit und Produktivität beim Kunden erhöhen. Ausführliche Studien verdeutlichen, dass wissensintensive Dienstleistungsunternehmen in ein Innovationssystem integriert sind, das sich als Netzwerk beschreiben lässt, in dem Informationen und Wissen horizontal und vertikal generiert und verbreitet werden (Hipp, 1998). Dieses Innovationsnetzwerk lässt sich mit „Lernen durch Vernetzen" charakterisieren. Technische Dienstleistungen spielen eine grosse Rolle in diesen wissensbasierten Netzwerken, weil sie das Potential haben, als „Knowledge Broker" zwischen Wissenschaft und Anwendung zu vermitteln sowie selbst generiertes Wissen kundenspezifisch bereitzustellen.

II. Besonderheiten technischer Dienstleister im industriellen F&E-Prozess

1. Charakteristische Typen technischer Dienstleistungsunternehmen

Anhand der Interviews lassen sich die bisherigen empirischen Erkenntnisse qualitativ vertiefen und ergänzen. Aus den Fallstudien heraus lassen sich zwei Typen von technischen Dienstleistern identifizieren (siehe Tabelle 2): Technische Dienstleister als verlängerte Werkbank (Typ 1) sowie technische Dienstleister als Ideengenerator (Typ 2). Typ 1 besteht aus klassischen Ingenieurbüros, welche aufgrund zeitlich befristeter Kapazitätsengpässe im nachfragenden Untenehmen klar definierte F&E-Aufgaben erledigen. Häufig wird dabei ausschließlich spezifisches Know-how eingeholt, dessen ständiges Aufrechterhalten bzw. Ausweiten innerhalb des Unternehmens zu kostenintensiv wäre. Voraussetzung dafür sind klar definierte und eigenständige Arbeitspakete.

Tab. 2: 2 Typen von technischen Dienstleistern: Erweiterte Werkbank der industriellen F&E oder echte Ideengeneratoren

	Aktoren	Aufgabe	Innovation	Kernkompetenz	Lernen	Zusammenarbeit
Technische Dienstleister als erweiterte Werkbank	• Klassische Ingenieurbüros	• Hoch strukturiert • separabel • klare Definition durch Pflichtenheft	• Inkrementale Innovation	• Verstärkt bestehende Kompetenzen	• Input von explizitem Wissen • Lerneffekt begrenzt	• Dezentral • Informationsaustausch via moderner Informationstechnologien
Technische Dienstleister als Ideengeneratoren	• Forschungsinstitute • High Tech Spin-off's	• Visionär • Systemisch • Grobe Problemstellung	• Radikale Innovation	• Erneuert Kompetenzen	• Input von implizitem Wissen • Lernpotential gross	• Face-to-face Meetings • Intensive Kommunikation

Technische Dienstleister des Typ 2 werden wegen ihrer spezifischen natur- und ingenieurwissenschaftlichen Forschungserfahrungen oder ihrer Innovationskraft eingebunden. Dynamische, technologieorientierte Spin-offs von Forschungseinrichtungen sind typische Vertreter hierfür. Der Auftrag hat meist visionären Charakter und ist eher problem- als lösungsorientiert. Daraus ergibt sich die dritte Grundannahme:

Technische Dienstleister lassen sich anhand ihrer Rolle im industriellen F&E-Prozess unterscheiden. Es können zwei verschiedene idealtypische Ausprägungen identifiziert werden: Typ 1, die „Erweiterte Werkbank" und Typ 2, der „Ideengenerator". Beide Typen erfordern ein spezifisch angepasstes Innovationsmanagement aus Sicht des industriellen Auftraggebers.

2. Besonderheiten der Integration externer technischer Dienstleister

In der Literatur wird Wissen oftmals in explizites und implizites (oder stillschweigendes) Wissen untergliedert (Nonaka und Takeuchi, 1995; Polanyi, 1993). Dabei findet explizites Wissen Ausdruck in formaler Sprache und lässt sich beispielhaft anhand grammatischer Darstellungen, mathematischer Ausdrücke, technischer Daten oder Handbücher verdeutlichen. Diese Art von Wissen kann leicht vermittelt werden. Implizites Wissen hingegen lässt sich nur schwer in formaler Sprache ausdrücken. Es handelt sich dabei häufig um persönliches Wissen, das in individuellen Erfahrungen eingebettet ist und unbestimmbare Faktoren wie persönliche Überzeugungen, Perspektiven und das Wertesystem umfasst. Wenn diese verschiedenen Wissensgrade einzeln dargestellt werden, gelangt man zu der Wissenspyramide (siehe auch Gassmann, 1997).

Abb. 3: Die Wissenspyramide

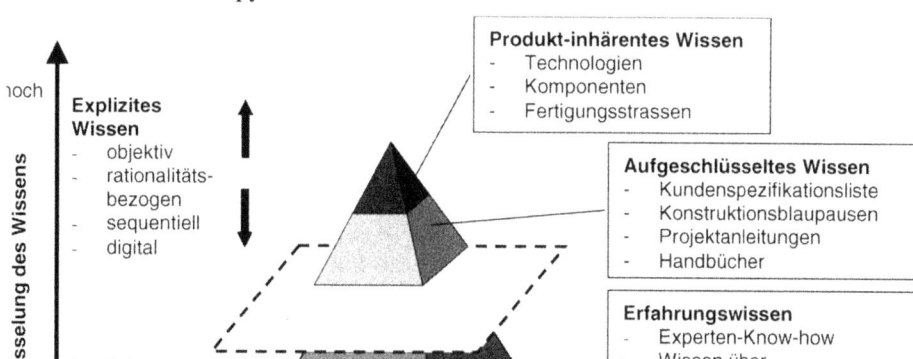

Produkt-inhärentes oder in Unternehmen dokumentiertes Wissen stellt explizites Wissen dar und ist daher leicht vermittelbar (z.B. geometrische Formen oder Fertigungsangaben). Zur Entwicklung neuer Produkte oder Prozesse wird jedoch häufig implizites, auf Erfahrungen basierendes Wissen erforderlich. Ingenieure denken meist in nicht-verbalen und nicht-artikulierten Konzepten. Ihr Know-how liegt unter der Oberfläche verborgen und besteht aus Komponenten, die stark intuitiv und schwierig formulierbar sein können. Bei der Durchführung dezentraler F&E-Projekte im Verbund mit technischen Dienstleistern liegt die Herausforderung darin, dieses implizite Wissen zu aktivieren und nutzbar zu machen. Ausgefeilte und kompatible Kommunikations- und Informationstechnologien sind häufig für den Projekterfolg notwendig, aber nicht hinreichend. Viel wichtiger für gemeinsame, vielversprechende Ergebnisse sind regelmässige persönliche Kontakte, insbesondere in frühen Projektphasen (Boutellier et al., 1998).

Wenn ein Unternehmen sich dafür entscheidet, interne Forschung stärker in externen Netzwerken zu organisieren, geht dies oftmals mit der Reduktion eigener F&E-Aktivitäten einher. Dabei besteht jedoch die Gefahr, dass das Applikationswissen sowie die Fähigkeit, Anforderungen zu spezifizieren und zu beurteilen, verloren geht. Dies führt zur Abhängigkeit gegenüber den Technologielieferanten und zu sinkender Innovationsfähigkeit, was langfristig zu stark steigenden F&E-Kosten führen kann. Zudem gehen multilaterale Lernpotentiale zwischen den Unternehmen des Innovationsnetzwerks verloren (Brockhoff, 1998; Foray, 1991). Unternehmen stehen demnach vor der Herausforderung, ein Gleichgewicht zwischen Irreversibilität bzw. Pfadabhängigkeit und dem Verlust von F&E-Kompetenz und -Wissen zu finden. Aufgrund dieser Überlegungen wird die letzte Grundannahme formuliert:

Die Integration und Anwendung von Wissen, das von technischen Dienstleistern geschaffen wurde, erfordert spezielle Mechanismen, um eigene Lernprozesse sicherzustellen. Dies gilt vor allem dann, wenn das Erfahrungswissen der beteiligten externen Entwickler erfolgskritisch ist.

III. Fallstudie: Technische Dienstleister im Projekt Pegasus bei der Firma Schindler

Die Firma Schindler – mit über 40 000 Mitarbeitern und 8 Mrd. SFr Umsatz weltweit im Aufzugs- und Fahrtreppengeschäft tätig – führte zwischen 1998 und 1999 im Bereich Technologiemanagement das Vorentwicklungsprojekt „Pegasus" durch. Innerhalb dieses Projektes wurde keine typische Komponentenentwicklungen, sondern eine radikale Architekturinnovation angestrebt, um das in der Aufzugsindustrie Dominante Design bezüglich Tragestruktur, Gebäudeschnittstelle, Antriebstechnologie, Energiemanagement und Design völlig zu revolutionieren. Das Kernteam bestand aus vier Systemingenieuren, von denen drei in Ebikon und einer in New Jersey lokalisiert waren. Im Projekt wurde eine Vielzahl externer Partner eingebunden: Forschungsinstitute, High-Tech-Zulieferer, eine Spin-off Organisation der ETH im Bereich Engineering, klassische Ingenieurbüros in den Bereichen Gebäudeschnittstelle und Mechanik sowie ein Industriedesigner. Die Rolle dieser beteiligten technischen Dienstleister war zielspezifisch unterschiedlich und lassen sich auf einen der beiden, im vorausgegangenen Kapitel identifizierten Typen zurückführen:

Als verlängerte Werkbank (Typ 1) waren technische Dienstleister folgendermaßen eingebunden:

- Engineering Services, um als ausgelagerte Entwicklung Kapazitäts- und Terminengpässe abzufangen;
- Experten aus dem Bereich Gebäudeschnittstelle, um technische Probleme der normen- und baukonformen Integration des neuen Aufzugssystems in das Gebäudesystem abzuklären.

In der Rolle der Ideengeneratoren (Typ 2) waren folgende technische Dienstleister eingebunden:

- Forschungsinstitute, um Grundlagenwissen im Bereich Energiemanagement aufzubauen und Visionen zu entwickeln;
- ETH Spin-off Unternehmen, um radikal neue technische Konzepte in den Bereichen Antrieb und Struktur zu entwickeln;
- Designer, um ein neues Design nach der Philosophie „design follows function" zu entwickeln und zu integrieren.

Das Zusammenspiel dieser multilateralen Kooperationsbeziehungen lief recht gut. Mit den externen Ideengeneratoren gab es intensive persönliche Teammeetings, in denen gemeinsam an der neuen Architektur gearbeitet wurde. Den externen Ingenieurbüros wurden klar definierte Arbeitspakete übergeben. Wichtig war hier die Kompatibilität der Informationssysteme, wie z.B. 3D-CAD, gemeinsame Datenbanken und Groupware. Die Arbeit konnte hier weitgehend dezentral geleistet werden.

Das kurze Fallbeispiel von Schindler zeigt, dass in einem Projekt beide Arten technischer Dienstleister erfolgreich eingebunden sein können. Erfolgskritisch war die adäquate Behandlung der Dienstleister. Ideengeneratoren bringen stark implizites Wissen ein und benötigen mehr Freiraum als die klassischen Ingenieurbüros, welche klar definierte und straff geführte Arbeitspakete abzuarbeiten hatten.

D. Verlagerung interner Innovationsaufgaben an technische Dienstleister

I. Motivation und Zielsetzung der Verlagerung

Im Zusammenhang mit der Konzentration auf Kernkompetenzen besteht seit Beginn der 90er Jahre eine klare Tendenz, nationale sowie internationale F&E-Organisationen neu und effizienter zu gestalten (Gassmann und von Zedtwitz, 1998). Schindlers Technologiemanagement war beispielsweise ein konsequenter Schritt zur Konzentration auf eigene Stärken – verbunden mit externer Wissensgenerierung – um weiterhin innovations- und damit wettbewerbsfähig zu bleiben. Kleine Kernteams, die mit international führenden Technologiepartnern strategische Allianzen eingehen, ermöglichen trotz Konzentration die notwendigen Innovationssprünge. Technische Dienstleister und externe Firmen arbeiten in einer flexiblen, veränderbaren Organisation, deren Struktur und Zusammensetzung sich den temporären, zielgerichteten Aufgaben schnell anpasst. Externe Kooperationen bekommen so zunehmend virtuellen Charakter.

Auch das amerikanische F&E-Zentrum der DaimlerChrysler Gruppe arbeitet mit einer kleinen fokussierten Technologiegruppe und einem starken externen Netzwerk von Technologiezulieferern. Diese Strategie des schlanken, schnell reagierenden „Knowledge Brokers", welcher sich auf die eignen Kernkompetenzen beschränkt und sich für jedes Projekt zielorientiert die jeweilige Expertise ins Team aufnimmt, steht im krassen Gegensatz zum intern forschungsorientierten deutschen F&E-Zentrum. Die derzeitig aktiven „Post-Merger-Integration-Teams" legen die Diskrepanzen bezüglich F&E-Auslagerung (Chrysler) versus Eigenentwicklung (Daimler) offen zutage.

Den Befragungen zufolge lassen sich die Beweggründe für die Verlagerung interner Innovationsaufgaben an externe technische Dienstleister auf insgesamt fünf Motive bzw. Zielsetzungen konzentrieren.

1. Vermittlung von komplementärem Wissen: Technische Dienstleister können helfen, Kompetenzen sowie die Wissensbasis des nachfragenden Unternehmens zu erweitern. Die Verbindung von zwei zuvor unverbundenen Fähigkeiten und Wissensgrundlagen münden in einer kreativen Synthese für neue Produkte und Prozesse. Gerade die Möglichkeit, externes Wissen anzuzapfen, welches intern nicht verfügbar ist, macht die technischen Dienstleister attraktiv für Industrieunternehmen. Der Wechsel vom mechanischen zum digitalen Zähler bei Landis & Gyr ist ein typischer Fall, in welchem dem eigenen Unternehmen jegliche Fähigkeiten fehlten und technische Dienstleister die treibende Kraft für den Technologiesprung darstellten.

2. Flexibler und reversibler Einsatz von Know-how: Technische Dienstleister bieten variabel erweiterbare externe Kapazitäten an, wenn das interne F&E-Potential beschränkt ist oder wenn Ressourcen für eine kurzfristige Kapazitätsspitze (z.B. um die Verzögerung

Abb. 4: Die externen Wissensquellen der technischen Dienstleister

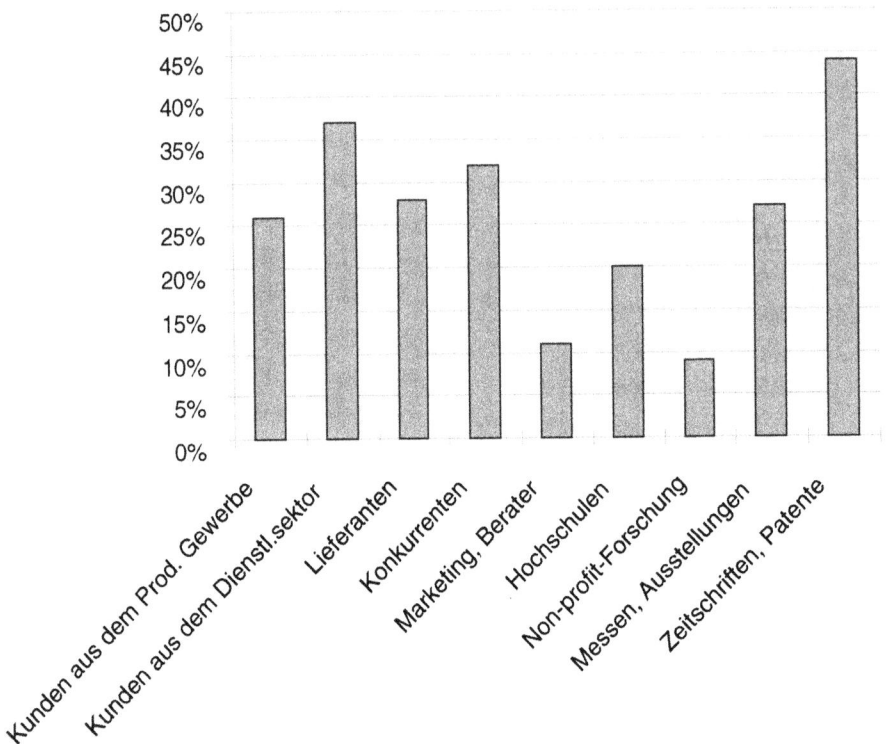

von Projekten zu vermeiden) erforderlich sind. ABB, Hilti und Schindler beschränken und fokussieren ihr internes Know-how um flexibel zu bleiben, da die Integration von Ressourcen (z.B. Experten einstellen, Versuchsanlagen aufbauen) Irreversibilitäten schaffen würden, die zu Hindernissen für einen Technologiewandel werden könnten. In einer dynamischen Umwelt sind diese variablen Kapazitäten ein Weg, mit der Unsicherheit von technologischen Trends und zukünftigem Know-how-Bedarf umzugehen.

3. Verkürzung des Time-to-market: Technische Dienstleister können die kritische Masse für Skaleneffekte in der Wissensproduktion besser erreichen, da wachsende Märkte Spezialisierung und Lernkurveneffekte ermöglichen. Technische Dienstleister können dem nachfragenden Unternehmen helfen, durch ihr vorhandenes Erfahrungswissen die Produktentwicklungszeiten zu reduzieren. Gleichzeitig treten weniger Fehler auf und die Zuverlässigkeit erhöht sich.

4. Aufbau eigener Kernkompetenzen: Kernkompetenzen sind marktorientierte Fähigkeiten in Technologien, Produkten, Prozessen und Werten, die langfristig neue Potentiale erschließen (Boutellier et al., 2000). Die Kompetenzen bilden die Grundlage für Wettbewerbsvorteile, weil sie über einen langen Zeitraum entwickelt worden sind und wegen besonderer Schutzmechanismen schwierig imitierbar sind (internes stillschweigendes Wissen, Patente). Entsprechend der Kernkompetenz-Philosophie binden sich beispielsweise Mannesmann, Huber & Suhner, ETEL und Schindler vermehrt in Technologieallianzen mit führenden Technologieanbietern. Besonders in Gebieten hoher strategischer Bedeutung sowie schwacher interner Ressourcen eignet sich die Unterstützung von technischen Dienstleistern beim Aufbau interner Kompetenzen.

5. Angebot von marktrelevantem Erfahrungswissen: Selbständige Dienstleistungsfirmen müssen im Markt überleben und daher innovative Produkte und Leistungen in ihrem Portfolio anbieten können. Der Vorteil externer technischer Dienstleister besteht in dieser professionellen Marktorientierung. Dienstleistungsfirmen einzubinden ist in der Regel teurer als eine Hochschulkooperation einzugehen. Letztlich sind die Koordinationskosten jedoch aufgrund der Professionalität geringer und die Ergebnisse besser verwendbar, da technische Dienstleister weniger akademisch orientiert sind, umfassende Projekterfahrungen besitzen sowie kommerzielle und keine akademischen Ziele verfolgen.

Zusammenfassend lässt sich festhalten, dass die Gründe für die Auslagerung der Wissensgenerierung sich nicht nur auf das Angebot von komplementärem Know-how für einen radikalen Wandel konzentrieren, sondern auch auf die externe professionelle Unterstützung, wenn unternehmensinterne Ressourcen bei einer zeitlich begrenzten oder kurzfristigen Kapazitätsspitze nicht ausreichen. Industrieunternehmen profitieren somit von technischen Dienstleistern auf unterschiedlichen Ebenen und in verschiedenen Phasen des Innovationsprozesses.

II. Barrieren der Verlagerung

Andererseits wissen die Unternehmen um die Grenzen des Outsourcing intellektueller Ressourcen. Trotz einer deutlichen Tendenz zur Konzentration der Kernkompetenzen wächst der Markt für technische Dienstleistungen nicht. Die empirische Untersuchung kann beispielsweise zeigen, dass 45 Prozent der Unternehmen 1995 noch einen höheren Verkaufsumsatz für die zwei folgenden Jahre erwarteten. Dieser Anteil fiel 1997 auf 31 Prozent ab. Im gleichen Zeitabschnitt stieg der Prozentsatz der Unternehmen, die mit einem rückläufigen Umsatz rechneten von 26 auf 32 Prozent an. Dieses Ergebnis ist interessant und widerspricht der anfänglichen Annahme, nach der mit einem wachsenden Markt und positiven Umsatzerwartungen für spezialisierte technische Dienstleister gerechnet wurde. Dies kann auf grundsätzliche Barrieren und negative Erfahrungen mit externen F&E-Dienstleistungen hindeuten, was im folgenden näher untersucht wird.

Die Hauptfaktoren für die Behinderung der externen Verlagerung von F&E lassen sich aus den Interviews wie folgt zusammenfassen:

1. Verlust von internem Wissen: Es ist schwierig, die Verbreitung von firmeninternem Wissen in andere Unternehmen (und damit eventuell auch zu Konkurrenten) zu kontrollieren. Technische Dienstleister möchten einmal erworbenes Wissen duplizieren, um selbst von der Erfahrungskurve und den Synergien zu profitieren.

2. Verlust von Möglichkeiten zum Aufbau eigener Kompetenzen: Das Unternehmen muss Opportunitätskosten dafür berücksichtigen, nicht selbst auf einem technologischen Gebiet aktiv zu sein. Das bedeutet, dass neben den Kosten für die externe Entwicklung der Verlust an eigener Kompetenz in diesem Gebiet kalkuliert werden muss. Sollen beispielsweise weitere Produktfolgen entwickelt werden, kann dies nur noch vollständig extern stattfinden oder das Wissen wird nachträglich aufwendig internalisiert, was zu zusätzlichen Kosten führt.

3. Hohe Koordinations- und Transaktionskosten: F&E-Outsourcing ist verbunden mit zusätzlichen Kosten für die operative Terminkoordination, die technischen Schnittstellen sowie die Meilensteinüberprüfungen.

4. „Not-Invented-Here"(NIH)-Syndrom: Es fällt schwer, die extern entwickelten Komponenten zu akzeptieren. Das NIH-Syndrom ist umso höher, je länger die Entwicklung der technischen Dienstleister autonom von der internen Entwicklung abläuft, je weniger Vertrauen zwischen den operativen Entwicklern existiert und je höher die Inkommensurabilität der Kontexte beider Organisationseinheiten ist. Ein NIH-Syndrom tritt typischerweise dann auf, wenn die Aufträge an externe Firmen direkt vom Top Management vergeben werden, ohne die operativen Einheiten einzubeziehen.

5. Abhängigkeit von externen Wissenszulieferern: Wenn das Unternehmen vom technischen Dienstleister nur explizites Wissen in Form von Ergebnissen und Projektdokumentationen bekommt und das wichtigere implizite Wissen nicht internalisiert wird (siehe Abbildung 2), ist es für zukünftige ähnlich gelagerte Projekte stark abhängig, weil kein eigenes Erfahrungswissen aufgebaut wurde.

Die Ergebnisse der Interviews zeigen somit ganz deutlich, dass technologisches Lernen die zukünftige Innovationsrate und Wettbewerbsfähigkeit des Unternehmens zwar fördern kann, es jedoch einige erfolgskritische Faktoren zu berücksichtigen gilt. Ganz wesentlich ist, alle F&E-Aktivitäten so zu integrieren, dass Lerneffekte zwischen den verschiedenen Organisationen ermöglicht sowie unternehmensspezifische Kontexte und Interessen berücksichtigt werden. Es besteht die Gefahr, dass technische Dienstleister zu wenig in das nachfragende Unternehmen integriert werden. Dadurch wird im Verlauf des Projekts eine gemeinsame Wissensbasis verhindert. Die Ergebnisse zeigen, dass spezielle Mechanismen eingebaut werden müssen, um technologisches und organisatorisches Lernen sicherzustellen; dies gilt insbesondere dann, wenn durch technische Dienstleistungsfirmen komplementäres Wissen entwickelt wird.

E. Erfolgsfaktoren für die Integration technischer Dienstleistungen in Innovationsverbünden

Im folgenden Kapitel soll abschließend der Frage nachgegangen werden, wie externe technische Dienstleister – abhängig von ihrer strategisch bestimmten Aufgabe im Innovationsprozess – erfolgreich in die unternehmensinternen F&E-Prozesse integriert werden können. Entscheidungsträger in Unternehmen können damit die richtige Strategie und die geeigneten Methoden im Umgang mit technischen Dienstleistungsfirmen entwickeln, um einseitige

Abhängigkeiten und unkontrollierten Wissensverlust zu vermeiden. Die Übersicht in Tabelle 3 fasst die verschiedenen Mechanismen zur erfolgreichen Integration technischer Dienstleistungen zusammen. Neben einigen generellen Faktoren ist vor allem die Differenzierung zwischen erweiterter Werkbank (Typ 1) und Ideengenerator (Typ 2) wesentlich hinsichtlich Partnerwahl, Managementpraktiken und Form des Wissenstransfers.

Tab. 3: Kritische Erfolgsfaktoren für die Integration von technischen Dienstleistern

	Kritische Erfolgsfaktoren		
	Partnerselektion	Management	Wissenstransfer
Typ 1: Erweiterte Werkbank	Abwägen von Mindestqualifikation versus niedriger Kosten (z. B. Software-Entwicklung in Bangalore, Konstruktion in Russland)	Klar definierte Arbeitspakete Zeitlich befristete Kooperationsverträge Rahmenverträge für kurzfristige interne Kapazitätsspitzen	Klare Dokumentation Kompatibilität von EDV- und sonstigen Prozessen sicherstellen
Typ 2: Ideengeneratoren	Spezifisches Know-how entscheidend Technologiezentren (z. B. Silikon Valley) Aufbau von gegenseitigem Vertrauen und langfristiger Zusammenarbeit („cultural and emotional fit")	Involvierung der Dienstleister bereits in der frühen Konzeptphase Klare Organisation der Zusammenarbeit Grobe Problemstellung anstatt detaillierte Spezifikationen	Internalisierung von implizitem Wissen in das Unternehmen Not-Invented-Here (NIH) Syndrom durch intensive Kommunikation reduzieren Intellectual Property Management: Klare Regelung des geistigen Eigentums
	Generelle Erfolgsfaktoren		
	Teamzusammensetzung	Kommunikationsprozesse	Unternehmenskultur
Typ 1 und Typ 2	Geographische Nähe vorteilhaft (Sprache, Kultur, Reiseaufwand) Konzentration auf wenige strategische Partner reduziert Transaktionskosten Training der Ingenieure im Kooperationsmanagement	Routineprozesse wie wöchentliche Meetings einführen Schaffung geeigneter Informationstechnologienetzwerke	NIH-Syndrom aktiv durch Kulturwandel angehen (offene Unternehmenskultur)

Es ist festzuhalten, dass das Management gefordert ist, die verschiedenen Barrieren für die Verlagerung eigener Ressourcen im Rahmen der vorgegebenen Strategie zu umgehen. Vor allem bei radikalen Innovationen muss darauf geachtet werden, dass unkoordiniertes Wissen nicht zu Konkurrenten diffundiert und extern generiertes Wissen internalisiert wird, um Abhängigkeiten zu reduzieren. Die Koordinationskosten werden häufig unterschätzt. Technologische Normen, klar definierte Schnittstellen sowie transparente und kompatible Tools können diese stark reduzieren helfen.

F. Schlussfolgerungen

Die vorliegende Untersuchung zeigt, dass externe technische Dienstleistungsfirmen immer wichtiger für industrielle Innovationsprozesse werden, vor allem dann, wenn Kernkompetenzstrategien verfolgt werden. Allianzen zwischen Industrie und technischen Dienstleistern fördern Innovation und Varietät (Coombs et al., 1996; Rothwell, 1992; Prahalad und Hamel, 1990; Gassmann und Fuchs 2001). Diese oftmals virtuellen F&E-Organisationen gewinnen an Bedeutung für effizientes Kapazitätsmanagement und wechselseitiges organisatorisches Lernen. Technische Dienstleister (vor allem die „Ideengeneratoren" vom Typ 2) übernehmen in diesem Gesamtprozess die Aufgabe, zwischen wissenschaftlichem Wissen bzw. State-of-the-Art-Technologien an den Hochschulen und der Industrie zu vermitteln. Innerhalb der Innovationskette übernehmen sie damit die Rolle von „Knowledge Brokern" und machen wissenschaftliches Wissen nutzbar für die industrielle Applikation.

Netzwerke mit technischen Dienstleistungsfirmen fördern die Verbreitung bestehender Ressourcen, besitzen aber darüber hinaus auch das Potential, neues wirtschaftlich wertvolles Wissen zu generieren. Die projektspezifische Form der Zusammenarbeit ermöglicht den Unternehmen, ihre gegenwärtigen Prozesse und Lösungsansätze zu überdenken und eröffnet unternehmens- und branchenübergreifendes Lernen. Für die Führung eines F&E-Netzwerkes mit externen Dienstleistungsanbietern ist es wichtig, deren spezifische Zielsetzungen und deren Rolle im Innovationsprozess klar zu definieren. Radikale Innovationen durch dezentrale F&E-Teams erfordern andere Managementpraktiken als inkrementale Neuerungen. Technische Dienstleister, die als verlängerte Werkbank variable Kapazität anbieten, benötigen vor allem Qualitätssicherungsmechanismen und klar definierte Arbeitspakete. Wird komplementäres Wissen für eine radikale Innovation eingebracht, so ist eine frühe Einbindung, ein hoher Freiheitsgrad sowie eine enge Interaktion zwischen den Entwicklern erfolgsentscheidend.

Einige Anbieter von wissensintensiven technischen Dienstleistungen helfen, der Irreversibilität entgegenzuwirken, indem sie ihren Kunden Know-how für den radikalen Wandel und den Aufbau neuer Kernkompetenzen zur Verfügung stellen. Bei vollständigem Outsourcing besteht jedoch die Gefahr, bereits erlernte Fähigkeiten zu vergessen bzw. nicht mehr in der Lage zu sein, das unternehmensextern generierte Wissen zu verstehen und zu bearbeiten. Ein Minimum an interner Kompetenz ist daher notwendig, um die technischen Dienstleister fachlich zu evaluieren, die gewünschte Leistung präzise zu spezifizieren sowie die gelieferten Ergebnisse zu bewerten. Das Management muss somit geeignete Mechanismen einführen, wie beispielsweise Komplementärwissen in den frühen

Phasen des Innovationsprozesses integrieren oder persönliche Besprechungen institutionalisieren.

Technische Dienstleister können anhand ihrer Rolle im industriellen F&E-Prozess in zwei Typen unterschieden werden. Diese beiden Typen werden als erweiterte Werkbank und Ideengenerator bezeichnet. Für den industriellen Auftraggeber ist es erfolgskritisch, Partnerselektion, Kooperationsmanagement und nachfolgenden Wissenstransfer auf diese Rolle der technischen Dienstleister auszurichten.

Wenn Innovationen in virtuellen F&E-Teams an mehreren Standorten stattfinden, hat das Management vor allem sicherzustellen, dass externes implizites Wissen intern zugänglich ist. Diese Untersuchung kann dazu beitragen, die zentralen Barrieren zu erkennen und durch geeignete Maßnahmen rechtzeitig zu überwinden. Damit ist die Grundlage für erfolgreiche Wissensgenerierung durch die Einbindung technischer Dienstleister in Wissensnetzwerken geschaffen. Jene Unternehmen, die virtuelle F&E-Netzwerke zu führen wissen, werden die erfolgreichen Innovatoren dieses Jahrzehnts sein.

Anmerkungen

1 Vgl. Wirtschaftszweigklassifikation
2 Eine ähnliche Vernetzung zwischen Forschung und Industrie erfolgt auch durch die deutsche Fraunhofer Gesellschaft oder die Centre Suisse d'Electronique et de Microtechnique SA (CSEM). Dabei übernehmen diese Organisationen unter anderem die Rolle des ergänzenden Generalisten, d.h. industriespezifisches Applikationswissen wird durch breites externes Wissen (z.B. Methodenwissen) angereichert.

Literatur

Bitzer, M. R. (1991): Zeitbasierte Wettbewerbsstrategien – Die Beschleunigung von Wertschöpfungsprozessen in der Unternehmung. Dissertation Hochschule St. Gallen, 1991.
Boutellier, R., Gassmann, O., Macho, H., Roux, M. (1998): Management of Dispersed R&D Teams, in: R&D Management, 28 (1998) 1, 13–25
Boutellier, R., Gassmann, O., von Zedtwitz, M. (2000): Managing Global Innovation, 2nd ed., Heidelberg, New York, Tokyo: Springer, 2000.
Brockhoff, K. (1998): Technology management as part of strategic planning – some empirical results, in: R&D Management 28 (1998) 3, 129–138.
Carl, N., Kiesel, M. (1996): Unternehmensführung. Landsberg/Lech: Verlag moderne industrie, 1996.
Chesnais, F. (1988): Technical cooperation agreement between independent firms, novel issues for economic analysis and the formulation of national technological policies, in: STI Review (1988) 4, 51–120.
Coombs, R., Richards, A., Saviotti, P. P., Walsh, V. (eds.) (1996): Technological collaboration – The dynamics of cooperation in industrial innovation. Cheltenham, Brookfield: Edwar Elgar, 1996.
Foray, D. (1991): The secrets of industry are in the air: Industrial cooperation and the organizational dynamics of the innovative firm, in: Research Policy 20 (1991) 5, 393–405
Gassmann, O. (1997): Internationales F&E-Management. München, Wien: Oldenbourg, 1997.
Gassmann, O., Fuchs, M. (2001): Multilaterale Kooperationen, in: Zeitschrift Führung + Organisation, forthcoming
Gassmann, O., von Zedtwitz, M. (1998): Organization of industrial R&D on a global scale, in: R&D Management 28 (1998) 3, 147–161.

Gibbons, M., Limoges, C., Nowotny, H., Schwartzman, S., Scott, P., Trow, M. (1994): The new production of knowledge – The dynamics of science and research in contemporary societies. London, Thousand Oaks, Neu-Delhi: Sage, 1994.

Hauknes, J., Miles, I. (1996): Services in European innovation systems – A review of issues, in: Step Report, Oslo: Step Group, 1996.

Hipp, C. (1998): The role of knowledge-intensive business services in the new mode of knowledge production. International Conference on Science, Technology and Society, 16.–22. März 1998, Tokio.

Licht, G., Hipp, C., Kukuk, M., Münt, G. (1997): Innovationen im Dienstleistungssektor: Empirischer Befund und wirtschaftspolitische Konsequenzen, Baden-Baden: Nomos, Schriftenreihe des ZEW, 24 (1997).

Machlup, F. (1962): The Production and Distribution of Knowledge in the United States. Princeton: Princeton University Press, 1962.

Miles, I. (1996): Innovation in Services: Services in Innovation. University of Manchester, Arbeitspapier, 1996.

Nonaka, I., Takeuchi, H. (1995): The Knowledge-Creating Company. Oxford University Press, Oxford. New York, 1995.

Polanyi, M. (1993): The Tacit Dimension. Gloucester (Mass.): Peter Smith, Nachdruck 1983.

Prahalad, C. K., Hamel, G. (1990): The core competence of the corporation, in: Harvard Business Review, (1990) 5/6, 79–91.

Rothwell, R. (1994): Industrial Innovation: Success, Strategy, Trends, in: The Handbook of Industrial Innovation. R. Rothwell, M. Dodgson, Ed. Aldershot, Vermont: Elgar, 1994.

Rothwell, R. (1992): Developments Towards the Fifth Generation Model of Innovation, in: Technology Analysis & Strategic Management, 1 (1992) 4, 73–75.

Smith, K. (1995): Interactions in Knowledge Systems: Foundations, Policy Implications and Empirical Methods, in: OECD: STI Review, (1995) 16, 69–102.

STEP group (1996): Services – the Cinderella of modern economies?, Project SI4S, Oslo, 1996

Strambach, S. (1994): Knowledge-Intensive Business Services in the Rhine-Neckar Area, in: Tijdschrift voor Economische en Sociale Geografie, 85 (1994) 4, 354–365.

Wood, P. (1996): The strategic role of knowledge-intensive services for the transmission and application of technical change and management innovation. Fourth Framework Program, Targeted Socio-Economic Research, Area 1, INTERIM Report 1, Department of Geography, University College London, 1996

Zusammenfassung

Industrielle Unternehmen kombinieren zunehmend flexibel internes Know-how wird mit externen Wissensquellen. Im Beitrag wurden die Motive und Barrieren eines Outsourcings von Wissensgenerierungsprozessen untersucht. Die technischen Dienstleister können nach ihrer Rolle im Innovationsprozess unterteilt werden in die erweiterte Werkbank und den Ideengenerator. Für die optimale Integration der technischen Dienstleistungen in den internen Innovationsnetzwerke ihrer Kunden sind unterschiedliche Erfolgsfaktoren zu berücksichtigen.

Summary

In the ninties many companies have to face the fact that research and development (R&D) is becoming increasingly complex and product cycles are becoming shorter. This forces firms to reorganize their innovation and learning process through combining their internal know-how with external sources of knowledge. This paper analyze different roles of specialized technical services in industrial R&D and their contribution to the performance of their customers. Two types of technical services have been identified: Type 1 includes companies which help to extend an existing capacity while type 2 represents companies which help to create (radical) new ideas. As a result managerial implications for the successful integration of different types of technical services are derived. The empirical base consists on 50 interviews with R&D managers of German and Swiss companies in the machinery, electrical, electronics and computer industries as well as two surveys including 291 and 210 technical services.

77:   *Forschungsplanung, Innovationen (JEL M77)*

Expertenwissen zur Balanced Scorecard

Inhalt:

Das Kennzahlensystem

Das Managementsystem

Die Implementierung

„Reinventing Controlling"

Marktorientiertes Controlling

Prozeßorientiertes Controlling

Finanzorientiertes Controlling

Wissens- und lernorientiertes Controlling

Die Autoren:

Jürgen Weber, Utz Schäffer
Balanced Scorecard & Controlling
Implementierung – Nutzen für Manager und Controller – Erfahrungen in deutschen Unternehmen
3., überarb. Aufl. 2000. XIV, 355 S.
Geb. DM 82,00
ISBN 3-409-31518-7

Die Balanced Scorecard ist in aller Munde. Sie revolutioniert zurzeit die bestehenden Denkstrukturen im Controlling. Die erfolgreichen deutschen Unternehmen führen dieses integrierte Kennzahlensystem zunehmend ein. Jürgen Weber und Utz Schäffer erläutern das Konzept der Balanced Scorecard konstruktiv und kritisch. In der dritten Auflage helfen zusätzliche Praxisbeispiele, die Balanced Scorecard zu veranschaulichen. Neue Erkenntnisse zur Implementierung weisen den richtigen eigenen Weg der Umsetzung.

Prof. Dr. Jürgen Weber ist Inhaber des Lehrstuhls für Betriebswirtschaftslehre, insbesondere Controlling und Logistik an der WHU und Gründungsgesellschafter der CTcon GmbH. Er ist vielfach ausgewiesener Controlling-Experte und Mit-Herausgeber der renommierten Fachzeitschrift krp - Kostenrechnungspraxis. Dr. Utz Schäffer ist wissenschaftlicher Assistent von Prof. Weber.

Fax: 06 11/78 78.420   321 01 006

Ja, ich bestelle:

Jürgen Weber, Utz Schäffer
Balanced Scorecard & Controlling
XIV, 355 S. Geb. DM 82,00
ISBN 3-409-31518-7

Vorname und Name

Straße (bitte kein Postfach)

PLZ, Ort

Unterschrift

Änderungen vorbehalten
Erhältlich beim Buchhandel oder beim Verlag

Abraham-Lincoln-Str. 46, 65189 Wiesbaden, Tel: 06 11.78 78-124, www.gabler.de

Ein Ranking deutschsprachiger Fachzeitschriften der Allgemeinen Betriebswirtschaftslehre

Von Kurt Matzler, Hans H. Hinterhuber, Harald Pechlaner und Jürgen Geier

Überblick

- Aufgrund zunehmender Budgetrestriktionen haben die Bemühungen zugenommen, den wissenschaftlichen Output von Hochschulen wie auch einzelner Forscher zu messen. Anzahl und Qualität der wissenschaftlichen Publikationen spielen dabei eine zentrale Rolle. Hier stellt die Fachzeitschrift das wichtigste Kommunikationsmedium dar.

- Das Interesse an Rankings wissenschaftlicher Zeitschriften ist gestiegen. In diesem Beitrag diskutieren die Autoren verschiedene Ansätze zur Messung der Qualität von Fachzeitschriften.

- Sie präsentieren sodann die Ergebnisse einer empirischen Studie zur Reihung von 17 allgemeinen betriebswirtschaftlichen Fachzeitschriften in deutscher Sprache, bei der 149 Professoren der Betriebswirtschaftslehre im deutschsprachigen Raum schriftlich befragt wurden. Die Qualität der Fachzeitschriften wurde anhand der wissenschaftlichen und der praktischen Relevanz, der Lesehäufigkeit und allgemeinen Reputation untersucht. Es lassen sich klare Unterschiede in der Qualität aber auch unterschiedliche Ausrichtungen erkennen.

- Stichworte: Zeitschriftenqualität, Zeitschriftenranking, Zitationsanalyse.

Eingegangen: 27. November 2000

Dr. Kurt Matzler und Dr. Harald Pechlaner sind wissenschaftliche Mitarbeiter des Instituts für Unternehmensführung, Tourismus und Dienstleistungswirtschaft der Universität Innsbruck; Professor Dipl.-Ing. Dr. Hans H. Hinterhuber ist Vorstand dieses Instituts und Mag. Jürgen Geier ist Absolvent der sozial- und wirtschaftswissenschaftlichen Fakultät der Universität Innsbruck, Universität Innsbruck, Universitätsstr. 15, A-6020 Innsbruck.

Kurt Matzler, Hans H. Hinterhuber, Harald Pechlaner und Jürgen Geier

A. Einleitung

Die Bemühungen zur Messung des wissenschaftlichen Outputs von Hochschulen sowie von einzelnen Forschern haben auch im deutschsprachigen Raum in den letzten Jahren stark zugenommen. Dies ist auf mehrere Ursachen zurückzuführen. Knapper werdende Budgetmittel zwingen zu einer rigoroseren Bewertung von Forschungsleistungen und einer darauf aufbauenden Allokation von Ressourcen. Mit zunehmender Transparenz der Forschungsleistungen steigt der Wettbewerbsdruck zwischen den einzelnen Wissenschaftlern. Die Qualität und Quantität der Forschungsleistung ist ein zentrales Kriterium in Berufungsverfahren, bei der Vergabe von Fördermitteln und Verteilung von Ressourcen. Insbesondere in den USA ist der Forschungsoutput schon seit langem Grundlage für Gehaltsverhandlungen, Vertragsverlängerungen und für viele andere personalpolitische Entscheidungen. Auch im deutschsprachigen Raum haben zahlreiche Hochschulen damit begonnen, Punktesysteme zu entwickeln, die den Forschungsoutput objektiv und transparent messen sollen. Wissenschaftliche Publikationen spielen dabei die zentrale Rolle, denn – um es mit *De Solla Price* zu formulieren: „Wissenschaft, die nicht mitgeteilt wird, ist keine Wissenschaft!".[1] Innerhalb der wissenschaftlichen Publikationen dominieren Fachzeitschriften als Kommunikationsmedium. Für die Verbreitung neuer wissenschaftlicher Erkenntnisse spielen Bücher eine untergeordnete Rolle. Fachzeitschriften erlauben eine raschere Verbreitung neuer Erkenntnisse, da sie etablierte und gewissermaßen auch zielgruppenspezifische „Distributionskanäle" darstellen. Des weiteren müssen die einzelnen Beiträge mehr oder weniger rigorosen Qualitätsanforderungen entsprechen und die Ergebnisse in kurzer und prägnanter Weise darstellen. Insofern dienen sie als Filter für relevante wissenschaftliche Erkenntnisse und dienen als bevorzugte Informationsquellen. Es ist aber unbestritten, dass nicht alle Fachzeitschriften die gleiche Bedeutung haben und dass sie hinsichtlich der Qualität beträchtlich variieren. Des weiteren scheint es allgemein akzeptiert zu sein, dass die wissenschaftliche Leistung eines Forschers durch die Anzahl der Publikationen in den in seiner Disziplin als qualitativ hochwertig anerkannten Zeitschriften gemessen werden kann. Allerdings ist die Frage, was als „qualitativ hochwertig" anzusehen ist, nicht immer eindeutig beantwortet. Hier bedarf es möglichst objektiver Bewertungsverfahren zur Erstellung von Rankings, die die Qualität der entsprechenden Fachzeitschrift widerspiegeln. Im folgenden Abschnitt werden die gebräuchlichsten dieser Bewertungsverfahren kritisch dargestellt. Im Anschluss daran präsentieren die Autoren die Ergebnisse einer Befragung unter 149 Professoren im deutschsprachigen Raum zur Bedeutung von deutschsprachigen Fachzeitschriften der Allgemeinen Betriebswirtschaftslehre. Gemessen wurden die wissenschaftliche Bedeutung, die praktische Relevanz, die Lesehäufigkeit und die allgemeine Reputation von 17 Fachzeitschriften. Es lassen sich klare Unterschiede zwischen den untersuchten Zeitschriften erkennen.

B. Ansätze zur Messung der Qualität wissenschaftlicher Zeitschriften

Die Messung der Qualität von Fachzeitschriften hat eine längere Tradition. Seit Anfang der 70er Jahre wurden zahlreiche Ansätze zur Erstellung von Reputationsranglisten entwickelt. Sie lassen sich im Wesentlichen in zwei Kategorien gruppieren:

- Reihung der Zeitschriften anhand der Zitationshäufigkeit einzelner Beiträge;
- Subjektive Einschätzung durch Expertenbefragungen innerhalb einer Disziplin.

Darüber hinaus sind noch weitere Ansätze erwähnenswert, die allerdings nur vereinzelt Anwendung fanden. Zu den ersten Versuchen zum Erstellen von Zeitschriftenrankings gehört der vielzitierte Ansatz von Moore[2], volkswirtschaftliche Zeitschriften danach zu bewerten, wer darin publiziert. Er vertrat die Ansicht, dass die institutionelle Zugehörigkeit der Autoren ein zuverlässiger Indikator für die Qualität einer wissenschaftlichen Arbeit und die Qualität einer Zeitschrift eine Funktion der darin erscheinenden Arbeiten sei.

Moore entwickelte einen Qualitätsindex, der den prozentuellen Anteil anerkannter wissenschaftlicher Institutionen an den Gesamtpublikationen einer Zeitschrift zur Basis hatte. Dieses Vorgehen wurde stark kritisiert.[3] Zum einen lässt sich die Qualität einer wissenschaftlichen Arbeit nicht automatisch mit der Institution, der der Autor angehört, verbinden. Zum anderen liegt hier ein Zirkelschluss zugrunde: Die Qualität von Hochschulen bestimmt sich zu einem großen Teil aus den publizierten Forschungsleistungen. Aufgrund zahlreicher Kritik hat dieser Ansatz seine Bedeutung verloren.

Daneben gibt es noch weitere vereinzelte Versuche, Rankings anhand des Verbreitungsgrades von Zeitschriften[4], des Alters, der Seitenanzahl und Zirkulation von Zeitschriften[5] oder durch Inhaltsanalysen der Beiträge[6] zu erstellen.

Die häufigsten Bemühungen zur Erstellung von Rankings konzentrieren sich aber im Wesentlichen auf Zitationsanalysen und auf Befragungen. Diese zwei Ansätze werden im folgenden einander gegenübergestellt.

I. Rankings anhand von Zitationsanalysen

Die Reihung von Zeitschriften nach der Zitationshäufigkeit der darin erscheinenden Arbeiten gilt als die häufigste Methode zur Messung der Qualität von Fachzeitschriften. Zitationen werden dabei betrachtet als „... the scientific community's version of dollar voting by consumers for goods and services".[7] Ein häufiger Verweis auf eine bestimmte Arbeit (bzw. Zeitschrift) wird als Anerkennung der wissenschaftlichen Bedeutung interpretiert und als objektiver Maßstab für die Qualität verwendet. Der jährlich vom Institute for Scientific Information (ISI) publizierte Journal Citation Report (JCR) ist in den Sozialwissenschaften eines der wichtigsten Rankings. Die Zeitschriften des Social Science Citation Index (SSCI) werden dabei anhand eines Impact-Factors entweder nach ihrem aktuellen Einfluss (*current article impact*) oder dem kumulativen Einfluss (*cumulative journal influence*) gereiht. Der erste misst das Verhältnis der zitierten Artikel zur Anzahl der publizierten Artikel einer Zeitschrift und basiert immer auf den zwei vorhergehenden Jahren. Der kumulative Einfluss wird gemessen, in dem alle Zitationen von Beiträgen der einzelnen Zeitschriften bis zu einem gewissen Zeitpunkt gezählt werden.[8] Diese Kennzahl ist allerdings kritisch, weil nicht nur die Anzahl der Beiträge pro Ausgabe und die Erscheinungshäufigkeit, sondern auch das Alter der Zeitschrift das Ergebnis beträchtlich beeinflusst.

Auch wenn die Zitationsanalyse allgemeinhin als objektiver Maßstab anerkannt wird, sind einige ernstzunehmende Kritikpunkte vorzubringen, die ihre Verwendbarkeit beträchtlich einschränken.

- Die Verwendbarkeit des Impact-Factors wird zunächst durch die Anzahl der berücksichtigten Zeitschriften beschränkt. Der seit dem Jahre 1973 erstellte Social Science Citation Index (SSCI) hat gegenwärtig über 1.700 Zeitschriften der sozial-, wirtschafts- und geisteswissenschaftlichen Zeitschriften zur Grundlage. Von den deutschsprachigen betriebswirtschaftlichen Fachzeitschriften ist zur Zeit nur die *Betriebswirtschaftliche Forschung und Praxis (BfuP)* vertreten. Damit erfasst der SSCI nur einen Bruchteil der im deutschsprachigen Raum publizierten betriebswirtschaftlichen Forschung. Der Ruf nach einem auf den deutschsprachigen Raum konzentrierten Sozialwissenschaftlichen Zitationsindex ist mittlerweile laut geworden.[9] Doch auch wenn dieser nach dem Vorbild des SSCI realisiert wäre, blieben immer noch einige Probleme, die die Zitationshäufigkeit als Qualitätsmaßstab von wissenschaftlichen Arbeiten in Frage stellen.
- Rankings anhand von Zitationshäufigkeiten gehen davon aus, dass diese die Qualität einer Zeitschrift anzeigen. Streng genommen ist dieser Schluss aber nicht zulässig. Zitationen messen vielmehr den Einfluss einer Arbeit. Einfluss und Qualität müssen aber nicht identisch sein.[10] Es gibt sogar zahlreiche Fälle von Zitationen, bei denen genau das Gegenteil zutrifft: Eine Arbeit wird zitiert, weil sie fehlerhaft war und kritisiert wird (Negativzitationen). Zudem kommt es durchaus vor, dass Arbeiten nicht wegen ihrer inhaltlichen Qualität oder wissenschaftlichen Bedeutung gelesen und zitiert werden, sondern auch wegen deren einfachen Nachvollziehbarkeit, der leichten Lesbarkeit, der anschaulichen Darstellung, weil es sich um die erste Arbeit in einem bestimmten Gebiet handelt usw.[11] In einer Studie bei psychologischen Zeitschriften gaben 65% der Herausgeber an, dass die meisten Autoren zitieren, um ihr umfangreiches Wissen zu demonstrieren und 49% der Herausgeber glauben sogar, dass Autoren häufig Arbeiten zitieren, die sie gar nicht gelesen haben.[12]
- Weiters sind die Probleme des „Selbstzitierens" und von „Zitierkartellen" nicht befriedigend gelöst. Garfield selbst vermutet, dass im SSCI mindestens 10% aller Zitationen Selbstzitationen sind; werden jene Quellen mitgerechnet, an denen der Autor bei Gemeinschaftspublikationen an zweiter oder dritter Stelle steht, sind es noch weit mehr.[13] Das Herausfiltern der Selbstzitationen ist problematisch. Es kann nämlich kaum unterschieden werden, ob das Selbstzitat gerechtfertigt und notwendig war oder nicht. Zudem können bei Gemeinschaftspublikationen nur jene Selbstzitationen herausgefiltert werden, an denen der entsprechende Autor an erster Stellt steht. Ebenfalls bei Zitierkartellen, in denen Wissenschaftler sich gefälligerweise gegenseitig zitieren, ist das Problem nicht zu lösen. Sie sind kaum durchschaubar und nachweisbar.
- Bei Zitationsanalysen als Indikator für die Qualität von Fachzeitschriften spielen die unterschiedlichen Formen des strategischen Zitierens eine besondere Rolle: Um der Kritik von möglichen Gutachtern entgegenzuwirken, werden oft Beiträge aus der Zeitschrift, bei der die Arbeit eingereicht wird, überproportional häufig zitiert.[14] Es ist auch nicht auszuschließen, dass ein Autor Zeitschriften, in denen er früher publiziert hat, häufiger zitiert, um so deren Impact Factor zu erhöhen.[15] Schließlich vertreten Zeitschriften in einigen Fällen bestimmte Schulen, und ein Zitieren dieser Zeitschrift kann die Akzeptanz oder Ablehnung dieser Schule signalisieren.[16]
- Es gibt keine Garantie, dass Autoren fehlerfrei zitieren. Moed et al.[17] schätzen sogar eine Fehlerrate von ca. 10 Prozent. Diese betrifft unkorrektes Zitieren und auch Auslassen von Zitaten.

- Zur Berechnung des Impact Factors werden die jeweils letzten zwei Jahre herangezogen. Dies ist rein willkürlich. Hier ist man in einem Dilemma. Einerseits muss der Beobachtungszeitraum reduziert werden, da ansonsten jüngere, qualitativ hochwertige Zeitschriften unterbewertet sind. Andererseits werden dadurch „Klassiker" und damit auch langfristig einflussreiche Arbeiten kategorisch ausgeschlossen. Darauf verweisen vor allem McNulty/Boekeloo.[18] Sie gehen davon aus, dass sich Qualität daran messen lässt, welchen *langfristigen* Einfluss Beiträge in einer Zeitschrift und damit auch die Zeitschrift selbst haben.
- Problematisch ist die Verwendung des Impact Factors vor allem bei sehr spezialisierten Zeitschriften. Allgemeine Zeitschriften werden von einer breiten Zielgruppe gelesen und zitiert, spezialisierte hingegen nur von einer eng begrenzten Forschergemeinschaft. Es ist daher wahrscheinlich, dass allgemeine Zeitschriften in spezialisierten mehr zitiert werden als umgekehrt. Daher wird deren Impact Factor vergleichsweise niedrig sein – unabhängig von deren Qualität. Man erkennt dies beispielsweise deutlich an Zeitschriften der Tourismuswirtschaft. Das *Annals of Tourism Research* gilt in seiner Disziplin international als Spitzenpublikationsorgan, hatte aber im Jahre 1999 im Social Science Citation Index einen Impact Factor von nur 0,397. Hier zeigt sich, dass die Höhe des Impact Factors bei spezialisierten Zeitschriften nicht unbedingt deren Qualität anzeigt.

Offensichtlich leiden Zitationsanalysen unter zahlreichen Problemen, die nur sehr schwer und unter großem Aufwand zu lösen sind. Dies heißt allerdings nicht, dass Zitationsanalysen völlig in Frage zu stellen sind. Dilger[19] bringt einige gute Argumente für die Einrichtung eines „deutschsprachigen" Sozialwissenschaftlichen Zitationsindex vor. Für Zeitschriftenrankings sind allerdings die hier vorgebrachten Kritikpunkte als Einschränkungen ihrer Aussagekraft zu bedenken.

II. Rankings anhand von Expertenbefragungen

Aufgrund der zahlreichen Kritik, die gegen die Verwendung von Zitationsanalysen vorgebracht wurde, greifen zahlreiche Rankings auf Expertenbefragungen zurück.[20] Doch auch diese Methode ist nicht frei von Problemen.

- Zunächst gilt es die Frage zu beantworten, wer die Experten sind. Unterschiedliche Zielgruppen werden unterschiedliche Anforderungen stellen. Vor allem in den Bereichen angewandter Forschung, wo sowohl Wissenschaftler als auch Praktiker zum Leserkreis gehören, können Meinungen über die Qualität der Zeitschrift weit auseinander gehen. Parnell[21] stellte bei der Untersuchung von Managementzeitschriften sogar fest, dass Praktiker tendenziell jene Zeitschriften höher bewerten, die Wissenschaftler niedrig bewertet hatten und umgekehrt. Das Ergebnis ist zwar nicht überraschend, da Praktiker offensichtlich andere Kriterien heranziehen (Lesefreundlichkeit, Klarheit, Praxisbezug etc.), es unterstreicht aber die Notwendigkeit, zielgruppenorientiert zu messen.
- Probleme ergeben sich in der Auswahl der zu untersuchenden Zeitschriften. Da davon ausgegangen werden muss, dass nicht alle Probanden alle Zeitschriften lesen, besteht hier die Gefahr eines Bias. Zeitschriften, die auf ein bestimmtes Teilgebiet spezialisiert

sind oder eine bestimmte Schule repräsentieren und daher eine limitierte Leserschaft haben, können in der Summe schlechter beurteilt werden als sie es tatsächlich sind. In ihrer Studie über die Qualität von volkswirtschaftlichen Zeitschriften stellten Hawkins/Ritter/Walter[22] sogar fest, dass Ökonomen zwei fiktive Zeitschriften, die aus Kontrollzwecken in die Liste aufgenommen wurden, nicht als solche identifizierten und einfach mitbewerteten. Der Titel hatte einen wesentlichen Einfluss auf das Ranking: Die fiktive Zeitschrift „*Journal for Economic and Statistical Theory*" war unter dem besten Drittel der Zeitschriften zu finden und die Zeitschrift „*Regional Studies and Economic Change*" rangierte im letzten Drittel. Hawkins/Ritter/Walter vermuten, dass ein theoretischer, quantitativ klingender Titel höhere Qualität suggeriert als ein Titel, der eine angewandte, auf ein Teilgebiet spezialisierte Zeitschrift charakterisiert.

- Schließlich können auch die bisherige Publikationstätigkeit, Erfahrungen eines Probanden mit bestimmten Zeitschriften und die institutionelle Zugehörigkeit eines Wissenschafters das Ranking beeinflussen. Heischmidt/Gorden[23] stellten in ihrer Studie über Marketingzeitschriften signifikante Unterschiede zwischen Wissenschaftlern, die in den Top-Zeitschriften publiziert hatten und Wissenschaftlern, die darin nicht publiziert hatten, fest. Erstere Gruppe war weitaus kritischer in der Bewertung von B- und C-Zeitschriften. Zu ähnlichen Ergebnissen kamen Extejt/Smith.[24] Es scheint auch plausibel, dass gute oder schlechte Erfahrungen mit einem Herausgeber oder den Gutachtern einer Zeitschrift die Bewertungen beeinflussen können. In zwei Studien in den USA[25] fand man schließlich einen Einfluss der institutionellen Zugehörigkeit auf das Ranking von Zeitschriften: Wissenschafter an AACSB[26]-akkreditierten Universitäten geben niedrigere Qualitätsurteile als Wissenschafter an nicht-akkreditierten Institutionen.

Damit ist auch ein auf Expertenbefragung basierendes Zeitschriftenranking nicht frei von Schwächen. Ein solches Ranking ist daher – gleich wie ein auf Zitationsanalysen basierendes Ranking – nicht als eine völlig objektive und ultimative Reputationsrangfolge zu verstehen, sondern muss als eine approximative Bestimmung der Qualität der untersuchten Fachzeitschriften interpretiert werden.

Im folgenden Abschnitt werden die Ergebnisse einer Befragung von 149 Professoren im deutschsprachigen Raum zur Bedeutung von deutschsprachigen, allgemeinen betriebswirtschaftlichen Fachzeitschriften dargestellt.

C. Ranking deutschsprachiger betriebswirtschaftlicher Fachzeitschriften

I. Methodik

Ziel dieser Studie war es, ein Ranking deutschsprachiger Fachzeitschriften der Allgemeinen Betriebswirtschaftslehre zu erstellen. Fachzeitschriften, die auf einzelne Teildisziplinen spezialisiert sind, wurden nicht berücksichtigt. Eine Aufnahme von ausschließlich auf spezifische Disziplinen ausgerichtete Fachzeitschriften, die nur von einem begrenzten, spezialisierten Publikum gelesen werden, hätte zu einer Unterschätzung deren Bedeutung geführt. Daher wurden einige bedeutsame, aber spezialisierte Zeitschriften (wie z.B. die *Marketing ZfP, Zeitschrift für Personalforschung, Tourismus Journal, Bank-Archiv*, usw.) nicht berücksichtigt. Die Studie gliederte sich in zwei Phasen. In der ersten Phase wurden mehrere Professoren und wissenschaftliche Mitarbeiter verschiedener Lehrstühle gebeten, die aus ihrer Sicht wichtigen deutschsprachigen, betriebswirtschaftlichen Fachzeitschriften anzugeben. Die Lehrstühle wurden so ausgewählt, dass alle Fachbereiche entsprechend dem Verzeichnis des Verbandes der Hochschullehrer vertreten waren. Nachdem die auf einzelne Teildisziplinen spezialisierten Zeitschriften herausgenommen wurden, ergab sich eine Liste von folgenden 17 Zeitschriften: *Betriebswirtschaftliche Forschung und Praxis (BfuP), Die Betriebswirtschaft (DBW), Die Unternehmung, Eco (ehem. Gabler's Magazin), Harvard Business Manager (HBM), Industrielle Beziehungen – Zeitschrift für Arbeit, Organisation und Management, Industriemanagement, IO-Management, Journal für Betriebswirtschaft (JfB), Organisationsentwicklung, Technologie & Management, Wirtschaftswissenschaftliches Studium (WiSt), Das Wirtschaftstudium (WISU), Zeitschrift Führung + Organisation (ZfO), Zeitschrift für betriebswirtschaftliche Forschung (ZfbF), Zeitschrift für Betriebswirtschaft (ZfB) und Zeitschrift für Planung.*

Die Qualität von Fachzeitschriften ist ein mehrdimensionales Konstrukt. Die meisten Rankings von Fachzeitschriften im angelsächsischen Raum messen allerdings nur eine Dimension. Vor allem Hult/Neese/Bashaw[27] weisen auf diese Schwäche hin und fordern berechtigterweise die Berücksichtigung von mehreren Dimensionen. Dadurch wird das Bild differenzierter und lässt genauere Aussagen über das Ranking von Fachzeitschriften zu. In der vorliegenden Studie wurden folgende Dimensionen berücksichtigt:

- Lesehäufigkeit
- Wissenschaftliche Relevanz
- Relevanz für die Praxis und
- die Reputation insgesamt.

Die einzelnen Dimensionen wurden anhand von 7-Punkte-Rating-Skalen[28] gemessen.

Voraussetzung dafür, dass eine Zeitschrift beurteilt werden kann, ist die Kenntnis dieser Zeitschrift. Daher enthielten die Fragen zu jeder Zeitschrift die Antwortkategorie „weiß nicht" bzw. „kenne ich nicht", um zu vermeiden, dass die Ergebnisse durch eine „forced choice" verzerrt werden.

II. Ergebnisse

Der schriftliche Fragebogen wurde an 380 zufällig ausgewählte Professoren der Betriebswirtschaftslehre im deutschsprachigen Raum versandt. Eine unmarkierte Rücksendung wurde ermöglicht und eine anonyme Auswertung zugesagt. 149 ausgefüllte und verwertbare Fragebögen wurden retourniert. Dies entspricht einer Rücklaufquote von 39,2%. Tabelle 1 gibt einen Überblick über die Zusammensetzung der Stichprobe hinsichtlich der Zugehörigkeit zu einzelnen Fachbereichen. Mehrfachnennungen waren hier möglich.

1. Lesehäufigkeit der einzelnen Zeitschriften

Die Qualität von Fachzeitschriften kann an der Qualität der darin publizierten Beiträge gemessen werden. Die Qualität der einzelnen Beträge lässt sich an deren Einfluss ablesen

Tab. 1: Zugehörigkeit der Befragten zu einzelnen Fachbereichen

Fachbereich der Befragten	Anzahl der Nennungen	Prozent an Gesamt
Bankbetriebslehre/Finanzierung	18	6,5
Betriebswirtsch. Steuerlehre	10	3,6
Internationales Management	18	9,5
Logistik	13	4,7
Marketing	33	11,8
Organisation	38	13,6
Personalwesen	20	7,2
Rechnungswesen	39	14,0
Wirtschaftsinformatik	10	3,6
Unternehmensführung	41	14,7
Controlling	3	1,1
Innovationsmanagement	4	1,4
Produktionswirtschaft	3	1,1
Umweltmanagement	2	0,7
Andere	27	9,7
Gesamt*	279	

* Die Anzahl der Zuordnungen entspricht nicht der Anzahl der Befragten, da Mehrfachnennungen möglich waren

Tab. 2: Lesehäufigkeit der Fachzeitschriften

Rang	Titel der Zeitschrift	Lesehäufigkeit (Mittelwert)	Standardabweichung
1.	Zeitschrift für Betriebswirtschaft (ZfB)	6,06	1,45
2.	Zeitschrift für betriebsw. Forschung (ZfbF)	6,05	1,42
3.	Die Betriebswirtschaft (DBW)	5,49	1,67
4.	Wirtschaftswissenschaftl. Studium (WiST)	4,13	1,88
5.	Betriebsw. Forschung und Praxis (BfuP)	4,06	1,97
6.	Das Wirtschaftsstudium (WISU)	3,68	1,98
7.	Zeitschrift Führung+ Organisation (ZfO)	3,63	2,24
8.	Harvard Business Manager (HBM)	3,59	2,13
9.	Die Unternehmung	3,27	1,83
10.	Journal für Betriebswirtschaft (JfB)	2,79	2,01
11.	Zeitschrift für Planung	2,53	2,04
12.	IO-Management	2,26	1,89
13.	Technologie und Management	1,65	1,75
14.	Industrielle Beziehungen	1,53	1,71
15.	Organisationsentwicklung	1,52	1,67
16.	Industrie-Management	1,43	1,58
17.	Eco (ehem. Gabler's Magazin)	1,26	1,15

– wie häufig sie gelesen werden und wie häufig deren Ideen weiterverwendet werden.[29] Die Lesehäufigkeit ist somit eine wichtige Dimension der Zeitschriftenqualität. Tab. 2. zeigt die Ergebnisse auf die Frage: *"Wie häufig lesen Sie die folgenden Fachzeitschriften? (1= nie, 7 = jede Ausgabe)?"*.

Die *ZfB*, die *ZfbF* und die *DBW* gehören offensichtlich zur Standardlektüre in der deutschsprachigen Betriebswirtschaftlehre und garantieren den Autoren eine möglichst große Verbreitung von Forschungsergebnissen. Knapp 60,5% der Befragten lesen jede Ausgabe der *ZfB*, 58,1% jede Ausgabe der *ZfBf* und 40,3% der Befragten lesen jede Ausgabe der *DBW*.

Die Lesehäufigkeit einer Zeitschrift wäre als alleiniger Indikator für die Qualität allerdings nicht ausreichend. Es gibt mehrere Gründe, warum Zeitschriften häufig gelesen werden, wie z.B. Leserfreundlichkeit, Ausrichtung der Zeitschrift (z.B. quantitativ vs. qualitativ) oder Zugriffsmöglichkeit.[30] Diese Kriterien müssen nicht unmittelbar mit der wissenschaftlichen Relevanz zu tun haben.

2. Die wissenschaftliche Relevanz

Tab. 3 stellt die Ergebnisse hinsichtlich der wissenschaftlichen Relevanz der einzelnen Zeitschriften dar. („*Wie schätzen Sie die wissenschaftliche Relevanz der folgenden Fachzeitschriften für die allgemeine betriebswirtschaftliche Forschung ein? (1 = überhaupt nicht relevant, 7 = äußerst relevant)*"). Auch hier liegen die drei Zeitschriften *ZfB*, *ZfbF* und

Tab. 3: Wissenschaftliche Relevanz der Zeitschriften

Rang	Titel der Zeitschrift	Relevanz Wissenschaft (Mittelwert)	Standardabweichung
1.	Zeitschrift für Betriebswirtschaft (ZfB)	6,14	1,48
2.	Zeitschrift für betriebsw. Forschung (ZfbF)	6,07	1,26
3.	Die Betriebswirtschaft (DBW)	5,76	1,46
4.	Betriebsw. Forschung und Praxis (BfuP)	4,31	1,87
5.	Die Unternehmung	3,68	1,88
6.	Zeitschrift Führung + Organisation (ZfO)	3,67	2,08
7.	Harvard Business Manager (HBM)	3,47	1,96
8.	Wirtschaftswissenschaftl. Studium (WiST)	2,96	1,57
9.	Journal für Betriebswirtschaft (JfB)	2,88	2,02
10.	Zeitschrift für Planung	2,63	2,28
11.	Das Wirtschaftsstudium (WISU)	2,62	1,59
12.	IO-Management	1,83	1,77
13.	Organisationsentwicklung	1,66	2,03
14.	Technologie und Management	1,50	1,71
15.	Industrielle Beziehungen	1,34	1,77
16.	Industrie-Management	1,19	1,56
17.	Eco (ehem. Gabler's Magazin)	1,05	1,31

DBW eindeutig an der Spitze. Die vergleichsweise niedrige Standardabweichung weist auf einen hohen Konsens der Befragten hin. Bemerkenswert ist die Stellung des *HBM*. Obwohl die Zeitschrift eine hohe Praxisorientierung hat, liegt sie in der Einschätzung der wissenschaftlichen Relevanz relativ weit vorne. Dieses Ergebnis entspricht zahlreichen angelsächsischen Studien (sowohl anhand von Zitationsanalysen als auch von Expertenbefragungen), die der *Harvard Business Review* eine hohe wissenschaftliche Relevanz einräumen. Zurückzuführen ist dies vor allem auf ihre Rolle bei der Publikation von *„Leading Practices"* und von neuen, einflussreichen Ideen, die in der Forschung aufgegriffen und weiter untersucht werden.

3. Relevanz für die Praxis

Die dritte untersuchte Dimension der Zeitschriftenqualität betrifft die Relevanz für die Praxis. (*„Wie beurteilen Sie die Relevanz der folgenden Fachzeitschriften für die Praxis? (1 = überhaupt nicht relevant, 7 = äußerst relevant)"*). Es muss hier allerdings einschränkend darauf hingewiesen werden, dass diese *aus Sicht der Wissenschaftler* gemessen wurde. Diese muss sich nicht notwendigerweise mit der Sicht eines Praktikers decken. Trotzdem sind die Ergebnisse von Interesse. Jeder Wissenschaftler wird sich bei der Publikation seiner Forschungsergebnisse Gedanken über die zu erreichende Zielgruppe machen. Überlegungen über die wissenschaftliche *und* praktische Relevanz spielen hier eine Rolle. Es ist daher von Interesse, wie die Scientific Community die Zeitschriften wahrnimmt, da sich jeder Autor mit seinen Beiträgen in den verschiedenen Zeitschriften positioniert.

Tab. 4 zeigt die Einschätzung der praktischen Relevanz der untersuchten Zeitschriften.

Erwartungsgemäß verschiebt sich hier das Ranking. Der *HBM* führt mit Abstand. Auffallend sind die etwas reservierteren Urteile (die Mittelwerte sind eindeutig niedriger als bei den anderen zwei Dimensionen) und die teilweise hohen Standardabweichungen. Dies könnte damit zusammenhängen, dass die Beurteilung der Praxisrelevanz schwerer gefallen ist als die Beurteilung der anderen zwei Dimensionen und dass die Meinungen hier weiter auseinandergehen. Überraschenderweise finden sich in diesem Ranking an den vorderen Stellen Zeitschriften, die auch bei der wissenschaftlichen Relevanz führend sind (*DBW, ZfB, BfuP*). Ursache dafür könnte sein, dass für die Publikation in diesen Zeitschriften nicht nur die wissenschaftliche Relevanz der einzelnen Beiträge, sondern auch die Bedeutung der Ergebnisse für die Praxis ausschlaggebend sind.

4. Gesamtreputation der Fachzeitschriften

Die Frage zur Reputation der einzelnen Fachzeitschriften insgesamt brachte klare Ergebnisse (siehe Tab. 5). (*„Wie bewerten Sie die Reputation der folgenden Fachzeitschriften insgesamt? (1 = sehr niedrig, 7 = äußerst hoch)"*).

Die *ZfB, ZfbF* und die *DBW* genießen eindeutig die höchste Reputation, die Standardabweichung ist bei diesen drei Zeitschriften (mit Ausnahme der Zeitschrift Eco) am geringsten, d.h. der Konsens unter den Befragten ist sehr hoch. Diese Reihung entspricht den Ergebnissen von Pommerehne[31] in einer Studie zum Ranking von volkswirtschaftlichen Zeitschriften, in der auch die Zeitschriften *ZfB, ZfbF, DBW* und *Die Unternehmung* berücksichtigt wurden. Die Tatsache, dass dabei Volkswirte befragte wurden, spricht für die Qua-

Tab. 4: Relevanz für die Praxis

Rang	Titel der Zeitschrift	Relevanz Praxis (Mittelwert)	Standardabweichung
1.	Harvard Business Manager (HBM)	4,94	2,16
2.	Die Betriebswirtschaft (DBW)	4,22	1,68
3.	Zeitschrift für Betriebswirtschaft (ZfB)	4,20	1,80
4.	Betriebsw. Forschung und Praxis (BfuP)	4,09	1,89
5.	Zeitschrift für Führung u. Organisation (ZfO)	4,00	2,36
6.	Zeitschrift für betriebsw. Forschung (ZfbF)	3,89	1,72
7.	Die Unternehmung	3,56	1,97
8.	IO-Management	2,87	2,48
9.	Wirtschaftswissenschaftl. Studium (WiST)	2,86	1,63
10.	Journal für Betriebswirtschaft (JfB)	2,79	3,49
11.	Das Wirtschaftsstudium (WISU)	2,72	1,66
12.	Zeitschrift für Planung	2,31	2,30
13.	Technologie & Management	2,18	2,52
14.	Organisationsentwicklung	1,83	2,28
15.	Industrie-Management	1,80	2,41
16.	Eco (ehem. Gabler's Magazin)	1,78	2,28
17.	Industrielle Beziehungen	1,53	2,13

Tab. 5: Reputation der Zeitschriften insgesamt

Rang	Titel der Zeitschrift	Reputation insgesamt (Mittelwert)	Standardabweichung
1.	Zeitschrift für Betriebswirtschaft (ZfB)	6,15	1,36
2.	Zeitschrift f. betriebsw. Forschung (ZfbF)	6,10	1,16
3.	Die Betriebswirtschaft (DBW)	5,81	1,45
4.	Betriebsw. Forschung u. Praxis (BFuP)	4,51	1,72
5.	Harvard Business Manager (HBM)	4,03	2,07
6.	Zeitschrift Führung + Organisation (ZfO)	3,73	2,22
7.	Die Unternehmung	3,71	1,84
8.	Wirtschaftsw. Studium (WiST)	3,66	1,65
9.	Das Wirtschaftsstudium (WISU)	3,35	1,77
10.	Journal für Betriebswirtschaft (JfB)	2,96	2,04
11.	Zeitschrift für Planung	2,78	2,37
12.	IO-Management	1,89	1,85
13.	Organisationsentwicklung	1,64	1,97
14.	Technologie&Management	1,54	1,78
15.	Industrielle Beziehungen	1,36	1,80
16.	Industrie-Management	1,25	1,63
17.	Eco (ehem. Gabler's Magazin)	1,12	1,41

lität der Zeitschriften. Sie ist unabhängig von der Zielgruppe und im Zeitablauf stabil. Auffallend ist hier wiederum die relativ hohe Standardabweichung bei einzelnen Zeitschriften (z.B. *Zeitschrift für Planung, ZfO, HBM* und *JfB*). Ein Sonderfall scheint der *HBM* zu sein. Wie bereits weiter oben erwähnt, findet sich beim *HBM* eine hohe Standardabweichung auch in mehreren angelsächsischen Studien. Dies könnte auf eine unterschiedliche Ausrichtung der Tätigkeit der Befragten zurückzuführen sein, die zu einer Polarisierung der Bewertung führt. Stark praxisorientierte Professoren könnten den *HBM* höher einschätzen als stark wissenschaftlich orientierte. Bei den anderen Zeitschriften mit hoher Standardabweichung ist zu vermuten, dass diese speziellere Zielgruppen (geographisch und themenbezogen) haben. Dafür spricht auch die geringere Leserreichweite (Tab 2.).

D. Schlussfolgerungen

Ein Ranking von Zeitschriften, wie es in dieser Arbeit ermittelt wurde, ist für mehrere Zielgruppen nützlich. Es erleichtert die qualitative Bewertung des Forschungsoutputs einzelner Wissenschaftler, aber auch von Forschungsinstitutionen. Vor allem deshalb, weil ein sozialwissenschaftlicher Zitationsindex für die im deutschsprachigen Raum wichtigen Publikationsorgane bisher nicht vorhanden ist. Es soll aber darauf hingewiesen werden, dass hier nur ein Teil des wissenschaftlichen Outputs berücksichtigt wird. Beiträge an Tagungs- und Sammelbänden, Buchpublikationen usw. werden nicht erfasst.

Für den einzelnen Wissenschaftler ist ein Ranking von Zeitschriften bei der Entscheidung darüber, wo die Ergebnisse seiner Arbeit publiziert werden sollen, hilfreich. Es gibt Aufschluss darüber, welches Ansehen die einzelnen Zeitschriften in den Augen der wissenschaftlichen Gemeinschaft genießen, wie deren wissenschaftliche und praktische Relevanz eingeschätzt wird und mit welcher Leserreichweite zu rechnen ist.

Die Ergebnisse zeigen eindeutig die dominierende Position der *ZfB*, der *ZfbF* und der *DBW* hinsichtlich ihrer Reputation insgesamt, ihrer Lesehäufigkeit und der wissenschaftlichen Relevanz. Auffallend ist auch ihre – aus Sicht der Wissenschaftler – hohe Relevanz für die Praxis. Die *BfuP* liegt, auch wenn mit etwas Abstand, mit im Spitzenfeld. Hinsichtlich der Lesehäufigkeit nimmt die *WiST* eine Sonderstellung ein. Obwohl sie bei den anderen Dimensionen im Mittelfeld zu finden ist, genießt sie eine auffallend hohe Leserreichweite. Erwartungsgemäß dominiert der *HBM* bei der Dimension Relevanz für die Praxis.

Einzelne Zeitschriften weisen eine relativ hohe Standardabweichung bei allen Dimensionen auf (*HBM, ZfO, JfB* und *Zeitschrift für Planung*). Diese Heterogenität in der Bewertung könnte – wie oben erwähnt – auf engere Zielgruppen zurückzuführen sein.

Das vorliegende Ranking basiert auf einer Befragung von 149 Professoren im deutschsprachigen Raum. Die subjektive Bewertung ist nicht frei von Schwächen. Neben den eingangs erwähnten Problemen sind weitere Einschränkungen zu berücksichtigen. Als wichtigste gilt die Auswahl der Zeitschriften. Es wurden jene aufgenommen, die vorwiegend Beiträge publizieren, die nicht auf eine spezielle Teildisziplin beschränkt sind. Dies aus mehreren Gründen. Erstens wurde die Anzahl der Zeitschriften aus Platzgründen begrenzt. Die Aufnahme *aller* deutschsprachigen Fachzeitschriften wäre zwar spannend gewesen, hätte aber vermutlich die Rücklaufquote aufgrund der Länge des Fragebogens drastisch reduziert. Zweitens ist anzunehmen, dass spezialisierte Zeitschriften im Schnitt dann schlechter bewertet werden, wenn in der Stichprobe nicht nur Vertreter dieser Teildisziplin, sondern auch Wissenschaftler anderer Fachbereiche vertreten sind, da spezialisierte Zeitschriften für andere Disziplinen weniger relevant sind. Wollte man spezialisierte Zeitschriften analysieren, wäre dies daher nur dann sinnvoll, wenn man sich in der Befragung auf die entsprechende Zielgruppe beschränkt. Die Grenze zwischen allgemeinen und spezialisierten Zeitschriften ist aber fließend, somit gestaltete sich auch die Auswahl der zu untersuchenden Zeitschriften als schwierig. Die zweite Einschränkung betrifft Zeitschriften, die eine höhere Praxisausrichtung haben. Die einzelne Qualitätsdimensionen wurden aus Sicht von Wissenschaftlern gemessen. Diese muss sich nicht notwendigerweise mit jener von Praktikern decken. Ein Vergleich mit den Ergebnissen anderer Bewertungsverfahren wäre erstrebenswert.

Anmerkungen

1 De Solla Price, 1965, S. 38.
2 vgl. Moore, 1972.
3 vgl. z.B. Beed/Beed, 1996, S. 371 und Pommerehne, 1986, S. 284.
4 z.B. Polonsky/Jones/Kearsley, 1999.
5 z.B. Danielsen/DeLorme, 1976.
6 z.B. das ANBAR-Ranking, http://www.anbar.co.uk/awards/management-journals.htm.
7 Laband/Piette, 1994, S. 641.
8 vgl. Garfield, 1979.
9 vgl. Dilger, 2000, S. 473ff.
10 vgl. Beed/Beed, 1996, S. 369.
11 für eine ausführlichere Diskussion siehe Beed/Beed, 1996, S. 378f.
12 Cronin, 1982, S. 65f.
13 vgl. Garfield, 1979b, S. 362.
14 vgl. Parnell, 1997, S. 72.
15 vgl. Dilger, 2000, S. 477.
16 vgl. Beed/Beed, 1996, S. 381f.
17 vgl. Moed et al., 1985.
18 vgl. McNulty/Boekeloo, 1999.
19 vgl. Dilger, 2000.
20 siehe z.B. Pommerehne, 1986; Heischmidt/Gordon, 1993; Parnell, 1997; Hult/Neese/Bashaw, 1997; Soteriou/Hadjinicola/Patsia, 1999.
21 vgl. Parnell, 1997.
22 Hawkins/Ritter/Walter 1973.
23 Heischmidt/Gordon, 1993, S. 155.
24 Extejt/Smith, 1990, S. 539ff.
25 Heischmidt/Gordon, 1993 und Hult/Neese/Bashaw, 1997.
26 American Assembly of College Schools of Business.
27 Hult/Neese/Bashaw, 1997, S. 51.
28 Lesehäufigkeit (1=nie, 7=jede Ausgabe); Relevanz für die Wissenschaft und für die Praxis (1=überhaupt nicht relevant, 7=äußerst relevant); Reputation insgesamt (1=sehr niedrig, 7=äußerst hoch).
29 Franke/Edlund/Oster, 1990, S. 244.
30 siehe insbesondere Polonsky/Jones/Kearsley, 1999.
31 vgl. Pommerehne, 1986, S. 293.

Literatur

ANBAR (2000): Anbar International management database, (on-line), available: http://www.anbar.co.uk/awards/management-journals.htm.

Beed, C./Beed C. (1996): Measuring the Quality of Academic Journals: The Case of Economics, in: Journal of Post Keynesian Economics, Spring, Vol. 18, No. 3, S. 369–396.

Cronin, B. (1982): Norms and Functions in Citation: The View of Journal Editors and Referees in Psychology, in: Social Science Information Studies, 2, S. 65–78.

Danielsen, A. L./De Lorme, C. D. Jr. (1976): Some Empirical Evidence on the Variables Associated with the Rating of Economics Journals, in: Southern Economic Journal, 43, S. 1149–1160.

De Solla Price, D. J. (1965): Little Science, Big Science, Columbia University Press, New York/London.

Dilger, A. (2000): Plädoyer für einen Sozialwissenschaftlichen Zitationsindex, in: DBW, Nr. 4, S. 473–484.

Extejt, M. M./Smith, J. E. (1990): The Behavioral Sciences and Management: An Evaluation of Relevant Journals, in: Journal of Management, 16, S. 539–551.

Franke, R. H./Edlund, T. W./Oster, F. III (1990): The Development of Strategic Management: Journal Quality and Article Impact, in: Strategic Management Journal, Vol. 11, S. 243–253.

Garfield, E. (1979): Citation Indexing – Its Theory and Application in Science, Technology, and Humanities, John Wiley & Sons, New York.

Garfield, E. (1979b): Is Citation Analysis a Legitimate Evaluation Tool?, in: Scientometrics, 1, S. 359–375.

Hawkins, R. G./Ritter, L. S./Walter, I. (1973): What Economists Think of Their Journals, in: Journal of Political Economy, 81, S. 1017–1032.

Heischmidt, K. E./Gordon, P. (1993): Rating of Marketing Publications: Impact of Accreditation and Publication History, in: Journal of Education for Business, January/February, S. 152–158.

Hult, G. T. M./Neese, W. T./Bashaw, R. E. (1997): Faculty perceptions of marketing journals, in: Journal of Marketing Education, 19, Spring, S. 37–53.

Laband, D. N./Piette M. J. (1994): The Relative Impacts of Economics Journals 1970–1990, in: Journal of Economic Literature, 32, S. 640–666.

McNulty, J. E./Boekeloo, J. (1999): Two Approaches to Measuring Journal Quality: Application to Finance Journals, in: Journal of Economics and Finance, Vol. 23, No. 1, Spring, S. 30–38.

Moed, H. et al. (1985): The Use of Bibliometric Data as Tools for University Research Policy, in: International Journal of Institutional Management in Higher Education, 9, S. 185–194.

Moore, W. J. (1972): The Relative Quality of Economics Journals: A Suggested Rating System, in: Western Economic Journal, 10, S. 156–169.

Parnell J. A. (1997): Assessing Management Journal Quality: A Methodological Critique and Empirical Analysis, in: The Mid-Atlantic Journal of Business, Vol. 33, No. 1, S. 69–82.

Polonsky, M. J./Jones G./Kearsley M. J. (1999) : Accessibility : An Alternative Method of Ranking Marketing Journals, in : Journal of Marketing Education, Vol. 21, No. 3, December, S. 181–193.

Pommerehne, W. W. (1986): Die Reputation wirtschaftswissenschaftlicher Fachzeitschriften: Ergebnisse einer Befragung deutscher Ökonomen, in: Ott, A. E. et al. (Hrsg.): Jahrbücher für Nationalökonomie und Statistik, Band 201, Gustav Fischer Verlag, Stuttgart, S. 280–306.

Soteriou, A. C./Hadjinicola G. C./Patsia K. (1999): Assessing Production and Operations Management related Journals: The European Perspective, in: Journal of Operations Management, 17, S. 225–238.

Ein Ranking deutschsprachiger Fachzeitschriften

Zusammenfassung

Fragen zur Messbarkeit des wissenschaftlichen Outputs von Forschungsinstitutionen aber auch einzelner Forscher sind in den letzten Jahren zunehmend wichtiger geworden. Daher stieg auch das Interesse an Rankings von Fachzeitschriften, die Auskunft über die Qualität der darin publizierten Arbeiten geben sollen. In dieser Arbeit diskutieren die Autoren die wichtigsten Methoden zur Erstellung solcher Rankings und präsentieren die Ergebnisse einer empirischen Studie zur Reihung von 17 allgemeinen betriebswirtschaftlichen Fachzeitschriften in deutscher Sprache. Befragt wurden 149 Professoren der Betriebswirtschaftslehre im deutschsprachigen Raum. Die Qualität der Fachzeitschriften wurde anhand der wissenschaftlichen und praktischen Relevanz, der Lesehäufigkeit und der Reputation insgesamt gemessen. Die Ergebnisse zeigen eindeutig die dominierende Position der *Zeitschrift für Betriebswirtschaft*, der *Zeitschrift für betriebswirtschaftliche Forschung* und der Zeitschrift *Die Betriebswirtschaft*. Bei der Dimension „Relevanz für die Praxis" liegt der *Harvard Business Manager* an führender Stelle.

Summary

Increasing budgetary constraints in most countries have led to a growing interest into the output measurement of research institutions. In this context, quantity and quality of publications play an important role. It is generally accepted that academic journals are the most important means of publication. Therefore, the assessment of their quality is essential. In this paper, the authors first discuss different approaches to measure journal quality. Then, results of an empirical study that measures quality of 17 German journals are presented. Included in this list are academic as well as practitioner journals which publish articles across a broad range of disciplines. Journals that are specialized in certain fields (e.g. Marketing or HRM) are not included. Journal quality is measured on four dimensions: relevance to research, relevance to practice, frequency of reading and overall reputation. 149 professors responded to a standardized questionnaire. The results clearly demonstrate the leading role of the *Zeitschrift für Betriebswirtschaft*, the *Zeitschrift für betriebswirtschaftliche Forschung* and the *Die Betriebswirtschaft*. The German edition of Harvard Business Review, the *Harvard Business Manager*, is the journal with the highest relevance to practice.

1: Allgemeine Betriebswirtschaftslehre (JEL M1)

Dynamisches Marketing

Hermann Sabel
Christoph Weiser
Dynamik im Marketing
Umfeld – Strategie –
Struktur – Kultur
3., überarb. u. erw. Aufl. 2000.
XVI, 513 S.
Br. DM 78,00
ISBN 3-409-33667-2

Dieses Marketing-Lehrbuch zeigt die relevanten Veränderungen des Umfeldes in den 4 K's auf, bei Kunden, Konkurrenten, Kanälen und „Knuten", den exogenen Faktoren. Es diskutiert die Konsequenz für die Neuinterpretation der 4 P's, „Product, Place, Promotion, Price", und gibt Hilfen aus den 4 M's, Muster, Modelle, Methoden, Management. Die 3. Auflage wurde durch aktuelle Themen wie z.B. eCommerce und M&A-Boom u.a.m. erweitert.

Wolfgang Fritz
**Internet-Marketing
und Electronic Commerce**
Grundlagen –
Rahmenbedingungen –
Instrumente.
Mit Erfolgsbeispielen
2000. 210 S.
Br. DM 58,00
ISBN 3-409-11663-X

Wolfgang Fritz zeigt, wie das Internet unser herkömmliches Marketing-Verständnis verändert und wie es als neues Instrument des Marketing und des Electronic Commerce erfolgreich eingesetzt werden kann. Dabei kommen alle Aspekte des Marketing-Management zur Sprache.

Bestell-Coupon   Fax: 06 11.78 78-420

Ja, ich bestelle zur sofortigen Lieferung:

Hermann Sabel
Christoph Weiser
____Expl. **Dynamik im Marketing**
Br. DM 78,00
ISBN 3-409-33667-2

Wolfgang Fritz
____Expl. **Internet-Marketing
und Electronic Commerce**
Br. DM 58,00
ISBN 3-409-11663-X

Vorname und Name

Straße (bitte kein Postfach)

PLZ, Ort

Unterschrift   321 01 006 **GABLER**

Änderungen vorbehalten. Erhältlich im Buchhandel oder beim Verlag.   Abraham-Lincoln-Str. 46, 65189 Wiesbaden, Tel: 06 11.78 78-124, www.gabler.de

Anmerkungen und offene Fragen zur geplanten Dienstrechtsreform an Deutschen Universitäten

Von Kathrin Fischer,
Wolfgang Brüggemann und Jan Dethloff

Überblick

- Die vom BMBF angestrebte Reform des Hochschuldienstrechts soll noch in dieser Legislaturperiode verabschiedet werden. Jedoch zeichnen sich Probleme hinsichtlich der Auswirkungen der Änderungen ab, und viele Fragen zu ihrer Umsetzung sind noch offen.

- Die Besoldung der Hochschullehrer soll künftig teilweise leistungsabhängig und damit anreizorientiert erfolgen. Wenn dies auch prinzipiell zu begrüßen ist, so ist doch Leistung im Hochschulbereich besonders schwer meßbar. Weder scheinen Absolventenzahl und Evaluationen hinreichende Kriterien zur Beurteilung der Qualität der Lehre zu sein, noch können für Selbstverwaltung oder Forschung überzeugende Kriterien zur Leistungsmessung benannt werden; zudem ist unklar, durch welche Instanz die Leistungsmessung erfolgen soll.

- Daraus läßt sich ableiten, daß es zu ungewollten (negativen) „Anreizeffekten" kommt und die Effizienz des neuen Besoldungssystems damit fraglich ist.

- Hinzu kommen die Problematik der faktischen Absenkung der Vergütung, die ein Abwandern guter Wissenschaftler in die Wirtschaft befürchten läßt, sowie als besonders schwerwiegendes Problem die Fixierung der Hochschulbudgets, die die Einführung eines echten Anreizsystems von vornherein unmöglich macht.

- Die Einführung der Juniorprofessur soll jungen Wissenschaftlern frühere Unabhängigkeit in Lehre und Forschung sichern, führt aber durch die Befristung zu neuen Abhängigkeitsverhältnissen. Auch sind die behaupteten positiven Auswirkungen auf Erstberufungsalter und Frauenförderung nicht nachvollziehbar.

Eingegangen: 8. November 2000

Dr. Kathrin Fischer (kfischer@uni-hamburg.de), Dr. Wolfgang Brüggemann (brueggemann@na-net.ornl.gov) und Dr. Jan Dethloff (dethloff@gmx.de), alle Institut für Logistik und Transport, Universität Hamburg, Von-Melle-Park 5, 20146 Hamburg.

Kathrin Fischer, Wolfgang Brüggemann und Jan Dethloff

A. Vorbemerkungen

Die folgenden Fragen und Anmerkungen zur aktuellen Diskussion über die Gesetzesinitiative der Bundesregierung bzgl. der Änderung des Dienstrechts an den Hochschulen sowie zur damit verbundenen Diskussion über die leistungsabhängige Besoldung von Hochschullehrern und notwendige Strukturänderungen an den Hochschulen sind überwiegend – aber keineswegs ausschließlich – aus der Perspektive wissenschaftlicher Assistenten formuliert.[1]

Der wissenschaftliche Nachwuchs, also insbesondere die wissenschaftlichen Assistenten nach aktuellem Hochschulrecht, ist in besonderer Weise von den geplanten Änderungen betroffen, die in dem Bericht der Expertenkommission „Reform des Hochschuldienstrechts" und im Konzept des BMBF „Hochschuldienstrecht für das 21. Jahrhundert" vom 21.09.2000 vorgeschlagen werden. Diese Nachwuchswissenschaftler haben sich nämlich schon zu einem Zeitpunkt für die Hochschullehrerlaufbahn entschieden, als von den angesprochenen Reformen noch nicht die Rede war, werden aber von dem „Bestandsschutz" für die bereits nach altem Recht verbeamteten Hochschullehrer nicht gedeckt, da ihre Berufungsverfahren in der Zukunft liegen. Die Bedingungen, unter denen sich ihre berufliche Weiterentwicklung vollziehen wird, sind vollkommen andere als die, die vor einigen Jahren, als sie sich zum Einschlagen dieses Berufsweges entschlossen haben, zu erwarten standen. So sollen „leistungsabhängige variable Gehaltsbestandteile" an die Stelle der vertraglich sicheren und mit dem Alter steigenden Zulagen treten. Außerdem ist für den künftigen wissenschaftlichen Nachwuchs die Einführung einer „Juniorprofessur" geplant. Diese beiden Themenkomplexe sind Gegenstand der beiden folgenden Abschnitte.

B. Leistungsabhängige Bezahlung

Während man durchaus darüber streiten kann, ob ein höheres Dienstalter einen geeigneten Maßstab zur Festlegung der Höhe der Bezüge darstellt, kann jedoch andererseits bezweifelt werden, daß eine „leistungsgerechte Bezahlung" in der geplanten Form sinnvoll möglich ist, auch wenn sie prinzipiell wünschenswert wäre. Verschiedene Faktoren sprechen dagegen; die folgenden Überlegungen mögen dies verdeutlichen.

I. Leistungsabhängige Bezahlung: Probleme der Leistungsmessung

1. Leistungsmessung in der Lehre

Leistung an der Universität ist besonders schwer meßbar. Leistet ein Hochschullehrer/eine Hochschullehrerin viel, weil er/sie viele Studierende betreut? Dies könnte doch gerade darauf zurückzuführen sein, daß seine/ihre Anforderungen besonders niedrig sind und er/sie daher für Studierende „attraktiv" ist. Dann werden durch solche Leistungsmessung die Lehrenden zu „Anpassungen nach unten" motiviert, und es wird geradezu ein Negativwettbewerb initiiert, der dem Bildungsniveau in Deutschland nicht zuträglich sein kann. Dies ist wohl kaum beabsichtigt und – in Anbetracht der wesentlichen Bedeutung des Standortfaktors Ausbildung – auch nicht erstrebenswert.

Zur geplanten Dienstrechtsreform an Deutschen Universitäten

Derselbe Einwand gilt natürlich für die Leistungsbeurteilung der Lehrenden anhand studentischer Evaluationen: Die Lehrerfahrung in bei Studenten eher „unbeliebten" Lehrgebieten zeigt, daß es sehr viel schwieriger sein wird, in einem solchen Bereich gute Beurteilungen zu bekommen, als in einem leichter zugänglichen Gebiet. Umgekehrt können aber nicht alle Lehrenden nur „beliebte" und leicht zugängliche Vorlesungen anbieten, so daß ein großes Konfliktpotential auch innerhalb des Lehrkörpers zu erwarten ist. Schließlich garantiert die Freiheit der Lehre einem jeden, sich bezüglich der Lehrinhalte frei zu entscheiden – was also tun, wenn sich alle gegen die „schwierigen", aber wichtigen und durchaus praxisrelevanten Fächer entscheiden wollen? Muß dann möglicherweise der Juniorprofessor als schwächstes Mitglied einer Fakultät – da von den anderen Professoren abhängig – die ungeliebten Disziplinen unterrichten?

2. Leistungsmessung in der akademischen Selbstverwaltung

Auch Leistung in Abhängigkeit der Mitarbeit in Gremien zu entlohnen, bringt Schwierigkeiten mit sich. Was geschieht, wenn alle Professorinnen und Professoren eines Fachbereichs gerne in Gremien mitarbeiten wollen, aber es nur wenige tun können, weil eben nicht alle zur Besetzung von Gremien gebraucht werden? Wird man zum Ausgleich weitere (im Grunde überflüssige) Gremien schaffen? Wird man weiterhin per Wahl festlegen können, wer Mitglied eines Gremiums sein soll, wo man doch durch die Wahl gleichzeitig über Gehaltskomponenten der Beteiligten abstimmt? Und ist die bloße Anwesenheit – oder gar nur die Mitgliedschaft – in solchen Gremien dann ausreichend, um sich den entsprechenden Bonus zu „erarbeiten", oder kommt es auf die konstruktive Mitarbeit an? Wenn ja, wie wird die Konstruktivität der Mitarbeit gemessen, und durch wen wird die Messung vorgenommen?

3. Leistungsmessung in der Forschung

Als (last but not least) dritter Leistungsbereich gilt die Forschung. Forschungsleistung ist aber noch weniger meßbar geschweige denn quantifizierbar, als dies trotz aller dort aufgezählten Probleme in den beiden anderen angesprochenen Bereichen der Fall ist. So wird häufig in Ermangelung eines allgemein verwendbaren und geeigneten Bewertungskriteriums für die Forschungsqualität und die damit verbundenen Leistung als Ersatzkriterium die Quantität der publizierten Arbeiten herangezogen. Diese Vorgehensweise ist aber in besonderem Maße fragwürdig:

So kann gerade ein umfangreiches und innovatives Forschungsprojekt, das nach „expost" Standards den Ansprüchen höchster Qualität genügt, in der manchmal langen Startphase durch Akzeptanzprobleme oder Zurückhaltung vor der endgültigen Fertigstellung zu einer niedrigen Publikationshäufigkeit führen (als prominentes aktuelles und internationales Beispiel kann der Beweis des Fermatschen Theorems von Andrew Wiles[2] dienen), so daß hier die Ankopplung der Besoldung an die Zahl der publizierten Aufsätze demotivierend, ja geradezu abschreckend für solche großen Projekte wirken muß. Umgekehrt ist es denkbar und auch heute schon durchaus nicht ungewöhnlich, zahlreiche Paper in verschiedenen Journalen als marginale Variationen desselben Themas zu placieren. Eine Messung der Forschungsleistung durch das Kriterium der Publikationshäufigkeit würde diesem doch eher unerwünschten Trend noch Vorschub leisten. Zusammenfassend muß man feststellen, daß Forschungsleistung und Publikationshäufigkeit bestenfalls nichts miteinander zu tun haben müssen, es aber sogar denkbar ist, daß diese Größen negativ miteinander korreliert sind; die Besoldungszulagen auf dieser Grundlage werden also möglicherweise wieder zu falschen Anreizeffekten führen.

Darüber hinaus steht zu befürchten, daß sich ein Trend zur Herausgabe weiterer wissenschaftlicher Journale bildet, in denen die jeweiligen Herausgeber und Mitglieder ihrer Fakultät ihre Beiträge publizieren können. Es stellt sich dabei die Frage, ob es erstrebenswert ist, daß noch mehr publiziert wird, als es ohnehin schon der Fall ist, wo bereits heute ein großer Teil der Publikationen im Grunde entbehrlich ist, da die Arbeiten kaum etwas Neues liefern, die Autoren bei sich selbst (oder anderen) abgeschrieben haben und in erster Linie die Verlängerung ihrer Publikationsliste anstreben.

II. Leistungsabhängige Bezahlung: Berücksichtigung von Marktrahmenbedingungen

1. Arbeitsmarkt

Leistung muß auch im gesamtwirtschaftlichen Kontext gesehen werden. Wenn, wie in den USA, Professoren in bestimmten Bereichen – z.B. den Wirtschaftswissenschaften – generell sehr viel höher entlohnt werden als in anderen Feldern – z.B. den Sprachwissenschaften –, weil sie sonst hervorragende Konkurrenzangebote aus der freien Wirtschaft wahrnehmen würden, ist eine „Leistungsgerechtigkeit" zumindest insofern zu erkennen, als dem Marktmechanismus adäquat Rechnung getragen wird. Dieser Gedanke aber scheint in dem Konzept des BMBF nicht vorzuliegen, da ja die Festlegung von Fachbereichsbudgets – zumindest nach aktuellem Kenntnisstand – nicht an solchen marktorientierten Kriterien festgemacht werden soll. Auch wenn man wieder trefflich darüber streiten kann, ob die Berücksichtigung von Marktmechanismen ein geeignetes Instrument zu sinnvoller Leistungsmessung bietet und damit zu einer leistungsgerechten Besoldung führt, wird das Vernachlässigen solcher Effekte aber zwangsläufig immer mehr wirklich gute Wissenschaftler in den entsprechenden Bereichen dazu treiben, sich ihr Auskommen nicht mehr an der Universität zu suchen, wo bei dem geplanten Vorgehen auch mit Höchstleistungen kein Spitzenverdienst zu erreichen ist.[3] Somit entstehen auch hier Anreizwirkungen, die in eine falsche Richtung gehen.

2. Bildungsmarkt

(1) Flexibilisierung der Erlöse

Warum sollte Leistung eigentlich nicht von den Leistungsempfängern, also den Studierenden, bezahlt werden? Wenn man die Annäherung an das so oft herangezogene und von Politikern gerne als vorbildlich gelobte System der USA anstrebt, was ja offensichtlich der Fall ist (z.B. bei der Einführung des Juniorprofessors, der dem Assistant Professor nach US-amerikanischem Vorbild entspricht), kann dies nicht geschehen, ohne daß man auch die Finanzierungsseite berücksichtigt. Ein System wie das US-amerikanische ist ohne Studiengebühren aber nicht denkbar. Nur Studiengebühren führen nämlich (bei Kostenneutralität für die Träger der Hochschulen) dazu, daß ein in seiner Größe flexibler „Topf" vorhanden ist, aus dem die leistungsabhängige Bezahlung gespeist werden kann. Wenn der zu verteilende Topf aber von außen „gedeckelt" ist, können theoretisch alle an einer Universität beliebig viel leisten, der Topf jedoch – und damit auch die Zulagen – bleiben konstant. Unter diesen Umständen kann aber kein effizientes Anreizsystem[4] geschaffen werden, da die entsprechenden Voraussetzungen fehlen. Anreizsysteme sind generell sinnvoll, wenn ein externes Risiko vorliegt, welches durch entsprechenden Arbeitseinsatz der tätigen Kräfte (positiv) beeinflußt werden kann – genau dies ist jedoch in der Situation fester Budgets nicht der Fall.[5]

Die Reform muß also zu kurz greifen, wenn nicht auch in diesem Punkt etwas geschieht, also das Budget flexibilisiert wird, was wiederum nur durch eine Flexibilisierung der Einnahmenseite zu erreichen ist. Gerade diese versucht man jedoch durch das angestrebte Verbot von Studiengebühren auch künftig zu verhindern – wie passen ein solches Verbot und der stets (auch von der Expertenkommission) bemühte Vergleich mit dem US-amerikanischen System zusammen?

Tatsächlich würde sich doch bei Einführung von Studiengebühren in natürlicher Weise eine Leistungsbewertung ergeben, die sich nämlich in der Bereitschaft Studierender, die Gebühren an einer bestimmten Universität zu entrichten, niederschlagen würde. So fände ein Bewertungsprozeß statt, der ganz ohne „künstlich definierte" Leistungskriterien auskäme.[6]

In diesem Zusammenhang fällt auch auf, daß oft private Institutionen wie beispielsweise die in Hamburg neu eingerichtete Bucerius-Law-School und das Northern Institute of Technology, die sich zu einem großen Teil aus Studiengeldern finanzieren, durchaus gelobt und auch politisch gefördert werden, aber dieser Finanzierungsweg für die staatlichen Hochschulen nicht geöffnet werden soll. Diese Ungleichbehandlung muß zwangsläufig zu einer Verzerrung der Wettbewerbssituation unter den Hochschulen führen.

Im Hinblick auf eine soziale Ausbildungsgerechtigkeit sei – als kurzer Exkurs zur Finanzierung – darauf hingewiesen, daß es erwägenswert ist, das Bafög an *alle* erfolgreichen Studienplatzbewerber auf der Basis eines zinsgünstigen Volldarlehns mit entsprechender Studiengebührenkomponente (wie es beispielsweise auch an der Bucerius-Law-School realisiert wird) zu vergeben.

(2) Profilierung der Hochschulen

Mit der Hochschulfinanzierung eng verbunden ist natürlich auch die Auswahl der Studienbewerber durch die jeweilige Universität selbst. Nur dann kann nämlich die Profilierung der einzelnen Hochschule auf dem Bildungsmarkt effizient funktionieren, wenn das eigene Angebot zu marktgerechten Preisen den Interessenten vorgelegt wird und anschließend ein Bewerbungsverfahren mit der entsprechenden Auswahl geeigneter Kandidaten durchgeführt wird. Sonst treten beispielsweise durch zentrale Zuordnungsmechanismen, wie sie derzeit durch die ZVS praktiziert werden, notwendigerweise ineffiziente Allokationen auf, da in inhomogenen Lernendengruppen nicht alle Teilnehmer gleichzeitig optimal gefördert werden können und somit auch die Leistung der Lehrenden nicht adäquat gemessen werden kann. Dabei ist es keine Lösung, den Universitäten zuzugestehen, 20% ihrer Studienplätze selbst zu vergeben, wie es neuerdings in bestimmten Fächern der Fall ist, da hierdurch die Inhomogenität der Leistungsempfänger höchstens marginal beeinflußt wird.

Im übrigen – so zeigt wieder die Erfahrung mit entsprechenden Auswahlsystemen, z.B. in den USA – ließe sich durch eine solche Kombination von Studiengebühren und Bewerberauswahl aller Voraussicht nach die Studienabbrecherquote erheblich reduzieren, was (natürlich indirekt) in der Statistik auch zu einer Verkürzung der Studienzeiten führen dürfte.

III. Leistungsabhängige Bezahlung: Realisierungsprobleme

1. Wer mißt die Leistung?

Gerade weil „Leistung" schwer meßbar ist, stellt sich nicht nur die Frage nach den Leistungskriterien – diese Frage allerdings ist ebenso zentral wie brennend, wird jedoch immer wieder vertagt bzw. an die einzelnen Hochschulen verlagert, als sei die geplante Reform ohne eine zentrale Rahmenentscheidung über diesen doch im Grunde wichtigsten Aspekt möglich! –, sondern auch die Frage, wie denn die Verteilung der Zulagen in den einzelnen Ländern bzw. an den einzelnen Hochschulen oder Fakultäten tatsächlich vonstatten gehen soll. Will man keine externen Kommissionen bemühen, so wird ein internes Gremium die Maßstäbe festlegen müssen – wie soll gesichert werden, daß dessen Mitglieder durch die Wahl der Maßstäbe nicht in erster Linie sich selbst mit Zulagen versehen? Wie kann verhindert werden, daß Fachbereiche durch die Verhandlungen über Zulagen quasi lahmgelegt werden, da diese Diskussionen sicherlich noch weit mehr Energie binden werden als die hinlänglich bekannten Diskussionen über Bibliotheksmittel, Assistentenstellen etc.? Wie sollen die Mitglieder eines Fachbereichs, an dem solche Diskussionen stattfinden, noch vertrauensvoll zusammenarbeiten?

Sollen umgekehrt externe Kommissionen die Leistungen einzelner beurteilen und die Verteilung der Zulagen auf Basis dieser Urteile vorgenommen werden, so wird es ein wachsendes Heer solcher Kommissionen bzw. Gutachter geben müssen. Wie sollen diese Gutachter entlohnt werden? Bei der geforderten Kostenneutralität müssen offenbar auch zur Finanzierung dieser Leistungen Mittel von der Professorenbesoldung abgezweigt – und diese dadurch weiter reduziert – werden. Oder wird jede Hochschullehrerin und jeder Hochschullehrer dazu verpflichtet, entsprechende Begutachtungen unentgeltlich vorzunehmen? Wie will man dies erzwingen? Und wie will man im übrigen die Qualität der Begutachtung sicherstellen? Wer kontrolliert die Kontrolleure?

2. Paradoxe Auswirkungen auf Ausschreibungen und Berufungen

Aus der Zulagenproblematik ergibt sich eine weitere, gerade für den Nachwuchs bedeutende Frage: Welchen Einfluß wird das Zulagensystem auf Berufungen haben? Werden nicht die vorhandenen Professoren, die Zulagen erhalten, wenig „zulagenträchtige" Kollegen berufen wollen, um nicht teilen zu müssen? Wie also kann sich dann ein wirklich guter Nachwuchswissenschaftler noch durchsetzen? Und auch für bereits etablierte Professoren wird es unter diesen Bedingungen natürlich viel schwieriger, Rufe an andere Universitäten zu erhalten, wenn sie sich mit „zulagenträchtigen" Leistungen hervorgetan haben[7]; wieder entsteht ein Negativwettbewerb.

All dies würde sich ändern, wenn die oben angesprochene Flexibilisierung des verfügbaren Topfes entweder durch Aufheben der Forderung nach Kostenneutralität[8] oder durch die Einführung von Studiengebühren erfolgen würde. Dann wäre es nämlich im gemeinsamen Interesse jeder Fakultät, gute Hochschullehrer zu gewinnen, die durch ihre Qualität mehr Studierende anziehen. Diese wären dann auch bereit, ggf. höhere Studiengebühren für ein besseres Angebot als an anderen Universitäten zu bezahlen, was wiederum mehr Geld in den Topf bringt, so daß auch mehr verteilt werden kann. Die Bezahlung von Leistungsträgern würde dann nicht auf Kosten anderer Fakultätsmitglieder erfolgen, sondern ihre Berufung hätte einen positiven Wert für den gesamten Fachbereich.

Abschließend kann festgehalten werden, daß die Ergreifung und Ausübung des Hochschullehrerberufs vornehmlich durch intrinsische Motivation geleitet wird[9], so daß generell „Anreize" in der geplanten Form – wenn sie nicht als langfristiges Instrument zur Realisierung von politisch gewollten Einsparungen gedacht sind – fragwürdig sind.

3. Anlaufprobleme durch Bestandsschutz und Kostenneutralität

Die Forderung der Kostenneutralität, die ja offensichtlich Kernstück des Auftrags von Ministerin Bulmahn an die Expertenkommission gewesen ist, führt neben den ausgeführten Demotivationseffekten auch zu Minimalzulagen in den ersten Jahren nach Einführung der Reform. Somit entstehen für diejenigen, die sich vor einigen Jahren für die Hochschullehrerlaufbahn entschieden haben und die nun mit diesen Veränderungen leben müssen, doppelte Härten: Nicht nur wird ein Zulagensystem eingeführt, welches ohnehin – mangels Erfahrungen bei allen Beteiligten – am Anfang gewisse Startschwierigkeiten haben wird, unter denen ausschließlich die Gruppe junger Hochschullehrer zu leiden hat, sondern zudem wird es auch noch zu Beginn praktisch keine Zulagen geben, da kaum Geld zur Verteilung vorhanden ist. Also bleibt nur die Absenkung des Gehaltes und ein unklarer Verteilungskampf – also keinesfalls Aussichten, die motivationsfördernd für die künftigen Hochschullehrer sind.

C. Juniorprofessur versus Habilitation

Die Qualifikation mittels Habilitation hat sicherlich ihre Tücken und wird auch international zum Teil belächelt oder mit Erstaunen zur Kenntnis genommen. Die Juniorprofessur ist aber auch nicht die Lösung aller Probleme, da sich hier folgende Schwierigkeiten stellen.

I. Abhängigkeit und Sicherheit

Häufig wird als Vorzug der Juniorprofessur gepriesen, daß die Abhängigkeit von einem Professor, wie sie auf einer Assistentenstelle gegeben ist, nicht vorhanden sei. Dies ist vermutlich richtig, soweit es diesen einen Professor betrifft. Dafür stellt sich aber für den Juniorprofessor/ die Juniorprofessorin das Problem einer Abhängigkeit vom „Goodwill" aller fest etablierten Kollegen, da diese über sein/ihr Wohl und Wehe, den Verbleib am

Fachbereich oder das Ende des Beschäftigungsverhältnisses, zu entscheiden haben. Wenn er oder sie „sich bewährt", ist nach der Zeit der Juniorprofessur die Übernahme in ein festes Anstellungs- bzw. Beamtenverhältnis möglich. Diese Notwendigkeit der Bewährung kann jedoch allzu leicht dazu führen, daß ein Juniorprofessor/eine Juniorprofessorin mit einer Überlast von Arbeit ausgestattet wird, unter der er/sie sich zu „bewähren" hat und gegen die er/sie sich auch nicht wehren kann, weil solches Verhalten ja gewiß nicht zu einer Weiterbeschäftigung führen wird. Er/sie muß also erst recht tun, was ihm/ihr von den etablierten Professoren aufgetragen wird, und die entstehende Abhängigkeit – nun allerdings von mehreren Personen – ist noch viel größer als in den bisher vorherrschenden und doch häufig von einer vertrauenvollen Kooperation zwischen akademischem Lehrer und Schüler geprägten Assistentenverhältnissen.

Umgekehrt öffnet die Möglichkeit der internen Berufung eventuellen Mauscheleien Tür und Tor: Hat jemand an einer Universität eine Juniorprofessur ergattert und sich mit allen künftigen Kollegen gut gestellt, so wird sie bzw. er vermutlich wesentlich eher eine Professur erhalten als der/die vielleicht ebenso (oder höher) qualifizierte Kollege/in von einer anderen Universität, der/die noch nicht persönlich bekannt ist. Hat diese Person wiederum an ihrer Hochschule keine Chance zu bleiben, weil diese Universität beispielsweise immer wieder lieber neue Juniorprofessoren einstellt, da diese nämlich für weniger Geld notgedrungen mehr leisten müssen, so steht sie mit Mitte oder Ende 30 vor dem Nichts. Diese Möglichkeit ist bei der Habilitation zwar auch gegeben, aber durch den faktischen Ausschluß von Hausberufungen doch stark abgemildert – gute Wissenschaftler können sich überall durchsetzen. In dem neuen System sind Zweifel daran sicherlich angebracht. Der behauptete Vorteil, daß nun die „aufnehmende" Institution über die Qualifikation entscheide, wenn sie den Ruf auf eine Lebenszeitstelle erteilt, ist offensichtlich auch im bisherigen Berufungssystem gegeben.

Auch wird die frühere Sicherheit für den Juniorprofessor gepriesen, da die Übernahme in eine unbefristete Position nach der Zeit als „Junior" zumindest möglich ist. Da sie aber eben auch nur möglich, aus guten Grund jedoch nicht garantiert ist, ist die „Sicherheit" doch letztlich nicht größer als die, im aktuellen System nach der Habilitation einen Ruf zu erlangen. Dafür sprechen insbesondere die o.g. Gründe, die eine Fakultät bewegen könnten, immer wieder Juniorprofessoren, nicht jedoch festangestellte Professorinnen und Professoren, zu rekrutieren.

Die – noch von der Expertenkommission vorgeschlagene, aber im Konzept des BMBF „Hochschuldienstrecht für das 21. Jahrhundert" vom 21.09.2000 schon nicht mehr enthaltene – künftige Parallelität von Juniorprofessur und Habilitation nach altem Muster würde für den künftigen Nachwuchs ein weiteres Problem schaffen, nämlich die Entscheidung zu treffen, unter welchem Konzept die Weiterqualifikation erworben werden soll. Da aber heute noch niemand weiß, welcher der beiden Wege in welchen Bereichen vielleicht künftig als zweitklassig gelten wird, wird der Nachwuchsgeneration – und ihr allein – ein großes Risiko aufgebürdet. Schon heute ist die Entscheidung für den Hochschullehrerberuf nicht ohne Risiko, da man einen langen Weg gehen muß und das Ende und der Erfolg ungewiß sind. Aber zumindest ist der Weg bekannt, und es gibt in diesem Sinne keine Überholspur. Die würde es dann jedoch künftig geben, mit der zusätzlichen Besonderheit, daß niemand vorher weiß, welche der zwei Fahrbahnen die Überholspur ist.[10]

II. Verkürzung der Ausbildungsdauer

Die angekündigte Verkürzung der Ausbildungsdauer bis zum verbeamteten „Voll-Professor" beruht vor allem auf der angenommenen Verkürzung der Promotionsdauern, für die allerdings kaum Belege oder Begründungen geliefert werden. Lediglich wird angeführt, daß Promovenden nicht mehr in der Regel als wissenschaftliche Mitarbeiter tätig sein sollen.

Diesbezüglich erscheint es dann aber fraglich, wie ein/e frisch Promovierte/r, der/die – da er/sie nicht als wissenschaftliche/r Mitarbeiter/in beschäftigt gewesen ist – in der Lehre keinerlei Erfahrungen hat, im Rahmen der Juniorprofessur plötzlich eigenständig Lehrveranstaltungen durchführen soll. Gerade wo in den letzten Jahren berechtigterweise immer häufiger die Forderung artikuliert wird, daß dem Erwerb echter Lehrqualifikation an Universitäten mehr Bedeutung als bisher beigemessen werden müsse, ist dies doch offenbar kein guter Weg. Wenn nicht flankierende Maßnahmen wie z.B. hochschuldidaktische Fortbildungen stattfinden, ist der Juniorprofessor ganz auf „Learning by Doing" angewiesen, wobei er/sie nicht einmal durch das Abhalten von Kursen und Tutorien bereits erste Lehrerfahrung gesammelt hat, wie dies bei einem wissenschaftlichen Mitarbeiter der Fall ist. Wenn er oder sie sich umgekehrt neben allen anderen Verpflichtungen der Juniorprofessur solchen – sicherlich sinnvollen – Fortbildungsmaßnahmen unterzieht, müßte sich aber dieser Abschnitt der Ausbildung ja wiederum verlängern, so daß insgesamt keineswegs mehr mit einer Verkürzung des Weges bis zur „echten" Professur zu rechnen ist.

Dies gilt in besonderem Maße im Bereich der Betriebswirtschaftslehre, die sicherlich als Massenfach mit einer „Überbelastung mit Lehr- und Prüfungsaufgaben" gelten muß.[11] Die im Laufe der Juniorprofessur von vier auf acht Semesterwochenstunden steigende Lehrverpflichtung bei ungünstiger Betreuungsrelation muß zwangsläufig dazu führen, daß die Forschung zu kurz kommt. Das steht im krassen Gegensatz zu der Feststellung Gauglers[12], daß zur Förderung des wissenschaftlichen Nachwuchses die Lehr- und Prüfungsverpflichtungen etwa ab Mitte der Assistentenzeit – und entsprechendes trifft auch für die Juniorprofessur zu – reduziert werden sollten.

III. Frauenförderung

Der neue Weg in der Hochschullehrerlaufbahn soll laut Kommissionsbericht und Konzept des BMBF zu einer verbesserten Frauenförderung führen. Da jedoch mit keinem Wort konkrete Maßnahmen beschrieben werden, die Frauen tatsächlich Vorteile verschaffen, ist davon auszugehen, daß es sich dabei nur um ein allgemeines Bekenntnis handelt, welches dem Zeitgeist entspricht, der Frauenförderung verlangt. Es ist aber in keiner Weise ersichtlich, wie dieses Anliegen mit der geplanten Reform wirklich in die Tat umgesetzt werden soll. Zumindest erschließt sich den Verfassern nicht, warum Frauen über den Weg der Juniorprofessur bessere Chancen haben sollten als derzeit. Möglicherweise läßt sich zwar von Behördenseite erzwingen, daß eine Frau in eine unbefristete Position übernommen werden muß, nachdem sie ihre Juniorprofessur abgeschlossen hat. Doch wird dies vermutlich letztlich nur dazu führen, daß es Frauen entsprechend schwerer haben, eine Juniorprofessur zu erringen, da die betreffenden Fakultäten sich schnell darüber im klaren sein werden, daß sie eine Frau schwerer „wieder loswerden", und somit Männer präferieren werden.

D. Schlußbemerkungen

Die geplanten Entwicklungen im Bereich der Hochschulen geben Anlaß zu großer Sorge. Bei den Beschlüssen der Expertenkommission und dem Konzept des BMBF kann man sich des Eindrucks nicht erwehren, daß sie „am grünen Tisch" getroffen wurden und unter der maßgeblichen Beteiligung von Personen, die selbst den Lehrbetrieb an einer Hochschule nicht (mehr) aus eigener Erfahrung kennen. Wie viele Nachwuchswissenschaftlerinnen oder -wissenschaftler haben zum Beispiel den Gremien angehört? Nach Durchsicht der Liste der Beteiligten der Expertenkommission war nicht eine einzige Nachwuchswissenschaftlerin oder Nachwuchswissenschaftler an dem Reformentwurf beteiligt. Wie kann es sinnvoll sein, Personen über künftige Entwicklungen entscheiden zu lassen, die nicht einmal den momentanen Sachstand aus eigener Anschauung kennen? Auch waren, wie man aus den Ausführungen von Evers (2000) folgern kann, keine Experten auf dem Gebiet „effizienter Vergütungssysteme" beteiligt, obwohl doch ein solches System gerade Gegenstand der Empfehlungen sein sollte.

Daher ist es dringend geboten, den Reformentwurf – insbesondere im Lichte der vielen mittlerweile vorgebrachten Einwände, die in großer Zahl von echten Experten, nämlich Hochschulbediensteten stammen – nochmals zu überdenken. Solche Einwände haben z.B. formuliert der Deutsche Hochschulverband[13] sowie Prof. Dr. Alfred Kieser[14], Universität Mannheim, Prof. Dr. Dorothea Frede[15], Universität Hamburg, Prof. Dr. Dominique Demougin[16], Universität Magdeburg, und Prof. Dr. Arnd Morkel[17], früher Universität Trier, deren Argumente sich teilweise mit den hier vorgetragenen decken. Verwiesen sei zudem auf die Vielzahl der in der Zeitschrift Forschung und Lehre im Jahre 2000 erschienenen Beiträge zu dieser Diskussion.

Es handelt sich bei den zahlreichen oben aufgeführten Kritikpunkten keineswegs um Detailprobleme. Vielmehr ist die vollständige inhaltliche Klärung dieser Fragen zur leistungsgerechten Besoldung unabdingbare Voraussetzung einer sinnvollen Reform. Selbst wenn die Reform dann nicht vor dem Ende der Legislaturperiode beschlossen werden kann, sollte man darauf verzichten, übereilt das aktuell vorhandene System der Leistungsbewertung, nämlich die „Evaluation" im Rahmen von Berufungsverhandlungen, abzuschaffen und durch ein bezüglich seiner Gerechtigkeit und Funktionsfähigkeit undurchdachtes System zu ersetzen; ebenso erscheint eine – aus rechtlicher Sicht nach Thieme (2000) ohnehin fragwürdige – erzwungene Streichung der Habilitation, wie sie im Konzept des BMBF vorgesehen ist, zumindest solange nicht sinnvoll, wie der alternative Qualifizierungsweg der Juniorprofessur noch so viele Fragen aufwirft.

Anmerkungen

1 Die hier ausgeführten Argumente sind in ähnlicher Form am 20. August 2000 auch der Bundesbildungsministerin, Frau Bulmahn, sowie am 1. Oktober 2000 der Hamburger Wissenschaftssenatorin, Frau Sager, zugegangen.

2 Vgl. z.B. Singh (1997), S. 210ff.
3 Vgl. die bei Evers (2000), S. 2, aufgeführten Beispiele.
4 Vgl. z.B. Laux (1999), S. 21ff.
5 Vgl. auch Evers (2000), S. 6f.
6 Wie von Albach (2000) gefordert, entstünden in der Folge zudem in natürlicher Weise von den jeweiligen Hochschulen angebotene „Markenartikel" in der universitären Ausbildung.
7 Vgl. auch Evers (2000), S. 7.
8 Daß die Aufhebung dieser Forderung kaum noch politisch durchsetzbar sein wird, stellt Hartmer (2000) deutlich heraus; das ändert aber nichts an dem inhaltlichen Fehler der Kostenneutralitätsforderung und damit der Berechtigung, deren Aufhebung zu fordern.
9 Vgl. Hochschulverband (2000).
10 Bzgl. der im Konzept des BMBF vorgesehenen Abschaffung des Habilitationsrechts sei auf den Beitrag von Thieme (2000) verwiesen, der die rechtliche Seite eines solchen Schrittes analysiert. Die Abschaffung des Habilitationsrechts würde seiner Ansicht nach letztlich nur dazu führen, daß „die Habilitation eine andere juristische Qualität" erhalten und „der Staat an Einfluß verlieren" würde, da Fakultäten weiterhin die venia legendi erteilen könnten. Ein ausdrückliches Verbot hält Thieme für verfassungsrechtlich kaum durchsetzbar.
11 Vgl. Gaugler (1999), S. 805.
12 Vgl. ebenda, S. 806.
13 Vgl. Hochschulverband (2000).
14 Vgl. Kieser (2000).
15 Vgl. Frede (2000).
16 Vgl. Demougin (2000).
17 Vgl. Morkel (2000), S. 100ff.

Literatur

Albach, H. (2000): MBA oder Diplomkaufmann: Was sagt uns die Theorie der Produktdifferenzierung?, Zeitschrift für Betriebswirtschaft (ZfB) 70, S. 1061–1062.
Demougin, D. (2000): Planwirtschaft an den Universitäten, Frankfurter Allgemeine Zeitung, 15. Juli 2000, S. 15.
Evers, H. (2000): Stellungnahme zu den Vorstellungen der Expertenkommission „Reform des Hochschuldienstrechts" zur Einführung eines leistungsorientierten und wettbewerbsfähigen Besoldungssystems für die Professorinnen und Professoren an den Hochschulen des Bundes und der Länder, Kienbaum Management Consultants, Gummersbach.
Frede, D. (2000): Dienstrechtsänderung statt Universitätsreform, Frankfurter Allgemeine Zeitung, 15. Juni 2000, S. 10.
Gaugler, E. (1999): Förderung des wissenschaftlichen Nachwuchses durch die Hochschulen, Zeitschrift für Betriebswirtschaft (ZfB) 69, S. 803–808.
Hartmer, M. (2000): Wie geht es weiter mit der Dienstrechtsreform?, Forschung und Lehre 11/2000, S. 576–578.
Hochschulverband (2000): Positionspapier des Deutschen Hochschulverbandes zum Bericht der Expertenkommission, Forschung und Lehre 7/2000, S. 350–351.
Kieser, A. (2000): Stellungnahme zum Bericht der Expertenkommission im Internet auf den Seiten des Verbandes der Hochschullehrer für Betriebswirtschaft, http://www.v-h-b.de/Verein/Aktuell/besoldung/besold_kieser.pdf, Abruf am 30.10.2000, 13:00 Uhr.
Laux, H. (1999): Unternehmensrechnung, Anreiz und Kontrolle, Springer-Verlag, Berlin et al.
Morkel, A. (2000): Die Universität muß sich wehren, Wissenschaftliche Buchgesellschaft, Darmstadt.
Singh, S. (1997): Fermat's Enigma, Walker and Company, New York.
Thieme, W. (2000): Kann der Staat die Habilitation abschaffen?, Forschung und Lehre 6/2000, S. 306–307.

Kathrin Fischer, Wolfgang Brüggemann und Jan Dethloff

Zusammenfassung

Die Untersuchung der vom BMBF geplanten Reform des Hochschullehrerdienstrechts zeigt, daß die vorgesehenen Änderungen zum Teil zu neuen Problemen führen werden und zudem viele Fragen bzgl. der konkreten Umsetzung einzelner, aber wesentlicher Aspekte der Reform noch ungeklärt sind bzw. an die Universitäten verlagert werden sollen. So handelt es sich bei der geplanten, leistungsorientierten Besoldung nicht um ein echtes Anreizsystem, da ein solches bei fixiertem Budget nicht möglich ist. Des weiteren liegen bisher keine wirklich überzeugenden Kriterien für die Leistungsmessung in den verschiedenen relevanten Bereichen – Forschung, Lehre und Selbstverwaltung – vor. Die Einführung der Juniorprofessur mag zwar auf den ersten Blick einige Vorteile für den Hochschullehrernachwuchs bieten, scheint jedoch ebenfalls konzeptionell zu wenig ausgereift, um die Habilitation zu ersetzen. Ohne eine abschließende Klärung dieser noch offenen Probleme ist aber die Umsetzung des neuen Dienstrechts nicht sinnvoll möglich.

Summary

The Federal Ministry for Education and Research is planning to reform the legal situation governing the employment and payment of professors at German universities and colleges. The suggested changes are investigated. It is shown that these plans are prone to lead to new organizational problems and that many questions concerning their implementation remain open. For example, the "output-oriented" payment which is to be established cannot be called a real incentive system since the budget it is based on is exogenously limited. In addition, no convincing criteria for measuring the achievements of professors in the areas of research, teaching and administration have been suggested so far. Furthermore, the introduction of the "Juniorprofessur" (some kind of equivalent to the American assistant professorship) may have some advantages for future professors, but the concept also has its draw-backs and in the current form does not seem to be a mature replacement for the Habilitation. Before these problems are solved it is impossible to establish the new system in a sensible way.

31: Entlohnung und Erfolgsbeteiligung (JEL J31)

Professionelles Personalmanagement

Laila Maija Hofmann
Führungskräfte in Europa
Empirische Analyse
zukünftiger Anforderungen
2000. XXVIII, 414 S.
Br. DM 128,00
ISBN 3-409-11704-0

Der europäische Integrationsprozeß schreitet kontinuierlich voran. Die Autorin untersucht, inwieweit sich die Anforderungen an Führung in Unternehmen aus unterschiedlichen europäischen Ländern (noch) unterscheiden und welche Entwicklungen für die Zukunft zu erwarten sind. Aus den Ergebnissen in vier Regionen Europas werden Hinweise für die Gestaltung eines europäischen Personalmanagements abgeleitet, insbesondere für Führungskräfteauswahl und -entwicklung, sowie Konsequenzen für Nachwuchsführungskräfte.

Karl-Friedrich Ackermann (Hrsg.)
**Balanced Scorecard
für Personalmanagement
und Personalführung**
Praxisansätze und Diskussion
2000. 159 S.
Br. DM 68,00
ISBN 3-409-11567-6

Das Buch soll Kreativität und Begeisterung zur Generierung einer BSC im eigenen Unternehmen herausfordern und Mut zur Veränderung und Anpassung der klassischen BSC an die unternehmensspezifischen Anforderungen machen.

Bestell-Coupon   Fax: 06 11.78 78-420

Ja, ich bestelle zur sofortigen Lieferung:

Vorname und Name

Laila Maija Hofmann
__ Expl. **Führungskräfte in Europa**
Br. DM 128,00
ISBN 3-409-11704-0

Karl-Friedrich Ackermann (Hrsg.)
__ Expl. **Balanced Scorecard
für Personalmanagement
und Personalführung**
Br. DM 68,00
ISBN 3-409-11567-6

Straße (bitte kein Postfach)

PLZ, Ort

Unterschrift

321 01 006

Änderungen vorbehalten. Erhältlich im Buchhandel oder beim Verlag.   Abraham-Lincoln-Str. 46, 65189 Wiesbaden, Tel: 06 11.78 78-124, www.gabler.de

Supply Chain Management?
Hier steht, wie's geht!

Gabler Lexikon Logistik

Inhalt: Lager- und Transportmanagement – Informationsmanagement in der Logistik – Logistikorganisation – Logistikcontrolling – Entsorgungslogistik

Bereits nach kurzer Zeit war die erste Auflage diese Werkes vergriffen. Nutzen auch Sie diese fundierte Möglichkeit, sich über das große Angebot an logistischen Ideen, Konzepten und Werkzeugen zu informieren. Das Gabler Lexikon Logistik bietet Ihnen Orientierung in der gesamten Welt der Lagerhaltung und des Transports. In über 1.700 Stichwörtern erfahren Sie,
- welche Managementkonzepte Sie in Ihrem Unternehmen nutzen können,
- wie man Funktionen und Strukturen in der Logistik optimal steuert,
- wie man die neuesten Hilfsmittel, z.B. das Internet, in der Logistik sinnvoll einsetzt,und vieles mehr.

Peter Klaus,
Winfried Krieger (Hrsg.)
Gabler Lexikon Logistik
Management logistischer Netzwerke und Flüsse
2., überarb. u. akt. Aufl 2000.
XX, 535 S. Geb. DM 98,00
ISBN 3-409-29502-X

Bestell-Coupon

Name, Vorname   321 01 006

Ja, ich bestelle _____ Exemplare

Straße (bitte kein Postfach!)

Peter Klaus, Winfried Krieger (Hrsg.)
Gabler Lexikon Logistik
Management logistischer Netzwerke und Flüsse
2., überarb. u. akt. Aufl 2000. XX, 535 S.
Geb. DM 98,00
ISBN 3-409-29502-X

PLZ, Ort

Datum   Unterschrift

Ursula Günther
Abraham-Lincoln-Straße 46
D-65189 Wiesbaden
Tel: 0611. 78 78 - 124
Fax: 0611. 78 78 - 420
www.gabler.de

Änderungen vorbehalten. Stand: November 2000. Erhältlich im Buchhandel oder beim Verlag.

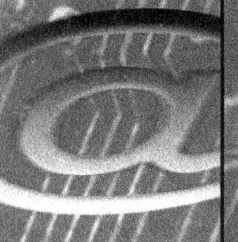

IT-Karriere zielorientiert planen

Abdelhamid, Michaela / Buschmann, Dirk / Kramer, Regine / Reulein, Dunja / Wettlaufer, Ralf / Zwick, Volker

Gabler Berufs- und Karriere-Planer IT und e-business 2000/2001

Informatik, Wirtschaftsinformatik und New Economy. Mit mehr als 150 Stellenanzeigen und Firmenprofilen.
2000. 424 S. Br. DM 24,80
ISBN 3-409-13641-X

Wie und wo studiere ich effizient und berufsorientiert ? Wie und wo finde ich die besten Ein- und Aufstiegschancen ? Wie bereite ich mich gezielt auf Bewerbung und Assessment Center vor? Wie komme ich an wichtige Kontakte ? Der Gabler/MLP Berufs- und Karriere-Planer 2001/2001: IT und e-business ist das umfassende Handbuch und Nachschlagewerk zu Studium, Beruf und Karriere:

- Studienorganisation und Examensvorbereitung
- Bewerbungsratgeber: „Program yourself for success"
- Branchen, Jobs und Gehälter: aktuell und übersichtlich
- Insider-Kontakte und die besten Internet-Adressen.

Der besonders umfangreiche Adressenteil und über 150 Firmenprofile mit allen wichtigen Anschriften und Ansprechpartnern in Unternehmen sichern Ihnen den entscheidenden Vorsprung beim Start in die Karriere.

EXTRA: ▶ Sie erhalten mit diesem Buch eine ID-Karte mit persönlicher ID-Nummer für den Zugang zum Internet-Stellenmarkt und exklusiven Datenbanken von **CAREERBASE**.

Bestellung

Fax: 06 11.78 78-420

321 01 006

Ja, ich bestelle:

_____ Expl. Abdelhamid/ Buschmann/ Kramer/ Reulein/ Wettlaufer/ Zwick

Gabler Berufs- und Karriere-Planer IT und e-business 2000/2001
2000. 424 S. Br. DM 24,80
ISBN 3-409-13641-X

Vorname und Name

Straße (bitte kein Postfach)

PLZ, Ort

Unterschrift

Änderungen vorbehalten.
Erhältlich beim Buchhandel oder beim Verlag.   Abraham-Lincoln-Str. 46, 65189 Wiesbaden, Tel.: 06 11.78 78-124, www.gabler.de

GABLER

BESUCHEN SIE UNSERE HOMEPAGE:

www.zfb-online.de

Beiträge

Dr. Bernd Kriegesmann
Unternehmensgründungen aus der Wissenschaft

Prof. Eva Wallerstedt
Schmalenbach's Influence on Swedish Business Economics

Prof. Dr. Andreas Drexl, Prof. Dr. Kolisch
Produktionsplanung bei Kundenauftragsfertigung

Prof. Dr. Gerhard Fink, Dr. Martin Oppitz, Dr. Domminick Salvatore
A Test on the Superiority of Large Firms as Institutions to Reduce Income Riscs

---

- HOME
- NACHRICHT
- ERGÄNZUNGSHEFTE
- JAHRESREGISTER
- AUTORENHINWEISE
- LINKS
- KONTAKT
- ARCHIV
- GABLER VERLAG

- GRATIS-PROBEABOS
- KUNDEN-SERVICE
- BOOKSHOP
- FAQ
- IMPRESSUM

GABLER VERLAG
ABRAHAM-LINCOLN-STR.
65189 WIESBADEN

www.gabler.de

GPSR Compliance

The European Union's (EU) General Product Safety Regulation (GPSR) is a set of rules that requires consumer products to be safe and our obligations to ensure this.

If you have any concerns about our products, you can contact us on

ProductSafety@springernature.com

In case Publisher is established outside the EU, the EU authorized representative is:

Springer Nature Customer Service Center GmbH
Europaplatz 3
69115 Heidelberg, Germany

www.ingramcontent.com/pod-product-compliance
Lightning Source LLC
LaVergne TN
LVHW080312260326
834688LV00038B/1084